21세기 십계명 여행

이상원성경강해
BIBLE EXPOSITION 01

21세기 십계명 여행

지은이　이상원
펴낸이　조혜경
디자인　김이연
발행처　지혜의언덕
초판발행　2023년 7월 5일
출판등록　제2022-000024호 (2022.03.11)
주소　　성남시 분당구 운중로 242 리버스토리 501호
문의　　전화 070-7655-7739　팩스 0504-264-7739
　　　　　이메일 hkcho7739@naver.com

ISBN　979-11-979845-5-6 (04230)
　　　　979-11-979845-4-9 (세트)

이상원성경강해
BIBLE EXPOSITION 01

21세기 십계명 여행

이상원 지음

לא תרצח   אנוכייה
לא תנאף   לא יהיה
לא תגנב   לא תשא
לא תענה   זכור את
לא תחמד   בבד את

지혜의언덕

"너희는 이 세대를 본받지 말고 오직 마음을 새롭게 함으로 변화를 받아 하나님의 선하시고 기뻐하시고 온전하신 뜻이 무엇인지 분별하도록 하라"(롬 12:2).

우리의 죄를 대속하시기 위하여 십자가 위에서 죽으신 예수 그리스도를 믿음으로 값없이 은혜로 구원받은 성도들에게는 받은 구원의 은혜를 감사하면서 이 세대를 본받지 않고 하나님의 뜻을 분별하는 삶을 살아야 할 의무가 주어집니다.

기독교인이 살아야 할 삶이 무엇인가를 어떻게 알 수 있을까요? 이 삶의 구체적인 내용을 알 수 있는 가장 좋은 길 가운데 하나는 십계명을 탐구하는 것입니다. 십계명은 유일하게 하나님이 직접 돌판에 새겨 주신 원리라는 점 하나만으로도 기독교인의 삶에서 차지하는 비중이 어느 정도인가를 짐작할 수 있습니다. 십계명은 모든 시대의 모든 기독교인에게 적용되는 절대적이고 보편적인 삶의 대강령입니다. 십계명을 주의 깊게 읽고 탐구하고 적용함으로써 이 세대의 삶의 문제가 무엇이며, 이 세대의 삶과는 구별되는 기독교인의 삶은 또 무엇인가를 분명히 알 수 있습니다. 십계명이 지닌 놀라운 특징은 아무리 새로운 현실이 등장하고 새로운 문제가 제기되어도 항상 명쾌하고 유효한 해결방안을 제시한다는 것입니다.

1999년에 성도들이 읽고 쉽게 이해할 수 있도록 〈21세기 십계명 여행〉이라는 단행본을 출간했고, 2013년에 출간된 〈기독교윤리학:

개혁주의적 관점에서 본 이론과 실제)에 문헌적 근거를 밝힌 십계명 해설이 상당 부분 게재된 바 있습니다. 2023년을 맞이하면서 십계명 강해서를 재간행하는 것이 필요하다는 사실을 절감했습니다. 그 어간에 연구를 통하여 파악한 새로운 내용과 특히 성윤리와 생명윤리의 영역에서 새롭게 제기된 문제들에 대한 분석과 설명들을 담아서 〈21세기 십계명 여행〉을 새롭게 출간하게 되었습니다. 이 책의 내용은 총신대학교 신학대학원의 기독교윤리 시간에 강의를 통해서, 또 여러 교회에서 특강형식으로 전달된 바 있습니다. 이 책은 앞으로 연속하여 출간될 성경강해 시리즈의 첫 작품이기도 합니다.

이 책을 읽는 독자들이 하나님의 계명은 모든 시대의 모든 기독교인에게 항상 유효하게 적용된다는 사실을 알게 되고, 하나님의 백성들이 살아야 할 삶의 방향을 명확하게 파악하며, 하나님의 뜻을 깊이 알아 실천해 갈 수 있기를 간절히 바랍니다.

이책의 구성과 편집에 대한 귀중한 제안과 치밀한 교정을 해주신 지혜의언덕 출판위원 김종원목사님, 이희순권사님, 지형주권사님께 깊은 감사를 드리며, 디자인을 위하여 수고하신 김이연 선생님께도 고마움을 전합니다. 출간의 기쁨을 사랑하는 아내 혜경과 소중한 세 딸 진희, 윤희, 현희와 함께 나누고자 합니다.

2023년 5월
판교 연구실에서
이 상 원

contents

서문

서론　은혜로 구원하신 하나님

1. 하나님의 명령에 순종하는 것이 하나님의 뜻 · 12
2. 마음의 도덕법 · 14
3. 타락 이후에도 기능이 남아 있는 마음의 도덕법 · 15
4. 타락 이후에는 기능이 손상된 마음의 도덕법 · 17
5. 십계명: 십의 의미 · 19
6. 십계명과 다른 율법의 차이 · 19
7. 십계명과 이방법의 차이 · 22
8. 십계명의 구분과 배열 · 23
9. 출애굽기 십계명과 신명기 십계명의 내용상의 차이 · 26
10. 십계명 서론: 하나님의 본성과 사역 · 27
11. 출애굽 사건과 정치·경제적 해방사건 · 33
12. 십계명의 이중적 순서 · 36

제 1 계명　나 외에는 다른 신들을 네게 두지 말라

1. 다른 신들의 의미 · 38
2. 지역신론 거부 · 41
3. 종교혼합주의 거부 · 43
4. 종교다원주의 거부 · 47
5. 자유의 대헌장 · 54
6. 하나님 사랑은 이웃에게 예의를 지키는 것 · 56
7. 하나님 사랑은 하나님을 선택하는 것 · 58
8. 하나님 사랑은 하나님의 계명을 지키는 것 · 60
9. 하나님 사랑은 분열되지 않는 마음으로 · 62

제 2 계명   ## 하나님을 형상화하지 말라

1. 여호와 하나님의 형상화 금지 · 69
2. 하나님의 형상화 금지의 여섯 가지 이유 · 72
3. 하나님 임재의 형상화 · 85
4. 조형 또는 조각예술 활동 허용 · 87
5. 교회사에 나타난 성상숭배와 성상파괴 · 89
6. 저주와 축복이 뒤따르는 계명 · 96

제 3 계명   ## 여호와의 이름을 망령되게 부르지 말라

1. 잘못된 신관으로 오용 금지 · 100
2. 마술용어처럼 사용 금지 · 102
3. 하나님의 말씀이 아닌 것을
   하나님의 말씀으로 전하는 것 금지 · 104
4. 거짓 맹세의 도구로 사용 금지 · 105
5. 불쾌한 감정 표현 수단으로 사용 금지 · 106
6. 저주와 멸시, 조롱과 모독으로 사용 금지 · 106
7. 바르지 못한 삶으로 하나님 이름 손상 금지 · 109
8. 자기 계획의 관철을 위한 하나님의 이름 사용 금지 · 111
9. 때에 맞지 않는 신앙고백으로 하나님의 이름 사용 금지 · 113
10. 정당한 서약과 부당한 서약 · 114
11. 정당한 저주와 부당한 저주 · 122
12. 제비뽑기 · 126

제 4 계명   안식일을 거룩히 지키라

1. 안식일의 기원 · 130
2. 안식일과 이방관습 · 133
3. 중간기 시대의 안식일 · 135
4. 안식일과 일, 예배 · 139
5. 안식일과 지역교회 예배 · 141
6. 안식일에서 주일로 · 143
7. 종교개혁자들의 안식일 이해 · 148
8. 개혁주의 안식일관 · 149

제 5 계명   네 부모를 공경하라

1. 부모는 하나님의 대리자 · 161
2. 장수와 축복이 약속된 계명 · 162
3. 절대적이지 않은 장수의 축복 · 167
4. 부모의 가르침에 순종하는 부모 공경 · 170
5. 부모를 사랑하고 돌보는 부모 공경 · 173
6. 한계가 있는 부모 순종 · 175

제 6 계명   살인하지 말라

1. 살인을 금지한 이유 · 180
2. 제6계명의 한계 · 182
3. 생명의 시작점과 관련된 살인행위:
   낙태, 시험관 수정, 줄기세포 추출 · 186
4. 생명의 종결점과 관련된 살인행위:
   안락사와 무의미한 연명치료중단 · 194
5. 사형제도 · 203
6. 전쟁 · 215
7. 이웃을 미워하는 것도 살인 · 224
8. 이웃사랑은 제6계명의 적극적인 실천 · 225

제 7 계명   간음하지 말라

1. 간음, 결혼 질서 밖에서 행해지는 성관계 · 228
2. 결혼, 합법적인 성관계의 틀 · 231
3. 결혼과 성욕의 해소 · 234
4. 결혼과 자녀출산 · 237
5. 결혼의 시기, 미성년자의 결혼 · 238
6. 이혼과 재혼 · 239
7. 자위행위 · 241
8. 동성애 · 243
9. 퀴어 신학 · 258

제 8 계명   도둑질하지 말라

1. 인신매매 · 276
2. 부정직이나 조작을 통해서
   다른 사람들의 마음 빼앗기 · 279
3. 속임수로 이익을 취하는 상거래 · 280
4. 돈을 빌려주고 높은 이자를 취하는 것 · 280
5. 제8계명의 일차적 청중 · 281
6. 청지기 정신과 사유재산 · 281
7. 하나님께 헌물을 드리지 않는 행위 · 285
8. 기독교인과 여가 · 287

제 9 계명   네 이웃에 대하여 거짓 증거하지 말라

1. 법정에서 이웃을 해하려는 거짓증언 금지 · 290
2. 거짓말의 네 가지 유형 · 293
3. 그밖에 신중해야 할 경우들 · 303

제 10 계명   네 이웃의 집을 탐내지 말라 · 308

은혜로
구원하신
하나님

1. 하나님의 명령에 순종하는 것이 하나님의 뜻

하나님은 최초의 인류인 아담과 하와에게 어떻게 살아야 하나님의 뜻에 따라 바르게 살 수 있는가를 직접 말씀해 주셨습니다. 창세기 2장 16절과 17절입니다. "여호와 하나님이 그 사람에게 명하여 이르시되 동산 각종 나무의 열매는 네가 임의로 먹되 선악을 알게 하는 나무의 열매는 먹지 말라 네가 먹는 날에는 반드시 죽으리라 하시니라." 하나님은 "동산 각종 나무의 열매는 임의로 먹되 선악을 알게 하는 나무의 열매는 먹지 말라"라고 명령하셨습니다. 하나님의 뜻에 따라 바르게 사는 길은 "하나님의 명령에 순종하는 것"입니다. 하나님이 아담과 하와에게 주신 명령에서 명령의 내용이 무엇인가, 나무가 어떤 나무인가, 나무에 어떤 신비스러운 효능이 있는가는 중요한 것이 아닙니다. 중요한 것은 하나님이 명령을 주셨다는 사실 그 자체입니다. 하나님의 명령을 범하면 어떤 벌을 받는가? '반드시 죽는' 벌을 받습니다.

성경이 말하는 죽음에는 세 가지 의미가 있는데, 이 세 가지 의미의 죽음이 하나님의 명령을 범한 행위에 대한 형벌로 주어집니다.

첫 번째 의미의 죽음은 영적인 죽음입니다. 영적인 죽음은 인간의 영혼이 생명의 근원이신 하나님과의 관계가 끊어지는 상태를 말합니다. 에베소서 2장 1절에 "허물과 죄로 죽었던 너희들"이라고 했을 때 '죽었다'는 말은 이런 의미로 사용된 것입니다. 영적인 죽음은 하나님을 믿지 않는 불신자의 상태를 가리킵니다. 불신자들은 영적으로 죽어 있는 상태입니다. 예수 그리스도를 구주로 영접하는 순간 영적인 죽음으로부터 해방되어 살아계신 하나님과 생명의 교제 관계가 회복됩니다.

두 번째 의미의 죽음은 육체적인 죽음입니다. 육체적인 죽음은 인간의 몸이 지닌 자연적인 생명이 끝나는 상태를 가리킵니다. "한 번 죽는 것은 사람에게 정해진 것이요 그 후에는 심판이 있으리니"라는 히브리서 9장 27절이 말하는 죽음이 이런 의미로 사용된 것입니다. 육체적 죽음은 신자나 불신자 모두에게 찾아옵니다. 그러나 불신자의 육체적 죽음의 의미와 신자의 육체적 죽음의 의미가 다릅니다. 불신자에게 있어서는 구원의 문이 최종적으로 닫히는 시점인 반면에 신자에게 있어서는 영혼이 완전히 성화되어 천국에 온전하게 들어가는 시점입니다. 불신자에게는 육체적인 죽음이 독침이지만, 신자에게는 독이 제거된 침입니다.

세 번째 의미의 죽음은 영원한 죽음입니다. 영원한 죽음은 인간의 영혼과 몸이 생명의 근원이신 하나님으로부터 영원히 그리고 완전히 단절되어 버리는 상태를 말합니다. 요한계시록 21장 8절이 말하는 둘째 사망이 영원한 죽음을 가리킵니다. 심판의 날에 신자들은 영원한 죽음이 면제되지만, 불신자들은 영원한 죽음에 들어갑니다.

2. 마음의 도덕법

아담과 하와에게, 하나님의 명령에 순종하는 것이 하나님의 뜻에 따라 바르게 사는 길이고, 하나님의 명령에 불순종하는 것이 하나님의 뜻을 어기는 길임을 말씀으로 직접 알려주신 하나님은 아담과 하와를 비롯한 모든 인류의 마음속에 인간이 순종해야 할 도덕법칙을 새겨 넣어 주셨습니다. 그 증거는 로마서 2장 14절과 15절입니다. "율법 없는 이방인이 본성으로 율법의 일을 행할 때에는 이 사람은 율법이 없어도 자기가 자기에게 율법이 되나니 이런 이들은 그 양심이 증거가 되어 그 생각들이 서로 혹은 고발하며 혹은 변명하여 그 마음에 새긴 율법의 행위를 나타내느니라." 15절 후반부에 "그 마음에 새긴 율법"이라는 어구가 있습니다. 이 구절에서 말하는 율법은 도덕법을 뜻합니다. 이 구절은 인류의 마음에 도덕법이 새겨져 있다고 말합니다. 그러면 누가 인류의 마음속에 도덕법을 새겨 넣어 주셨을까요? 하나님입니다. 하나님은 인류가 이 세상에 태어날 때 생득적으로 마음에 도덕법을 새겨 놓으셨습니다. 마음의 도덕법에 의거하여 아담과 하와는 하나님이 명령하시는 내용이 무엇인가를 직관적으로 알 수 있었습니다. 아담과 하와는 마음속에 새겨져 있는 도덕법만을 가지고도 하나님과의 관계, 동료 인간들과의 관계, 자연과의 관계를 바르게 맺어 가는 일에 아무런 문제가 없었습니다.

그러나 아담과 하와가 하나님의 명령을 어기고 나무의 열매를 따먹자 죄의 세력이 아담과 하와를 장악하게 되었고, 죄의 세력에 장악된 아담과 하와의 영혼의 기능은 망가졌고, 이 와중에 아담과 하와의 마음에 새겨진 도덕법도 손상을 입게 되었습니다. 아담과 하와가 범한 죄는 모든 인류에게 덮어씌워져서 원죄로 마음속 깊은 곳에 자리 잡게 되었고, 이 원죄의 영향으로 모든 인류의 마음속에 새겨진 도덕법에도 손상이 찾아왔습니다.

그러나 타락한 이후에 인류의 마음속에 새겨진 도덕법이 100% 망가져 버린 것은 아닙니다. 앞에서 읽었던 로마서 2장 14절과 15절이 인류의 마음속에 생득적으로 도덕법이 새겨져 있다고 말하고 있는데, 이 진술은 타락하기 전의 아담과 하와를 대상으로 하는 말이 아니라 타락한 인류를 두고 하는 말입니다. 타락한 인류에게도 하나님이 새겨 주신 도덕법이 있다는 것입니다. 그러면 타락한 인류에게 도덕법의 어떤 부분이 남아 있고, 또 어떤 부분이 손상되었을까요?

3. 타락 이후에도 기능이 남아 있는 마음의 도덕법

먼저 타락한 인류에게도 여전히 남아 있는 도덕법의 기능에 대해 알아보겠습니다.

첫째로, 신자이건 불신자이건 예외 없이 모든 인류는 "이것은 옳은 거야, 이것은 잘못된 거야"라고 판단하는 능력이 있습니다. 이 능력을 가리켜서 "양심"이라고 합니다. 우리가 "이것은 옳은 거야, 이것은 잘못된 거야"라고 판단하기 위해서는 무엇이 있어야 합니까? 판단기준이 있어야 합니다. 사람들이 옳고 그름을 판단할 수 있는 것은 의식적으로든 무의식적으로든, 그 마음속에 판단기준을 가지고 있기 때문입니다. 이처럼 모든 사람의 마음속에 판단기준이 있다는 것은 모든 사람의 마음속에 도덕법이 새겨져 있다는 뜻입니다. 이 도덕법이 판단기준입니다.

둘째로, 모든 인류의 마음속에 도덕법이 새겨져 있다는 사실은 실증적으로 확인됩니다. 성경이 말하는 도덕법으로는 사랑의 대강령, 황금률, 십계명 등이 있는데, 이 계명들과 비슷한 명령들이 거의 모든 문명권에 공통으로 나타납니다. 예를 들면, "경천애인敬天愛人"이라는 동양의 경구가 있습니다. "하늘을 공경하고 사람을 사랑하라"라는 것입니다. 이 경구가 성경이 말하는 사랑의 대강령과 그 내용이 똑같지는 않아도 비슷하지 않습니까? 또한, 동양의 고사성어 가운데 "역지사지"라는 말이 있습니다. "입장을 바꾸어 생각해 보라"라는 것입니다. 역지사지라는 경구는 성경이 말하는 황금률과 거의 같습니다. 동양 문화권에서 요일이 "월화수목금토일"이라는 7일 주기로 편제되어 있습니다. 7일 주기로 요일이 편제된 것은 안식일 계명인 제4계명의 흔적임이 분명합니다. 모든 문명권에 "부모를 공경하라"라는 원리가 있는데, 제5계명과 내용이 비슷합니다. "살인해서는 안 된다"라는 원리도 모든 문명권에서 발견되는데, 제6계명과 유사합니다. 혼외정사를 금하는 것은 거의 모든 문명권에 공통으로 나타나는데, 이 금령은 제7계명과 유사합니다. 도둑질을 금하는 것, 거짓말을 금하는 것, 탐욕을 금하는 것이 모든 문명권에 공통으로 나타나는데, 이 것들은 제8, 9, 10계명과 내용이 매우 흡사합니다.

4. 타락한 이후에는 기능이 손상된 마음의 도덕법

그러나 모든 인류의 마음속에 남아 있는 도덕법은 기능에 있어서 분명한 한계를 지니고 있습니다.

첫째로, 인류의 마음속에 있는 도덕법만을 가지고는 하나님을 바르게 예배하는 생활을 할 수 없습니다. 하나님을 바르게 예배하기 위해서 반드시 알아야 할 정보가 두 가지 있습니다. 하나는 하나님이 어떤 분이신가 하는 것이고, 다른 하나는 인간을 죄와 사망의 권세로부터 구원하는 길이 무엇인가 하는 것입니다.

하나님을 바르게 예배하기 위하여 반드시 알아야 할 하나님에 관한 지식이 무엇일까요? 하나님이 성부, 성자, 성령으로 계신다는 삼위일체 신관입니다. 삼위일체 하나님을 모르면 참된 예배의 문이 열리지 않습니다. 그런데 삼위일체 하나님에 관한 정보는 인간의 마음 안에 있는 모든 기능을 총동원해도 그 그림자조차 찾을 수 없습니다. 아마도 사람 중에서 정신기능을 가장 깊이 있고 철저하게 이용하여 우주의 진리를 탐구한 분이 석가모니일 텐데, 석가모니의 경전 어디에도 하나님이 삼위일체로 계신다는 언급은 나오지 않습니다. 동양철학과 서양철학의 방대한 문헌에도 인간의 마음의 기능을 이용하여 삼위일체 하나님을 발견했다는 언명은 단 한 줄도 나오지 않습니다.

다음으로 인간이 죄와 사망으로부터 구원받는 길이 무엇인지를 알아야 바르게 예배할 수 있습니다. 인간이 구원받을 수 있는 유일한 길은 예수 그리스도의 십자가 사건에 있습니다. 그런데 인간이 아무리 철저한 사색을 전개해도 예수 그리스도의 십자가상의 죽음과 부활이 구원의 길이라는 진리는 전혀 생각해낼 수 없습니다.

참된 예배의 전부라고 할 수 있는 이 두 가지 요소가 없는 한 하나님을 바르게 섬기는 예배윤리를 시작조차도 할 수 없습니다.

둘째로, 하나님을 예배하는 생활에 비교하면 인간들 사이의 관계를 바르게 맺는 법에 관한 원리들은 마음의 도덕법이 비교적 명료하게 가르쳐 주는 것이 사실입니다. 그러나 타락한 인간들은 모든 도덕법칙을 자기에게 유리하게 이기적으로 적용하는 나쁜 습관을 지니게 되었습니다. 사람들은 자기의 이익이 관계되지 않은 상황에서는 비교적 객관적으로 바르게 판단하지만 일단 나의 이익이 관련되기만 하면 자기 이익을 수호하는 방향으로 판단이 구부러집니다. 내로남불이 바로 그것입니다. 내가 혼외정사를 하면 아름다운 로맨스이고, 다른 사람이 혼외정사를 하면 불륜이라는 것입니다.

따라서 마음속에 있는 도덕법만 가지고는 인간들 사이의 관계조차도 원활하게 유지하기 어렵게 되었습니다. 그 결과 하나님의 뜻을 완전하게 알 수 있는 새로운 도덕법이 필요하게 되었습니다. 하나님이 돌판에 새겨 모세에게 주신 십계명이 바로 하나님이 새롭게 주신 도덕법 체계 가운데 대표적인 것입니다.

5. 십계명: 십의 의미

십계명이라는 명칭은 정확하게 말하면 "열 개의 말씀들"_{출 34:28: 신} 4:13: 10:4입니다. "말씀"으로 번역된 히브리어 '다바르'는 "계명"을 의미하는 '미쯔와'와 동의어이므로 "열 개의 말씀들"은 "열 개의 계명" 곧 "십계명"이라고 부를 수 있습니다. "열 개의 말씀들"이라는 히브리어는 히브리어 구약성경을 헬라어로 번역한 70인 역에서 '타 데카10 로고이' 혹은 '타 데카 레마타'로 번역하였고, 초대교회의 저자들은 '데칼로고스' 혹은 '데칼로그'라는 용어를 사용했습니다.

십이라는 숫자는 계명의 숫자가 열 개라는 점을 강조하는 데 의의가 있는 것이 아닙니다. 사실상 십계명에 등장한 명령의 개수를 정확하게 계산하면 15개입니다. 히브리어의 일부 숫자들은 상징적인 의미를 지니고 있는데, 십이라는 숫자는 완전함을 상징합니다. 따라서 십계명은 하나님의 백성의 삶의 근원적인 규범적 틀을 설정해 주는 완전한 대강령이자 대헌장이라는 뜻으로 이해되어야 합니다. 이 말은 십계명이 보편적인 도덕법이라는 뜻이기도 합니다. 십계명은 보편적인 도덕법이기 때문에 모세의 율법 안에 있는 다른 율법 조항들과 차별화될 뿐만 아니라 당시의 다른 이방 율법과도 다릅니다.

6. 십계명과 다른 율법의 차이

보편적 도덕법으로서의 십계명은 모세의 율법에 포함된 다른 의식법 및 실정법과 차별화되어야 합니다.

의식법은 유월절, 오순절, 장막절 등과 같은 제사에 관한 규정들,

정결한 음식과 부정한 음식에 관한 규정들, 문둥병과 피부병, 유출병 등과 같은 질병에 관한 규정들, 성막과 제사장 복식에 관한 규정들을 가리킵니다. 의식법은 장차 오실 예수 그리스도, 그리고 예수 그리스도의 십자가 사건을 예표하는 상징체계로서, 예수 그리스도께서 이 세상에 오셔서 구원사건을 완성하신 후에는 문자 그대로 지켜야 할 의무는 부과되지 않는 법체계입니다. 그렇다고 해서 의식법 조항들이 오늘날에는 폐기된 것인가 하면 그렇지 않습니다. 의식법 조항들이 지니는 상징적인 의미들은 오늘날에도 여전히 유효합니다.

예를 들어서 레위기에 보면 지느러미와 비늘이 없는 물고기를 먹지 말라는 명령이 나옵니다레 11:9-11. 이 말씀에 따르면 장어나 미꾸라지 종류는 먹어서는 안 되겠지요? 그러면 하나님이 지느러미와 비늘이 없는 물고기를 먹지 말라고 말씀하신 이유가 무엇일까요? 이런 물고기들 안에 신체 건강에 좋지 않은 요소들이 있기 때문일까요? 그런 이유는 전혀 없습니다. 오히려 장어나 추어탕은 보양식으로 알려져 있습니다. 이유는 장어가 지닌 상징적인 의미 때문입니다.

팽목항이라는 말을 들으면 즉각 우리 마음을 가득 채우는 사건이 있습니다. 무엇일까요? 세월호입니다. 그렇다면 이스라엘 백성들이 장어를 볼 때 이들의 마음을 가득하게 채우는 것이 무엇일까요? 장어를 보면 입맛부터 다시게 되는 우리와는 달리 이들은 장어를 보면 뱀과 아울러 아담과 하와의 비참한 타락 사건이 떠오르게 되어 있습니다. 이스라엘 백성들은 자신들의 조상인 아담과 하와의 타락 사건을 수를 헤아릴 수 없을 만큼 반복해서 듣고 읽어서 이 사건이 머릿

속에 꽉 박혀 있는 자들입니다. 장어를 보면 즉각 뱀, 아담과 하와의 타락 이야기가 마음속을 꽉 채우는 데 장어를 먹을 수 있을까요? 먹을 수 없습니다. 이런 상황이라면 꾸역꾸역 장어를 먹고 체하는 것보다는 장어를 이용하여 영적인 교훈을 얻는 것이 훨씬 더 유익하다고 하나님은 판단하시는 것입니다. 장어를 보고 장어를 먹는 것을 거부하는 결단을 하는 것입니다. 어떤 의미로요? 뱀을 통하여 주어진 사탄의 유혹을 단호하게 거부한다는 의미로요! 아담과 하와처럼 미혹에 넘어가지 않겠다는 의미로 말입니다! 그러므로 이 명령에 담긴 상징적인 교훈은 "사탄의 유혹을 단호히 물리치자"라는 것입니다. 오늘날 우리는 장어를 볼 때 이스라엘 백성들처럼 뱀이나 아담과 하와로 마음이 가득 차는 사람들이 아닙니다. 이제는 예수님의 구속사건도 완성되었습니다. 우리는 장어를 먹어서는 안 된다는 명령을 문자 그대로 준수할 필요는 없습니다. 우리는 장어를 맛있게 먹고 영양을 챙기면서 이 명령이 지닌 상징적인 의미 곧, "사탄의 유혹을 단호히 물리치자"라는 영적인 교훈만 받으면 됩니다.

실정법은 구약시대 동안 그리고 팔레스타인이라는 특정한 장소에서 정치·경제공동체인 국가를 형성하고 살아야 하는 이스라엘 백성들을 위하여 특별하게 주신 법 규정들입니다. 실정법에는 도덕법인 십계명을 범한 자들에 대한 형벌 규정, 국가 행정편제에 관한 규정 - 십부장, 백부장, 천부장, 70인 장로의회 - 들과 경제구조에 관한 규정 - 희년제도와 안식년제도, 토지제도, 이자제도 등 - 들이 포함됩니다. 실정법은 다른 시대와 다른 장소의 정치·경제공동체에도 문자 그대로 적용해야 하는 규정들이 아닙니다. 그러면 이 규정들은 다른 시대와 장소에 있는 정치·경제공동체에 아무런 의미가 없는 것들인가요? 그렇지 않습니다. 이 규정들이 문자 그대로 적용될 의무는 없지만, 이 규정들이 담고 있는 법의 정신은 다른 정치·경제공동체에도 유의미하게 적용될 수 있습니다.

예컨대, "누구든지 남의 아내와 간음하는 자 곧 그의 이웃의 아내와 간음하는 자는 그 간부와 음부를 반드시 죽일지니라"라는 규정이 레위기 20장 10절에 있습니다. 이 명령은 "간음하지 말라"라는 명령을 범한 자에 대한 형벌 규정입니다. 간음한 자를 죽이는 형벌은 오늘날 우리의 정치·경제공동체에 문자 그대로 적용될 필요는 없습니다. 그러나 이 규정은 공동체가 건강한 공동체가 될 수 있으려면 결혼 질서가 보호되어야 하고, 결혼 질서를 보호하기 위하여 주어진 도덕법인 제7계명 "간음하지 말라"라는 계명을 범한 자에 대하여는 법적인 제재를 가해야 한다는 법의 정신이 담겨 있습니다. 이 법의 정신은 시대와 장소를 초월하여 적용되어야 할 정신입니다.

7. 십계명과 이방법의 차이

십계명은 당대의 유명한 이방법인 함무라비법전과 같은 이방법과도 차별화된다는 점에 유의해야 합니다. 함무라비법전은 가언명법으로 되어 있는 반면에 십계명은 정언명법으로 되어 있습니다. 함무라비법전은 일종의 실정법 체계로서 특정한 상황을 가정하고 이 상황 속에서 적용해야 할 규정들로 구성되어 있습니다. "만일 어떤 사람이 어떤 행동을 한다면, 이런 처벌을 하라"라는 형식입니다. 이런 명령법을 가언명법이라고 합니다. 함무라비법전은 보편법이 아닙니다. 특정한 상황이 아닌 경우에는 적용될 수 없습니다. 그러나 십계명은 어떤 조건을 설정하지 않고 바로 명령을 내립니다. 이런 명령법을 정언명법이라고 합니다. 정언명법은 보편적으로 적용되는 명령입니다.

8. 십계명의 구분과 배열

십계명을 열 개의 단위로 구분하는 데는 이견이 나타나지 않았으나 계명들의 배열순서와 어느 절에서 각각의 계명의 단위들을 끊어야 하는가에 대해서는 다양한 방식이 제시되었습니다. 현재 개혁교회에서 받아들이고 있는 배열과 구분방식은 주후 1세기 말에 정해진 것으로서 희랍정교회도 이 구분방식을 채택하고 있습니다. 이 방식을 기준으로 다른 교파들에 나타난 십계명을 비교해 보면 다음과 같습니다.

1902년 나쉬W.K. Nash가 이집트에서 구입하여 케임브리지 대학교 도서관에 가져온 문서인 파피루스 나쉬Papyrus Nash에 십계명이 포함되어 있는데, 이 문서는 주전 1세기의 문헌으로서 제6계명과 제7계명의 순서가 뒤바뀌어 있습니다. 유대교 경전인 탈무드에는 십계명 서론출 20:1-2; 신 5:6이 제1계명으로, 제1, 2계명출 20:3-6; 신 5:7-10이 제1계명으로 분류되어 있습니다. 로마 가톨릭과 루터파에서는 제1계명 출 20:3; 신 5:7을 서론으로, 제2계명출 20:4-6; 신 5:8-10을 제1계명으로 분류하고, 제10계명을 제9계명과 제10계명으로 나누었습니다. 단, 로마 가톨릭은 출애굽기의 십계명에 따라서 "집을 탐내지 말라"까지를 제9계명으로 하고, 나머지를 제10계명으로 분류한 반면에, 루터파에서는 신명기의 십계명에 따라서 "아내를 탐하지 말라"까지를 제9계명으로 하고, 나머지를 제10계명으로 분류했습니다. 개혁파, 유대교, 로마 가톨릭, 루터파의 구분을 정리하면 아래 표와 같습니다.

출애굽기 20장	신명기 5장	개혁파 희랍정교	유대교 (탈무드)	로마교	루터교
1절	6절	서론	제1계명		
2절					
3절	7절	제1계명	제2계명	서론	서론
4절	8절	제2계명		제1계명	제1계명
5절	9절				
6절	10절				
7절	11절	제3계명	제3계명	제2계명	제2계명
8절	12절	제4계명	제4계명	제3계명	제3계명
9절	13절				
10절	14절				
11절	15절				
12절	16절	제5계명	제5계명	제4계명	제4계명
13절	17절	제6계명	제6계명	제5계명	제5계명
14절	18절	제7계명	제7계명	제6계명	제6계명
15절	19절	제8계명	제8계명	제7계명	제7계명
16절	20절	제9계명	제9계명	제8계명	제8계명
17절	21절	제10계명	제10계명	제9계명 제10계명	제9계명 제10계명

십계명의 두 돌판에는 계명들이 어떤 방식으로 기록되어 있었을까요? 하나님은 두 번에 걸쳐서 두 개의 돌판에 십계명을 새겨 모세에게 주셨습니다. 첫 번째 두 돌판은 하나님이 친히 마련하시고 십계

명을 새겨 넣어 주신 것입니다. 출애굽기 31장 18절입니다. "여호와께서 시내 산 위에서 모세에게 이르시기를 마치신 때에 증거판 둘을 모세에게 주시니 이는 돌판이요 하나님이 친히 쓰신 것이더라." 모세는 이 두 돌판을 가지고 시내 산에서 내려왔으나 이스라엘 백성들이 금송아지 상을 새기고 숭배하는 것을 보고 산 아래로 던져 깨뜨려 버렸습니다출 32:19. 하나님은 모세에게 다시 시내 산으로 올라오라고 명령하셨는데, 이번에는 모세가 두 돌판을 준비하고 하나님이 두 돌판에 쓰시는 방법을 취하셨습니다. 출애굽기 34장 1절입니다. "여호와께서 모세에게 이르시되 너는 돌판 둘을 처음 것과 같이 다듬어 만들라 네가 깨뜨린 처음 판에 있던 말을 내가 그 판에 쓰리니."

하나님이 한 쪽 돌판에 하나님과 인간과의 관계인 제1계명에서 제4계명을, 다른 쪽 돌판에 인간관계인 제5계명부터 제10계명까지를 기록하셨다고 추정할 수 있을까요? 이 추정은 가장 개연성이 있는 추정이지만 이렇게 판단할 수 있는 증거는 없습니다. 아니면 고대왕국에서 군주와 봉신들 사이에 계약을 맺을 때 동일한 내용을 두 판에 각각 기록하여 하나는 군주가, 다른 하나는 봉신이 간직한 것처럼, 각각의 판에 동일한 내용이 기록된 것일까요? 그러나 신명기 10장 1-5절에 보면 두 돌판을 모두 언약궤 안에 넣은 것으로 미루어 볼 때 이 같은 가능성은 없어 보입니다. 두 돌판에 십계명이 기록되어 있는 것은 분명하지만 어떤 방식으로 기록되어 있는가는 증거가 남아 있지 않기 때문에 알 수 없습니다.

9. 출애굽기 십계명과 신명기 십계명의 내용상의 차이

십계명은 두 곳에 기록되어 있습니다. 하나는 출애굽기 20장 1절부터 17절에 있고, 다른 하나는 신명기 5장 6절부터 21절에 있습니다. 두 곳에 있는 십계명의 내용이 다른 부분이 있는데, 이렇게 두 곳의 기록이 차이가 나는 이유는 무엇일까요?

정통신학에서는 출애굽기의 본문을 모세가 하나님으로부터 받은 원판이라고 보고, 모세의 긴 고별설교를 기록한 신명기의 본문은 모세가 성령의 감동을 받아 어느 정도 자유롭게 재서술할 수 있도록 하나님으로부터 허락받은 것으로 봅니다. 두 기록의 차이는 대부분 유의미한 변화가 없는 사소한 것들에 불과합니다. 예를 들어 신명기에는 일곱 곳에서 출애굽기에 없는 히브리어 접속사 "웨"가 첨가되었는데, 이 접속사는 앞의 내용을 종결시키는 것을 도와주거나 쉼표로서 기능했습니다. 세 곳은 같은 뜻을 가진 동의어로 바뀌었습니다. 출애굽기 20장 8절_{제4계명}의 "지키라"'자코르'가 신명기 5장 12절에서는 "지키라"'샤모르'로, 출애굽기 20장 16절의 "거짓 증거"'에드 샤케르'가 신명기 5장 20절의 "거짓 증거"'에드 샤웨'로, 출애굽기 20장 17절의 "탐내지 말라"'로 타흐모드'가 신명기 5장 20절의 "탐내지 말라"'티트 아웨'로 대체되었습니다. 한 곳은 나오는 단어들의 순서가 바뀌었습니다. 출애굽기 20장 17절에서는 이웃의 집이 앞에 나오고 이웃의 아내가 뒤에 나오는 데 반하여, 신명기 5장 21절에서는 이웃의 아내가 앞에 나오고 이웃의 집이 뒤에 나옵니다. 유의미한 변화를 보여 주는 차이는 제4계명의 경우에 안식일을 지키는 동기의 차이 정도입니다. 출애굽기에서는 창조사건이 안식을 지키는 동기로 작용한 반면에, 신명기에서는 출애굽 사건을 기억하는 것이 그 동기로 등장하는데, 이와 같은 변화는 하나님께서 추가로 전달하기를 원하시는 특별한 신학적 의미가 있는 것으로 해석되어야 합니다.

10. 십계명 서론: 하나님의 본성과 사역

십계명 서론은 하나님은 하나님의 백성에게 어떤 분이며, 하나님의 백성을 위하여 어떤 사역을 하셨는가를 말합니다. 하나님은 자기 자신을 "여호와"로 제시합니다. 이 명칭이 형성된 과정을 알기 위해서는 하나님의 이름에 대한 유대인들의 태도를 살펴볼 필요가 있습니다.

주전 몇백 년 동안 유대의 랍비들은 지극히 높은 하나님의 이름을 사용하는 것을 금지했습니다. 랍비들은 "여호와의 이름을 모독하면 그를 죽일지니라"라는 말씀레 24:16에 근거하여 하나님에 해당하는 자음인 'yhwh'라는 이름을 심지어 회당예배에서도 사용하지 못하게 했습니다. 그러나 랍비들이 하나님이라는 이름을 전혀 부르지 않고는 백성들의 종교생활을 지도하기가 어렵고 백성들도 신앙생활을 하기가 어려워 어떤 형태로든 하나님의 이름을 부르지 않을 수 없었습니다. 랍비들이 대안으로 고안해낸 것은 히브리 본문을 읽을 때 인간들 가운데 최고의 경어라고 할 수 있는 "주"로 교체하여 읽는 것이었습니다. 'yhwh'는 성전예배 시에 제사장이 축복선언을 할 때만 사용이 허락되었습니다. 그러나 의인으로 불린 대제사장 시몬 2세가 죽은 후인 주전 200년경에는 성전예배에서조차 'yhwh'를 사용할 수 없게 되었습니다. 후에 유대인들은 "주"에 붙어 있는 모음을 'yhwh'에 붙여서 읽었고 이로부터 "여호와"라는 어정쩡한 이름이 사용되기 시작했습니다.

'yhwh'는 히브리어의 be동사인 '하야'동사로부터 유래했습니다. 'yhwh'는 '하야'동사의 칼/미완료/3인칭/단수/고어형으로서 엄밀하게 말하면 명사라기보다는 술어입니다. 'yhwh'는 "존재한다"라는 뜻입니다. 이 말의 보다 깊은 의미는 하나님이 불타는 떨기나무 앞에 선 모세에게 하신 말씀에 나타나 있습니다. 이때 하나님은 자기 자신을 가리켜 "나는 스스로 있는 자"라고 하셔서 "있다존재한다"에 "스스로"를 첨가하여 자신의 주권성을 강조하셨습니다출 3:14. 하나님은 그 존재와 사역에 있어서 어떤 다른 존재와 필연적인 인과관계 때문에 존재하고 사역하시는 분이 아니라 스스로 존재하시고 사역하시는 분이십니다. 이것을 하나님의 주권이라고 합니다.

첫째로, 하나님의 존재의 주권성 곧, 하나님은 "스스로 있는 자"라는 정의에 대하여 검토하겠습니다. 사람들이 하나님에 관하여 가지는 큰 오해가 한 가지 있습니다. 기독교인들까지도 이런 오해를 하는 경우가 많습니다. "하나님이 존재한다고 믿는 사람에게는 하나님이 존재하는 것이고, 하나님이 존재하지 않는다고 믿는 사람에게는 하나님이 존재하지 않는 것이다." 이 생각은 매우 위험한 믿음 지상주의로서, 하나님의 존재 여부를 인간의 믿음에 종속시키는 주장입니다. 고양이가 쥐를 가지고 노는 것처럼 인간의 믿음이 하나님을 가지고 노는 것입니다. 그러면 우리는 어떻게 말해야 할까요? "우리가 하나님이 존재하신다고 믿던 믿지 않던, 하나님은 객관적으로 존재하신다." 우리가 눈을 뜨면 해가 보이고, 눈을 감으면 해가 보이지 않습니다. 우리가 눈을 감아 해가 보이지 않는다고 해서 해가 존재하지 않을까요? 그렇지 않습니다. 우리 눈에 해가 보이던 보이지 않던, 해는 존재합니다. 이처럼 우리가 하나님이 존재하신다고 믿으면 존재하시지 않던 하나님이 존재하기 시작하고, 우리가 하나님이 존재하신다고 믿지 않으면 존재하시던 하나님이 죽어버리는 것이 아닙니다. 하나님은 우리의 믿음 여부와는 상관없이 존재하시는데, 믿음이 없는 자는 눈에 가리개가 덮여 있어서 존재하시는 하나님을 보지 못하는 것이고 믿음이 있는 자는 눈가리개를 벗겨냈기 때문에 존재하시는 하나님을 볼 수 있는 것뿐입니다.

둘째로, 하나님의 사역의 주권성에 대하여 살펴보겠습니다. 십계명 서론이 소개하고 있는 하나님의 사역은 이스라엘 자손을 애굽 땅종 되었던 집에서 인도하여 낸 일 곧, 출애굽 사역입니다. 출애굽 사역은 신약시대의 용어로 말하면 예수 그리스도의 십자가 사역을 뜻합니다. 하나님은 어린 양의 피를 문에 바른 집 안에 있던 사람들을 죽음으로부터 보호해 주셨고 애굽의 노예살이로부터 해방시켜 주셨습니다. 이처럼 세상 죄를 짊어지고 십자가 위에서 죽으신 하나님의 어린 양이신 예수 그리스도를 구주로 영접하면 죄와 사망의 권세로부터 해방됩니다.

하나님이 존재하심에 있어서 어떤 피조물에게도 의지하지 않고 스스로 존재하시는 것처럼, 하나님이 행하신 출애굽 사역도 인간을 위하여 행하지 않으면 안 되는 필연적인 이유가 있어서 행하신 사역이 아니라 하나님이 스스로 결정하여 행하신 사역입니다. 이것을 하나님의 주권적인 사역이라고 합니다. 하나님이 이스라엘 자손에게서 너무나 거룩하고 의롭고 바른 모습을 보셨기 때문에 마음에 깊은 감동을 느끼셔서 이들을 애굽의 압제로부터 구원해 주시는 보상을 해주셔야만 할 필연적인 의무감을 느끼신 것이 아닙니다.

이스라엘 자손들이 애굽에서 노역에 시달릴 때 힘들다고 부르짖기는 했지만 애굽에서 나오려는 생각은 전혀 하지 않고 있었습니다. 하나님이 이스라엘 자손을 애굽에서 인도해 내신 이유는 400년 전에 하나님이 하신 약속을 지키기 위해서였습니다. 창세기 15장 13절과 14절에 보면 하나님이 아브람에게 찾아오셔서 400년 후에 아브람의 후손에게 일어날 일을 이렇게 예언하셨습니다. "여호와께서 아브람에게 이르시되 너는 반드시 알라 네 자손이 이방에서 객이 되어 그들을 섬기겠고 그들은 사백 년 동안 네 자손을 괴롭히리니 그들이 섬기는 나라를 내가 징벌할지며 그 후에 네 자손이 큰 재물을 이끌고 나오리라."

당시의 이스라엘 자손들이 얼마나 못된 자들이었는가 하는 것과 이들이 애굽을 떠날 생각 자체를 하지 않았다는 것은 출애굽의 여정을 살펴보면 잘 드러납니다. 애굽에 간 모세가 바로왕에게 이스라엘 자손을 애굽에서 내보내달라는 요청을 하자 마음이 강퍅한 바로가 히브리인들에게 이전보다 더 무거운 노동을 부과하여 이스라엘 자손들의 노역이 강화되었습니다. 그러자 이스라엘 자손들은 잠깐 찾아온 어려움을 인내로써 참아낸 것이 아니라 바로 모세를 원망했습니다. "너희가 우리를 바로의 눈과 그의 신하의 눈에 미운 것이 되게 하고 그들의 손에 칼을 주어 우리를 죽이게 하는도다"출 5:21. 모세가 하나님이 그들을 아브라함과 이삭과 야곱에게 약속하신 땅으로 인도하신다는 약속을 전하면서 조금 참아달라고 부탁해도 이스라엘 자손들은 귀를 기울이지 않았습니다. "내가여호와 하나님이 아브라함과 이삭과 야곱에게 주기로 맹세한 땅으로 너희를 인도하고 그 땅을 너희에게 주어 기업을 삼게 하리라 나는 여호와라 하셨다 하라 모세가 이와 같이 이스라엘 자손에게 전하나 그들이 마음의 상함과 가혹한 노역으로 말미암아 모세의 말을 듣지 아니하였더라"출 6:8-9. 홍해를 건너기 전, 바로가 군대를 동원하여 추격해 오자 이스라엘 백성들은 두려움에 사로잡혀 "애굽에 매장지가 없어서... 광야에서 죽게 하느냐"라고 불평하면서, 자신들은 애초부터 애굽을 떠날 생각이 없었으며, 애굽에 머물면서 애굽 사람을 섬기는 생활을 하기를 원했음을 모세에게 상기시켰습니다. "그들이 또 모세에게 이르되 애굽에 매장지가 없어서 당신이 우리를 이끌어 내어 이 광야에서 죽게 하느냐 어찌하여 당신이 우리를 애굽에서 이끌어 내어 우리에게 이같이 하느냐 우리가 애굽에서 당신에게 이른 말이 이것이 아니냐 이르기를 우리를 내버려 두라 우리가 애굽 사람을 섬길 것이라 하지 아니하더냐 애굽 사람을 섬기는 것이 광야에서 죽는 것보다 낫겠노라"출 14:11-12. 출애굽한 후 신 광야에 이르렀을 때 이스라엘 백성들은 애굽을 향한 향수에 젖어 "애굽 땅에서 고기 가마 곁에 앉아 있던 때와 떡을 배불리 먹던 때"를 그리워했습니다. "이스라엘 자손이 그들에게모세와 아론에게 이르되 우리가 애굽 땅에서 고기 가마 곁에 앉아 있던 때와 떡을 배불리 먹던 때에 여호와의 손에 죽었더라면 좋았을 것을 너희가 이 광야로 우리를 인도해 내어 이 온 회중이 주려 죽게 하는도다"출 16:3. 광야로 들어선 후에 만나를 공급받아 일용할 양식에 어려움이 없을 때도 "애굽에 있을 때에는 값없이 생선과 오이와 참외와 부추와 파와 마늘을 먹은 것"을 그리워했습니다. "우리가 애굽에 있을 때에는 값없이 생선과 오이와 참외와 부추와 파와 마늘들을 먹은 것이 생각나거늘 이제는 우리의 기력이 다하여 이 만나 외에는 보이는 것이 아무 것도 없도다"민 11:5-6. 이스라엘 백성들은 가데스바네아에서 정탐꾼들의 정탐이 있은 후에 가나안 부족들과 싸워 이기기 어렵다는 보고를 듣고 '애굽으로 돌아가는 것이 낫다'라고 판단하고 지휘관을 세워 애굽으로 돌아가려고 했습니다. "이스라엘 자손이 다 모세와 아론을 원망하며 온 회중이 그들에게 이르되 우리가 애굽 땅에서 죽었거나 이 광야에서 죽었으면 좋았을 것을 어찌하여 여호와가 우리를 그 땅으로 인도하여 칼에 쓰러지게 하려 하는가 우리 처자가 사로잡히리니 애굽으로 돌아가는 것이 낫지 아니하랴 이에 서로 말하되 우리가 한 지휘관을 세우고 애굽으로 돌아가자 하매"민 14:2-4. 이와 같은 과정을 회고하면서 모세는 이스라엘 자손들이 자신을 만난 날부터 줄곧 하나님을 거역했다고 결론 내립니다. "내가 너희를 알던 날부터 너희가 항상 여호와를 거역하여 왔느니라"신 9:24. 하나님이 이처럼 줄곧 어깃장을 놓으며 반역을 일삼아 온 이스라엘 자손을 멸절시키고자 하셨을 때 모세는 중보자의 입장에 서서 하나님이 이스라엘 자손에게 주신 약속의 말씀을 상기시키며 하나님께 분노를 거두어 주실 것을 간청했습니다. "주의 종 아브라함과 이삭과 야곱을 생각하사 이 백성의 완악함과 악과 죄를 보지 마옵소서"신 9:27.

이처럼 하나님이 이스라엘 자손을 애굽에서 구원해 주신 것은 이스라엘 자손에게 어떤 의로움이나 예쁜 구석이 있었기 때문이 아니라 이스라엘 자손의 영적인 상태와는 상관없이 하나님이 스스로 주권적으로 구원하시기로 결정하셨기 때문에 가능했습니다. 하나님이 이스라엘 자손을 애굽에서 구원해 주신 것은 전적인 은혜로 가능했던 것입니다. 이처럼 십자가 위에서 우리를 위하여 대속의 죽음을 죽으신 예수님을 우리가 영접할 때 우리는 우리의 의로운 삶에 근거하여 구원을 받는 것이 아니라 오직 값없이, 은혜로 구원을 받는 것입니다.

11. 출애굽 사건과 정치·경제적 해방사건

출애굽 사건은 독재정권의 정치·경제적 탄압을 받는 가난하고 억눌린 계층이 정치·경제적 억압의 구조로부터 해방운동을 전개하는 노력을 신학적으로 정당화하는 해방운동의 롤-모델로 제시되기도

했습니다. 해방신학자들은 출애굽 사건을 가진 자와 가지지 못한 자, 지배자와 피지배자 간의 정치·사회적 충돌사건으로 환원시킵니다. 그러나 다음과 같은 이유들은 출애굽 사건을 해방신학의 롤-모델로 사용하는 것이 타당하지 않음을 보여줍니다.

우선 십계명 서론은 해방의 주체를 이스라엘 백성 곧 "너"로 제시하지 않고 여호와 하나님으로 제시합니다. 이 점에서 십계명 서론은 이스라엘 백성을 해방의 주체로 제시하는 해방신학과 차별화되어야 합니다.

출애굽에 대한 동경과 기대는 요셉이 이미 가지고 있었습니다. "요셉이 그의 형제들에게 이르되 나는 죽을 것이나 하나님이 당신들을 돌보시고 당신들을 이 땅에서 인도하여 내사 아브라함과 이삭과 야곱에게 맹세하신 땅에 이르게 하시리라 하고 요셉이 또 이스라엘 자손에게 맹세시켜 이르기를 하나님이 반드시 당신들을 돌보시리니 당신들은 여기서 내 해골을 메고 올라가겠다 하라 하였더라"창 50:24-25. 이때는 이스라엘 백성들이 노예 상태에 있을 때가 아니었고, 총리대신을 맡고 있던 요셉의 보호 아래에서 편안하게 지내던 때였습니다. 이 점은 출애굽한 후에 이스라엘 백성들이 출애굽한 것을 이내 후회하면서 애굽에서 생활하던 시절을 그리워한 것이라든가, 애굽으로 돌아가려고 시도한 일 등에 의하여 뒷받침됩니다.

출애굽 사건이 정치·경제적 탄압으로부터의 민중의 자의식적인 해방사건의 일반적인 롤-모델이라면, 유독 이스라엘 백성들만을 해방의 대상으로 삼고, 당시 애굽 안에 머물러 있었던 수많은 다른 노예들, 나아가서는 메소포타미아 지방 전역에 흩어져서 탄압을 받고 있었던 대다수의 다른 노예들에 대한 언명이 전혀 없는 이유가 무엇인지 설명할 수 없습니다.

이스라엘 백성에 대한 바로의 탄압이 모세에게 이스라엘 백성이 겪는 곤경에 관심을 갖도록 했지만, 모세가 출애굽 사건에 참여하기로 결심을 굳히게 된 계기는 하나님이 아브라함, 이삭, 야곱에게 하신 약속 곧 하나님이 이스라엘 백성을 가나안 땅으로 돌아오게 하겠다는 약속이었습니다창 48:21,22; 50:24,25. 이상과 같은 사실들은 인간의 자의적인 사회적 혁명과 해방을 위한 투쟁과 조화되지 않습니다. 출애굽 사건은 이스라엘 백성들에게만 일어났던 유일하고 독특한 사건입니다.

마지막으로 십계명을 듣는 청중이 "너" 곧 2인칭 단수로 설정되어 있다는 사실이 가지는 의미에 주목할 필요가 있습니다. 십계명은 인격적 주체로서의 개인을 도덕적 명령을 들어야 할 책임적 존재로 설정합니다. 이 같은 설정은 개인이 하나님과 특별한 관계를 가지며, 악이나 선은 구조에도 내재되어 있지만 인간의 마음 안에 있는 것으로 간주되어야 한다는 것을 의미합니다. 마지막 날의 심판은 개인 "각각"에게 시행 됩니다고후 5:10. 개인의 책임에 대해서는 고려하지 않고 세상의 구조적 변화만 이루어지면 개인은 해방된다고 주장하는 모든 사회윤리는 허구에 지나지 않습니다.

12. 십계명의 이중적 순서

십계명에서는 순서가 매우 중요합니다. 두 가지 순서에 우리는 유의해야 합니다.

첫째로, 계명들 하나하나에 대하여 말하기 전에 서론이 앞에 나와 있다는 점에 유의해야 합니다. 서론에는 이스라엘 자손이 하나님의 주권적인 은혜로 구원받았음을 말하고 있습니다. 계명들은 이스라엘 자손들이 어떻게 살아야 하는가를 가르쳐 주는 지침들입니다. 이 순서를 바꾸면 안 됩니다. 서론의 자리에 계명들을 두면 안 됩니다. 서론의 자리에 계명들을 두는 것은 계명을 지키는 삶이 구원의 조건 또는 근거가 된다는 뜻입니다. 바른 순서는 구원은 값없이 은혜로 주어지는 것이고, 계명을 지키는 삶은 값없이 은혜로 주어진 구원에 대한 감사의 표현이라야 한다는 것입니다.

둘째로, 십계명에서 반드시 지켜야 할 또 하나의 순서가 있습니다. 1계명부터 4계명까지는 하나님을 바르게 사랑하는 법 곧, 하나님을 바르게 예배하는 법을 가르쳐 주는 지침입니다. 5계명부터 10계명까지는 인간을 바르게 사랑하는 법을 가르쳐 주는 지침입니다. 하나님을 바르게 예배하는 법을 말하는 1계명부터 4계명은 인간을 바르게 사랑하는 법을 가르치는 5계명부터 10계명까지 보다 항상 선행합니다. 이 말이 주는 의미는 하나님을 바르게 예배하는 것이 인간을 바르게 사랑하는 것보다 항상 앞서야 한다는 뜻입니다.

제**1**계명

나 외에는 다른 신들을 네게 두지 말라

제1계명은 이렇게 되어 있습니다.

"너는 나 외에는 다른 신들을 네게 두지 말라."

"나 외에는"이라는 구절은 히브리어로 '알 파나위'인데 이 구절은 두 가지로 번역될 수 있습니다. 하나의 번역은 "면전에"입니다. "여호와 하나님 이외에 다른 신들을 여호와 하나님의 면전에 두지 말라." 면전에 들이대는 것은 일종의 도발 행위 곧, 덤벼드는 것입니다. 다른 하나의 번역은 "옆에 나란히"입니다. "여호와 하나님 이외에 다른 신들을 여호와 하나님과 동등한 위치에 나란히 두지 말라." 제1계명은 하나님 한 분 이외에 다른 신들을 하나님 앞에 도전적으로 두지 말라 혹은 하나님과 동등한 위치에 두고 예배하지 말라는 명령입니다.

1. 다른 신들의 의미

여기서 우리가 먼저 생각해 볼 문제는 하나님을 제외한 다른 신들이 과연 실제로 존재하는가 하는 문제입니다. 이 문제를 짚어 봐야 하는 이유는 성경은 하나님 이외에는 다른 신들이 존재하지 않는다고 말하고 있기 때문입니다. 신명기 4장 28절은 이렇게 말합니다. "너희는 거기서 사람의 손으로 만든 바 보지도 못하며 듣지도 못하며 먹지도 못하며 냄새도 맡지 못하는 목석의 신들을 섬기리라." 이 본문이 말하는 것은 사람들이 신상을 세워놓고 경배하는 우상은 실재하는 신들이 아니라는 것입니다. 예를 들어서 바알이라는 신이 존재할까요? 바알이라는 신은 없습니다. 대만에 가면 삼국지에 등장하는 관우를 신으로 모시는 사당이 많습니다. 그런데 관우라는 신이 존재할까요? 존재하지 않습니다. 그러면 제1계명은 실재하지도 않는 신들을 대상으로 하여 허공을 치는 계명일까요?

성경이 말하는 하나님이 아닌 다른 신들은 실제로는 존재하지 않습니다. 이 신들은 사람들이 만들어낸 고안품에 지나지 않습니다. 그러면 사람들은 왜 신을 고안해낼까요? 사람들은 이 세계 안에 실질적으로 존재하면서 인간의 운명에 깊은 영향을 끼치지만, 인간의 능력으로는 통제할 수 없는 강력한 힘이 있을 때 이 힘을 신의 이름을 붙여서 숭배하는 습관이 있습니다.

예를 들어서 바알신은 대지의 생산능력을 의인화한 신입니다. 땅은 신비한 능력을 지니고 있습니다. 바알신 자체는 인간의 고안품으로 실재하지 않습니다. 그러나 바알신이 상징하는 대지의 생산능력은 실재합니다. 땅에 한 알의 씨앗을 심으면 가을에 수백 배의 열매를 거둡니다. 온 땅에 헤아릴 수 없이 많은 식물이 자라나고 있습니다. 어마어마한 생산능력입니다. 대지의 생산능력은 인간의 운명에 결정적인 영향을 끼칩니다. 그런데 대지의 생산능력을 인간이 통제할 수 없습니다. 따라서 이 대지의 생산능력을 바알이라는 신으로 형상화하여 숭배하는 것입니다.

또 다른 예를 들면, 번개는 실재하는 무서운 힘으로서 사람의 운명에 영향을 끼칩니다. 그런데 사람들은 번개를 통제할 수 없습니다. 따라서 사람들은 번개를 신으로 형상화하여 숭배합니다. 이런 힘들은 아주 종류가 많고 다양합니다. 따라서 신들의 종류도 많아지는 것입니다.

"자기들의 힘을 자기들의 신으로 삼는 자들"이라는 하박국 1장 11절 말씀처럼 인간 자신의 힘도 신성화되어 숭배의 대상이 됩니다. 욥이 욥기 31장 24절에서 "만일 내가 내 소망을 금에다 두고 순금에게 너는 내 의뢰하는 바라 하였다면"이라고 말하고 있는데, 이 말은 사람들이 금을 신으로 숭배하는 관습이 있음을 말하는 것이며, 마태복음 6장 24절에서 예수님이 "하나님과 재물을 겸하여 섬기지 못하느니라"라고 말씀하신 것은 재물도 신으로 숭배될 수 있음을 말합니다. 그러므로 다른 신들을 숭배하지 말라는 명령은 그 신들이 상징하는 어떤 강력한 힘을 하나님처럼 숭배하지 말라는 명령으로서 결코 허공을 치는 명령이 아닙니다.

또 한 가지 중요한 사실이 제1계명이 허공을 치는 명령이 아님을 분명히 보여줍니다. 세계 안에 있는 강력한 힘들의 배후에는 사탄의 영이 실재한다는 것입니다. 고린도전서 10장 19절과 20절에 따르면 우상 신에게 제사하는 것은 "귀신"에게 제사하는 것임을 분명히 합니다. "그런즉 내가 무엇을 말하느냐 우상의 제물은 무엇이며 우상은 무엇이냐 무릇 이방인이 제사하는 것은 귀신에게 하는 것이요 하나님께 제사하는 것이 아니니 나는 너희가 귀신과 교제하는 자가 되기를 원하지 아니하노라." 그러므로 제1계명은 실제로 존재하는 귀신, 곧 사탄을 숭배하지 말라는 명령입니다.

2. 지역신론 거부

그러면 제1계명은 어떤 신 숭배방식을 거부하는 걸까요? 제1계명은 지역신론에 빠지지 말 것을 경고하고 있습니다. 지역신론은 지역마다 관할하는 신이 다르다고 생각하는 신관을 뜻합니다. 가나안 일대에 거주하는 거주민들이 가지고 있었던 신관이 바로 지역신론이었습니다. 예를 들어서 가나안 지역은 바알신과 아세라신이 관할하고, 시돈 지역은 아스다롯신이 관할하고, 암몬 지역은 밀곰신과 몰록신이 관할하고, 모압 지역은 그모스신이 관할한다고 생각한 것입니다. 지역신론자들은 특정한 지역에 들어가면 그 지역을 관할하는 신을 믿어야 한다고 생각했습니다. 룻기에 나오는 나오미가 가지고 있었던 신관이 지역신론입니다. 나오미에게는 두 아들이 있었고 두 아들이 결혼하여 며느리를 얻었는데 두 며느리의 이름이 오르바와 룻이었습니다. 나오미의 남편과 두 아들이 죽고 난 이후에 며느리 오르바는 자기가 살던 모압 지역으로 돌아갔고 룻 혼자 남아 나오미와 함께 살고 있었습니다. 이때 나오미는 오르바가 모압 지역으로 돌아간 것을 "네 동서는 그의 백성과 그의 신들에게로 돌아가나니"룻 1:15

라고 표현합니다. 나오미는 오르바가 모압 지역으로 돌아간 후에는 모압 지역을 관할하는 신 아래에서 산다고 생각한 것인데, 이것이 바로 지역신론입니다. 나오미는 유대 지역에서는 여호와 하나님이 다스리고 유대 지역을 넘어가면 다른 신이 다스린다고 생각한 것입니다. 지역신론에 따르면 여호와 하나님과 다른 신들이 지역을 나누어 관할하기 때문에 여호와 하나님과 동등한 권한을 가진 신들이 많아집니다. 따라서 제1계명은 지역신론을 거부합니다. 성경이 말하는 하나님은 온 땅을 그 관할권에 두시고 통치하시는 유일한 신이며, 특정한 지역을 관할하는 신은 존재하지 않습니다.

지역신론이 잘못된 신관임을 보여주는 좋은 사례가 다곤 신당 사건입니다. 블레셋 사람들이 이스라엘과 전쟁을 하는 중에 하나님의 법궤를 빼앗아 자기 진영으로 가지고 왔습니다. 블레셋인들은 하나님의 법궤를 다곤 신당 안에 가져다 놓았습니다. 블레셋 사람들이 사는 지역은 다곤신의 관할 지역이기 때문에 하나님의 법궤에 임재하는 이스라엘의 신 여호와가 다곤신 앞에서는 꼼짝 못 할 것이라고 생각한 것입니다. 그런데 놀랍게도 다곤신의 힘이 가장 강력하게 작용한다고 간주된 다곤 신당 안에서 다곤 신상이 하나님의 법궤 앞에 엎드러지고 머리와 두 손목이 끊어졌고삼상 5:3,4, 여호와의 손이 작용하여 백성들에게 독한 종기의 재앙이 임했고삼상 5:6, 큰 환난이 찾아왔습니다삼상 5:9. 유대 지역뿐만 아니라 블레셋 사람들이 살고 있는 지역에도 여호와 하나님이 계셨고, 이 하나님이 힘을 발휘하시자 다곤신은 전혀 대응하지 못했습니다. 왜냐하면 다곤신은 인간이

42

고안해낸 존재하지 않는 상상물에 불과했기 때문입니다. 다곤 신당 사건은 지역신론의 허구성을 깨뜨리는 사건이었습니다.

3. 종교혼합주의 거부

제1계명은 종교혼합주의syncretism를 거부합니다. 'syn'은 "함께"라는 뜻이고 'cretism'은 "믿는다"를 뜻하는 'credo'라는 라틴어 동사에서 왔습니다. 종교혼합주의는 기독교와 타종교를 함께 믿는 종교사상입니다. 종교혼합주의는 금상첨화 논리, 은 쟁반에 금 사과 논리입니다. 금 상도 좋지만 금 상 위에 꽃 한 송이를 얹으면 훨씬 더 아름답지 않겠는가, 은 쟁반도 좋지만 거기에 금 사과가 얹혀 있으면 훨씬 더 좋지 않겠는가 하는 것입니다. 기독교도 좋은 것이지만 다른 종교도 나름대로 장점이 있으니까 기독교의 장점에다가 다른 종교가 지닌 장점을 종합하면 기독교 하나만을 배타적으로 믿는 것보다 훨씬 더 탁월한 종교생활을 할 수 있다는 것입니다. 일반종교학에서는 종교혼합주의가 상식으로 통합니다.

이스라엘 자손들은 가나안 땅에 들어간 시초부터 종교혼합주의에 빠져들어 갔는데, 이스라엘 자손들이 종교혼합주의에 빠진 데에는 현실적인 이유가 있었습니다. 이스라엘 자손들은 가나안 땅에 들어간 후부터는 농사를 지어서 먹고살아야만 했습니다. 문제는 가나안 땅에 들어온 이스라엘 자손들이 농사를 지어 본 경험이 없다는 것이었습니다. 이스라엘 백성들은 애굽에서는 벽돌 만드는 일을 했고, 출애굽한 이후에 40년간 광야를 여행할 때는 아무 일도 하지 않았습니다. 하나님이 주신 만나와 메추라기를 받아먹고 살았습니다. 그런데 가나안 땅에 들어서는 순간부터 만나와 메추라기는 중단되었습니다. 무슨 뜻입니까? 이제부터는 스스로 농사를 지어 먹고 살라는 것입니다. 그런데 농사를 지어 본 경험이 없으니 누구에겐가 물어봐야 하지 않겠습니까? 누구에게 물어야 할까요? 이스라엘 자손들은 여호와 하나님께 묻고 싶지 않았습니다. 여호와 하나님은 전쟁에는 능하신 분이지만 농사에는 문외한이 아닐까 하는 의문이 있었기 때문입니다. 따라서 이들은 농사의 달인인 가나안 땅에 살던 원주민들에게 물어보지 않을 수 없었습니다. 이들에게 농사를 잘 짓는 비결을 알려 달라고 하면 이들은 이렇게 답변해 줍니다. "가장 중요한 것은 바알신을 잘 숭배하고 바알신에게 제사를 잘 드려서 심술부리지 않게 하는 것이다." 바알신은 농사에 특화된 신이니까 바알신을 잘 섬겨야 한다는 것입니다. 이제 이스라엘 자손은 선택해야 합니다. 농사에는 전문가가 아닌 것처럼 보이는 여호와 하나님 한 분만 계속하여 섬길 것인가, 아니면 여호와 하나님을 섬기되 농사에 있어서만은 바알신의 도움을 받을 것인가? 이 선택의 기로에서 이스라엘 자손들은 여호와 하나님과 바알신을 함께 섬기는 편을 선택합니다. 이스라엘 자손들은 종교혼합주의에 빠져 결국 종교혼합주의 때문에 멸망했습니다.

종교혼합주의는 피상적으로 보면 그럴듯해 보입니다. 그러나 종교혼합주의는 하나님과 신자의 관계가 친밀한 인격적인 교제와 사랑의 관계라는 점을 무시한 종교관입니다. 하나님과 신자의 관계는 부부관계에 비유됩니다. 그러면 한번 생각해봅시다. 어떤 남자가 얼굴도 예쁘고 마음도 착한 현모양처와 결혼생활을 하고 있습니다. 그런데 건넛마을에 이 남자의 아내와 같은 정도로 아름답고 마음씨도 착한 여자가 살고 있습니다. 이 남자가 이렇게 생각합니다. "저 여자를 데려다가 함께 살면 두 배의 아름다움을 즐기고, 두 배의 사랑을 즐기고, 두 배의 행복을 누릴 수 있겠구나." 그리고 그 여자를 데려다가 함께 살림을 꾸려갑니다. 이 남자의 뜻대로 될까요? 오히려 가정이 파탄이 나고 맙니다. 현모양처였던 아내는 질투의 화신으로 바뀌어 버리고 가정은 전쟁터로 변하게 될 것입니다. 진정한 인격적인 사랑은 배타성을 띄게 되어 있습니다. 종교혼합주의는 이 점을 간과한 것입니다. 하나님은 우리에게 여호와 하나님 한 분만을 믿고 신앙생활을 할 것을 요청하고 계십니다.

제가 네덜란드에서 유학생활을 할 때 어느 날 외출 중인 아내를 대신하여 된장찌개를 끓인 적이 있습니다. 호박과 감자를 썰어 넣고 된장을 풀어서 끓이면 담백하고 구수한 된장찌개가 되지 않습니까? 재료를 다 준비한 다음에 냉장고를 열어 보니까 몇 가지 종류의 묵은 김치가 있었습니다. 하나는 부추김치, 다른 하나는 총각김치, 또 다른 하나는 배추김치였습니다. 그때 제게 하나의 아이디어가 떠올랐습니다. 이 김치들은 양념이 기가 막히게 잘 된 것들이니까 이것들을 찌개에 넣고 끓이면 명품 된장찌개가 되겠다는 생각이었습니다. 기왕 명품찌개를 끓일 바에는 많이 끓이자고 생각하고, 큰 냄비 안에 이미 준비한 재료에다가 묵은 부추김치, 묵은 총각김치, 묵은 배추김치를 넣었습니다. 네덜란드에서는 개인주택이 보통 3층 집으로 되어 있습니다. 1층에 거실과 부엌, 2층에 침실과 욕조, 3층에 서재가 있는 구조입니다. 재료를 다 넣고 찌개가 끓는 사이 서재에 잠깐 올라갔다가 맛있는 명품찌개를 기대하면서 1층으로 내려오는 순간 형언할 수 없이 고약한 냄새가 코를 찔렀습니다. 냄새는 1층 전체에 퍼져 있었습니다. 이게 무슨 냄새인가 확인해 보니 끓고 있는 찌개로부터 나는 냄새였습니다. 냄새가 너무 역해 도저히 견딜 수 없어서 결국 국물을 빼낸 후 모두 쓰레기통에 버리고 말았습니다. 역한 냄새는 한동안 없어지지 않고 1층에 남아 있었습니다. 그때 제가 깨달은 진리는 된장찌개는 호박, 감자, 된장 정도만 넣고 단출하게 끓여야 향긋한 맛이 난다는 것이었습니다. 아무리 재료가 좋아도 다 섞어 놓으면 망친다는 것을 알게 되었습니다.

그렇습니다. 기독교의 장점에다가 불교의 장점, 유교의 장점, 이슬람교의 장점을 종합하면 훨씬 더 좋은 최상의 종교가 등장할 것 같다고 착각할 수 있습니다. 자칭 세계 최고의 철학자라고 자부하는 K 교수가 하는 작업이 이것입니다. 그는 기독교, 불교, 유교, 이슬람교를 종합하여 가장 한국적인 최고의 종교를 만들겠다고 공언하고 다녔습니다. 그러나 지금은 그런 주장이 어디로 갔는지 별로 존재감이 없습니다. 성공적인 신앙생활을 하려면 성경이 가르쳐주는 구원과 삶의 길 하나로만 가볍게 무장하고 길을 가야 제대로 갈 수 있습니다. 기독교에다가 불교, 유교, 이슬람교를 얹어서 덕지덕지 중무장하고 가면 짊어진 짐의 무게 때문에 가다가 쓰러져서 일어날 수 없습니다.

4. 종교다원주의 거부

제1계명이 단호하게 금지하는 또 하나의 잘못된 신 숭배 관습은 종교다원주의religious pluralism입니다. 종교다원주의는 주로 보편적 신을 말하는 세계의 고등종교들을 설명할 때 동원되는 논리입니다. 지역신론이나 종교혼합주의가 성경이 말하는 하나님 이외에 다른 신들이 존재한다고 생각하는 반면에 종교다원주의는 신은 오직 한 분뿐이라고 전제한다는 점이 다릅니다.

종교다원주의는 각 종교에서 신을 부르는 명칭이 다른 것은 다른 신을 가리키는 것이 아니라 하나의 신에 대한 다른 표현방식에 지나지 않으며, 따라서 각 종교마다 제시하는 구원의 길 곧 하나님께 이르는 길은, 각각 방식은 다르지만 궁극적으로는 동일한 하나님에게 이르는 길이라고 주장하는 입장을 가리킵니다. 따라서 종교다원주의에서는 이슬람교의 알라신, 힌두교의 디바신, 중국의 상제上帝, 기독교에서 말하는 여호와 하나님은 모두 동일한 신을 지칭한다고 주장합니다.

그것은 마치 한국에서 물이라고 부르는 물질을 미국에서는 워터water, 중국에서는 수水, 인도에서는 티르타라고 호칭하는 것과 같다는 것입니다. 그들은 서울에서 부산에 가는 방법에는 여러 가지가 있다고 말합니다. 비행기를 타고 갈 수도 있고, 고속열차를 타고 갈 수도 있고, 고속버스를 타고 갈 수도 있고, 자가용으로 갈 수도 있고, 배로 갈 수도 있다는 것입니다. 가는 방법은 다르지만 어느 방법으로 가든 부산이라는 목적지는 동일하다고 말합니다. 이처럼 종교마다 각각 다른 신관과 구원관을 가지고 있지만 모두 동일한 하나님을 믿고 동일한 구원을 지향하기 때문에 어느 종교를 믿어도 상관없다는 것입니다.

종교다원주의는 일반종교학에서는 합리적인 종교관으로 받아들여지고 있습니다. 종교다원주의는 다른 종교들도 하나님을 믿고 참된 구원에 이르는 구원관을 가지고 있다는 점을 전폭적으로 존중해 준다는 점에서 예의가 바른 종교관인 것처럼 보이고, 모든 종교가 싸우지 않고 평화롭게 지낼 수 있는 길처럼 보입니다.

그러나 사람 눈에 보기에 그럴듯하게 보이는 것이 중요한 것이 아니라 하나님이 이 문제에 대하여 어떤 입장을 가지고 계시는가가 중요합니다. 종교다원주의가 걸려 넘어지는 걸림돌은 예수 그리스도입니다. 요한복음 10장 30절에서 예수님은 "나와 아버지는 하나이니라"라고 선포하셨는데, 이 말씀은 예수 그리스도께서 성부 하나님과 동질의 하나님이라는 뜻입니다. 다른 종교의 신관이 예수 그리스도가 하나님이심을 인정하지 않는 한 다른 종교에서 말하는 신을 성경이 말하는 신과 동일시할 수 없습니다. 한 걸음 더 나아가서 예수님은 자신을 통하지 않고는 하나님을 볼 수 없다고 말씀하셨습니다. 요한복음 1장 18절 말씀입니다. "본래 하나님을 본 사람이 없으되 아버지 품 속에 있는 독생하신 하나님이 나타내셨느니라." 구원의 문제에 있어서 예수님은 자신을 통하지 않고는 구원의 길이 없음을 단호하게 천명하셨습니다. "내가 곧 길이요 진리요 생명이니 나로 말미암지 않고는 아버지께로 올 자가 없느니라"요 14:6. 사도행전 4장 12절에서 베드로는 이렇게 선포합니다. "다른 이로써는 구원을 받을 수 없나니 천하 사람 중에 구원을 받을 만한 다른 이름을 우리에게 주신 일이 없음이라." 이처럼 성경이 예수 그리스도를 통하지 않고는 하나님을 알 수 있는 길도 없고 구원에 이르는 길도 없다고 가르치기 때문에 우리는 종교다원주의를 받아들일 수 없습니다.

잠언 14장 12절은 이렇게 말합니다. "어떤 길은 사람이 보기에 바르나 필경은 사망의 길이니라." 이 가르침은 종교다원주의에 그대로 적용됩니다. 교회가 종교다원주의를 받아들이면 다종교사회 안에서 오래 살아남을 수 있을 것 같이 보이지만 실제로는 교회가 순식간에 없어져 버리는 길, 곧 사망의 길이 될 수 있습니다. 왜 그럴까요?

종교다원주의는 기독교와 불교와 유교가 서로 다르지만 궁극적으로는 같은 하나님을 믿고 동일한 구원에 이르게 되므로 어느 종교를 믿어도 상관없다고 주장합니다. 그런데 만일 기독교에 핍박이 가해지고 불교나 유교는 편안하게 믿을 수 있는 길이 열려 있다고 가정해 봅시다. 이 세 종교 가운데 사실 가장 핍박을 받기 쉬운 종교가 기독교입니다. 왜 그럴까요? 불교나 유교는 본질적으로 인간을 높여 주고 인간의 힘으로 궁극적인 구원에 이를 수 있다고 주장하는 종교들입니다. 불교에서는 모든 사람이 곧 보살이라고 하고, 유교에서는 사람이 곧 하늘이라고 하면서 사람들의 비위를 맞추어 줍니다. 불교에서는 참선이나 고행을 통해서 해탈의 경지에 이를 수 있다고 주장하고, 유교에서는 예의 실천을 통하여 득도할 수 있다고 주장합니다. 불교나 유교의 교리는 사람들의 심기를 건드리지 않습니다. 그러나 기독교에서는 모든 세상 사람들을 향하여 흉악한 죄인이라고 비판하고, 타락한 인간의 힘으로는 절대로 구원받을 수 없다고 말합니다. 따라서 거듭나지 않은 세상 사람들은 기독교 교리를 매우 기분 나쁘게 생각하고 기독교에 대하여 일종의 적대 감정을 가지게 됩니다. 따라서 이 세 종교 가운데 핍박은 기독교에 찾아오기가 쉽습니다.

기독교에 핍박이 찾아오고 불교나 유교에는 핍박이 찾아오지 않을 때 종교다원주의가 진리라면 목회자는 성도들을 어떻게 지도해야 하겠습니까? "자, 지금 기독교를 믿으면 핍박과 순교가 예상되니까 핍박이 없는 불교나 유교로 개종해라. 어차피 하나님은 같은 하나님이고 천국에 가는 것은 똑같은데 기독교를 믿는 것만 고집하다가 불필요한 고생을 할 필요가 없지 않느냐? 잠시 불교나 유교에 가 있다가 나중에 천국에서 만나면 되는 것 아니냐? 부산 가는 항공편에 어려움이 있으면 KTX 타고 가면 되지 않느냐?" 양심적인 목사라면 이처럼 모든 교인을 핍박이 없는 불교나 유교로 보내야 합니다. 그러면 순식간에 교회가 흔적도 없이 없어져 버립니다. 잘못된 사상이라는 것이 이렇게 무서운 것입니다. 예수님을 믿는 길이 아니면 하나님을 바르게 아는 길이 없고 구원의 길이 없다는 확신이 있어야 소수의 교회라도 타협하지 않고 믿음을 지킬 것입니다.

그러면 종교다원주의를 받아들여 교회가 흔적도 없이 사라져 버린 역사적 사례가 있을까요? 네, 있습니다. 몽고제국의 기독교입니다.

13세기 초 빈민 출신이었던 징기스칸이 집권하면서 중국대륙에는 몽고제국, 곧, 원나라가 시작되었습니다. 징기스칸은 탁월한 전략가로서 무자비한 정복전쟁을 통해 역사상 그 어떤 제국보다도 크고 강력한 제국을 건설했습니다. 이 제국이 전성기에 이르렀을 때는 전 지구의 1/4에 달하는 지역이 이 제국의 관할권에 들어간 일도 있습니다. 바빌로니아제국이나 페르샤제국, 헬라제국, 로마제국이 그 크기에 있어서 몽고제국과 비교조차 될 수 없을 정도로 이 제국은 광대한 영토를 지배했습니다.

그런데 재미있는 사실은 징기스칸이 그의 통치 말년에 기독교와 접촉이 활발했다는 것입니다. 징기스칸은 기독교에 대하여 매우 호의적이어서 신앙의 자유를 허락했고, 군목제도까지 도입하여 어떤 병영에는 약 800개에 달하는 이동 예배 처소까지 두었습니다. 징기스칸 휘하의 장군들 가운데는 기독교인이 많았습니다. 징기스칸의 아들들 가운데도 기독교인이 있었습니다. 이런 와중에 기독교가 몽고제국 전역에 급속도로 전파되어서 원나라가 기독교국가로 변하기 시작했습니다. 마침내 징기스칸의 손자로 3대째 왕인 구육왕에 이르러서는 왕의 어머니가 독실한 기독교인이었을 뿐만 아니라 왕 자신도 신실한 기독교인이었습니다. 총리와 두 명의 고위관리도 기독교인이었고, 서방에서 열렸던 공의회와 비슷한 신학 토론 회의도 열렸습니다. 구육왕이 집권하면서 잔인한 살육 정복 전쟁이 중지되었는데, 이것은 구육왕이 기독교인이었기 때문에 가능한 일이었습니다. 이때 구육왕은 기독교 원리를 제국 정부에 도입하려고 시도했으며, 수많은 신학교와 교회가 제국 전역에 설립되었습니다. 그런데 불행하게도 구육왕은 6년이라는 짧은 기간 동안 통치하고 난 후 죽고 맙니다. 구육왕의 아들인 망구왕은 구육왕만큼 신실한 기독교인은 아니었으나, 적어도 형식적으로는 기독교인이었으며, 그의 어머니가 또한 기독교인이었습니다. 이런 사정은 상당한 기간 계속되었습니다.

그런데 이처럼 전무후무할 정도로 융성했던 몽고제국의 기독교가 몽고제국이 채 망하기도 전에 제국 전역에서 소멸했다고 말해도 과언이 아닐 정도로 쇠퇴해 버렸고, 그 이후에는 몽고제국에 과연 기독교가 전래된 일이 있는가 하는 의심이 들 정도로 흔적도 없이 사라져 버리고 말았습니다. 여기에는 여러 가지 원인이 있습니다. 가장 중요한 원인 가운데 하나는 몽고제국 후기에 이르러서 회교제국인 사라센제국이 세력을 얻으면서 잔인하게 기독교를 궤멸하기 시작한 데서 찾을 수 있습니다. 이때 몽고제국 변방에 있던 많은 기독교인들이 회교의 잔인한 살육을 견뎌내지 못하고 회교로 개종했습니다. 게다가 타메르레인이라는 아주 잔인하고 천재적인 군사전략가가 몽고제국의 왕으로 집권하게 되었는데, 타메르레인은 회교로 개종한 뒤 기독교세력에 대한 증오심을 품고 조직적으로 기독교도들을 죽이기 시작했습니다. 타메르레인은 제국 내 수천 개의 도시를 습격하여 도시마다 수만 명에서 수백만 명에 이르는 기독교인들을 찾아내 죽였습니다. 게다가 이 당시 전 세계적으로 흑사병이 돌아서 유럽에서 약 2,500만 명이 죽고, 아시아에서 3,700만 명이 죽는 사건도 겹쳤습니다.

그런데 몽고의 기독교가 궤멸당하고 만 이면에는 이 같은 외적인 정치적이고 자연적인 재난보다 더 중요한 내적인 이유가 있었습니다. 그것은 몽고제국의 기독교가 출발부터 종교다원주의를 용인한 기독교였다는 데 있었습니다. 몽고제국에 전파된 기독교는 동방으로 세력을 넓혀 간 기독교의 한 분파인 경교였습니다. 경교는 네스토리우스라는 사람에 의하여 시작된 기독교의 분파입니다. 경교는 기독교의 초월적인 진리를 합리적으로 설명하려다가 이단으로 빠진 종파였습니다. 예컨대 네스토리우스는 그리스도 안에 있는 인성과 신성은 서로 아무런 상관도 없는 두 개의 별개의 자질이라고 가르친 인물입니다. 그렇게 해서 예수님은 완전한 신도 아니고 완전한 사람도 아닌 이상한 존재로서, 통일성이 없는 인격을 소유한 두 머리를 가진 괴물 비슷한 존재라고 가르쳤습니다. 네스토리우스는 서방에서 이단으로 정죄당한 후에 동방에서 교회를 시작하게 되었는데, 그것이 바로 경교입니다. 그런데 경교는 그 출발부터가 그렇듯이 언제나 교리에 대하여 타협적인 입장을 취했습니다.

경교가 몽고제국에 들어왔을 때, 이들은 불교와 교리적으로 타협했습니다. 이들은 불교교리와 별로 충돌을 일으키지 않는 "믿음을 통하여 구원을 얻는다"라는 교리는 강조한 반면, 불교교리와는 양립할 수 없는 속죄교리라든가, 예수님이 인간을 위하여 죽임을 당하셨다든가, 우리의 죄 때문에 내어준 바 되셨다는 것과 같은 구원교리의 핵심을 삭제해 버렸습니다. 살생을 금기시하는 불교교리와 죽음을 핵심으로 하는 구원교리가 양립할 수 없었기 때문입니다. 그러자 몽고제국의 기독교는 불교와 별다른 차이가 없는 종교가 되고 말았습니다. 기독교는 예수님을 믿음으로 구원에 이르는 종교이고 불교는 부처를 믿음으로 구원에 이르는 종교인데, 어느 종교를 택하던 별 차이가 없다는 생각이 몽고제국 경교인들의 의식 안에 자리 잡기 시작한 것입니다. 그러다가 몽고제국의 핍박이 시작되자 대거 불교로 개종하고 말았습니다. 불교사찰에서 종종 발견되는 십자가 문양은 불교에 기독교인들이 들어왔었다는 것을 보여주는 것입니다. 그 결과 정말 놀랍게도 몽고제국에서 그렇게 번성하던 기독교가 거의 흔적을 찾을 수 없을 만큼 전멸해 버린 것입니다.

5. 자유의 대헌장

비록 사람들이 고안해낸 신들이라 할지라도 자기가 좋아하는 어떤 대상을 신처럼 숭배할 수 있는 가능성이 수십만 가지, 수백만 가지가 열려 있는데, 하나님 한 분만 예배하라고 하는 것은 종교생활의 자유를 너무 크게 억압하는 것이 아닌가 하는 의문이 들 수 있습니다. 그러나 조금만 깊이 생각해 보면 제1계명은 우리를 억압하는 명령이 아니라 우리를 많은 속박으로부터 해방시키는 자유의 대헌장이라는 사실을 어렵지 않게 알 수 있습니다. 우리가 어떤 대상을 신으로 섬긴다는 것은 그 대상에게 철저히 종속되는 노예가 된다는 뜻입니다. 제1계명은 여호와 하나님 한 분을 제외하고는 그 어떤 대상에 대해서도 노예가 되지 말라는 명령입니다. 이 명령은 하나님을 제외한 모든 힘이나 귀신의 세력으로부터 인간을 해방시키는 자유의 선언입니다.

인간이 신으로 숭배할 가능성이 가장 큰 것들 가운데 하나가 천사입니다. 제1계명에 따르면 우리는 천사도 섬겨서는 안 됩니다. 천사도 신자들을 돕기 위하여 하나님이 보낸 심부름꾼일 뿐, 경배의 대상이 될 수 없습니다. 그러므로 히브리서 1장 14절은 이렇게 말합니다. "모든 천사들은 섬기는 영으로서 구원받을 상속자들_{신자들}을 위하여 섬기라고 보내심이 아니냐."

제1계명이 하나님 이외의 모든 대상에 대하여 예배하는 것을 금지한 이유는 이 모든 대상이 피조물에 불과하기 때문입니다. 하나님은 하나님 자신을 제외한 모든 피조물에 부당하게 입혀졌던 신성의 옷을 걷어내고 그것들이 모두 피조물에 지나지 않음을 분명히 하셨습니다. 이처럼 제1계명이 피조물로부터 신성의 옷을 걷어냈기 때문에 자연과학과 과학기술이 발달할 수 있었습니다. 기독교가 전파되기 전의 동양에서는 자연과학과 과학기술이 전혀 발달하지 못했습니다. 중국에서 화약이 발명되고 한국에서 해시계가 발명되었다고는 하지만, 이런 발명품들은 우연히 이루어진 것이고 그 발명에 이은 후속 발전이 거의 이루어지지 않았습니다. 그 이유가 무엇일까요? 동양은 수천 년 동안 자연을 신성시하여 숭배하는 범신론의 지배를 받고 있었기 때문입니다.

예컨대 대지가 여신이라면 인간이 감히 여신의 배를 뚫고 뱃속을 들여다볼 생각을 할 수 없었을 것이며, 뱃속에 들어있는 원유, 금, 철과 같은 자원들을 파내어 이용하고, 고구마나 감자와 같이 땅속에서 자라는 식물들을 캐내어 먹을 생각을 할 수 없었을 것입니다. 만일 번개가 신이라면 번개가 내리칠 때 인간은 항거하면 안 되고 그대로 맞아야 합니다. 그러나 번개가 신이 아니고 피조물에게 나타나는 현상에 지나지 않기 때문에 번개를 분석하고 피뢰침을 만들어 번개를 소멸시킬 수가 있는 것입니다. 대지나 번개가 피조물에 지나지 않기 때문에 "땅을 정복하라"라는 창세기 1장 28절 명령에 따라서 땅을 들여다보고, 연구하고, 기술을 개발하여 땅속에 있는 자원을 캐내어 이용할 수 있었고, 번개를 연구하고 번개를 막는 기술을 개발할 수 있었습니다.

6. 하나님 사랑은 이웃에게 예의를 지키는 것

하나님이 아닌 다른 것들을 하나님처럼 섬기는 태도를 금지하거나 오직 예수 그리스도 안에만 구원의 길이 있다고 생각하는 것은 타 종교와 관련하여 생각해 보면 매우 배타적이고 비타협적인 태도로 이해될 수 있습니다. 성도들은 믿는 대상에 있어서는 타협의 여지를 두어서는 안 됩니다. 그러나 성도들이 불신자들 또는 타 종교인들과 관계할 때 이 명령과 더불어 유념해야 할 중요한 말씀이 있습니다. 그것은 로마서 12장 17-18절 말씀입니다. "아무에게도 악을 악으로 갚지 말고 모든 사람 앞에서 선한 일을 도모하라 할 수 있거든 너희로서는 모든 사람과 더불어 화목하라." 이 말씀은 할 수만 있으면 모든 사람과 더불어 평화를 도모해야 할 의무가 성도들에게 있음을 분명히 선언합니다. 성도들은 한편으로는 오직 하나님 이외에는 다른 어떤 신도 경배의 대상으로 인정하지 않는 엄격하고 배타적인 태도를 견지하면서도 다른 한편으로는 타 종교인들을 포함한 모든 사람과 평화로운 관계를 유지해야 합니다.

성도들은 불신자들의 신앙이 잘못되었다 하더라도 이들을 최대한 예의 바르고 온유하고 평화로운 태도로 대해야 합니다. 대부분의 인간관계에 있어서 성도들은 예의 바른 신사들이 되어야 하며, 가능한 한 양보하고 타협할 줄 아는 태도를 갖추도록 훈련되어 있어야 합니다. "무례하게 행하는 것"은 기독교윤리의 대헌장 가운데 하나인 사랑의 원리에 어울리지 않습니다. 그러면 다른 종교인들이 우상숭배하는 것을 볼 때 성도들은 어떻게 행동해야 하겠습니까? 오래전 사찰에 있는 불상들이 파괴되고 불상의 목이 잘린 채 발견되는 사례가 보도되면서 이 일들을 아마도 기독교인들이 자행했을 것이라는 추측 보도가 나온 일이 있었습니다.

기독교인이 복음을 전할 때는 언제나 평화롭고 예의 바른 방법을 사용해야 합니다. 이 점은 예수님이 열두제자를 전도자로 파송하실 때 당부하신 말씀에 잘 나타나 있습니다. 예수님이 열두제자를 파송하신 사건은 마태, 마가, 누가복음 세 곳에 기록되어 있는데, 이 기록들을 보면 "지팡이를 가지지 말라"^{마 10:10; 눅 9:3}는 말씀과 "지팡이를 가지라"^{막 6:8}는 말씀이 동시에 등장합니다. 언뜻 보면 내용이 다른 것 같지만, 알고 보면 같은 내용입니다. 유대의 들판에서 양을 치는 목자들은 두 종류의 지팡이를 가지고 다녔습니다. 하나는 무기로 쓰이는 호신용 지팡이였고, 다른 하나는 길 안내용 지팡이였습니다. 시편 23편을 읽어 보면 "주의 지팡이와 막대기가 나를 안위하시나이다"[4절]라는 표현이 등장하는데, 여기서 말하는 지팡이와 막대기가 바로 유대 지방의 목동들이 가지고 다니던 두 종류의 지팡이를 가리키는 것입니다. 마태복음이나 누가복음에서 가지고 다니지 못하게 한 지팡이는 호신용 지팡이이고, 마가복음에서 가지고 다니도록 허용한 지팡이는 길 안내용 지팡이입니다. 그러니까 이 말씀들은 호신용 지팡이는 가지고 다니지 못하게 하고, 길 안내용 지팡이는 가지고 다닐 수 있도록 허용한 것입니다.

평화의 복음을 전하는 자들이 무기를 들고 다니는 것은 어울리지 않습니다. 이 말씀을 유념하면서 불상 사건을 생각해 볼 때 만일 기독교인이 불상의 목을 잘랐다면, 이것은 호신용 지팡이를 지니고 다니지 못하게 하신 예수님의 뜻에 어긋난다고 판단할 수 있습니다. 기독교의 복음전파는 언제나 기도와 권고와 말을 통한 설득과 같은 평화적인 방법으로 이루어져야 하며, 성령께서 그 마음을 변화시켜서 스스로 잘못된 종교관습을 끊을 수 있을 때까지 인내를 가지고 기다려야 합니다.

7. 하나님 사랑은 하나님을 선택하는 것

한편 우리가 제1계명을 읽을 때 주목해야 할 또 하나의 중요한 진리는 하나님을 믿는 것은 여러 가지 가능성 가운데 하나를 선택하는 행동이라는 것입니다. 제1계명은 하나님을 믿는 길 하나만을 제시해 놓고 다른 모든 길을 다 막아 버린 뒤에, "봐라, 네가 갈 길은 이 길 하나밖에 없지 않느냐"라고 말하지 않습니다. 제1계명은 하나님을 믿는 길 이외에도 얼마든지 다른 신들을 - 그 신들이 실재하든 실재하지 않든 상관없이 - 선택할 수 있는 가능성을 열어놓고 그 가운데 하나님을 믿는 길을 우리 스스로 선택할 수 있도록 하고 있습니다. 만일 다른 신을 선택할 수 있는 가능성을 열어놓지 않고 오직 하나님 한 분만을 섬기는 길만 마련해 놓고 사람들이 좋으나 싫으나 운명적으로 그 길을 가야만 한다면, 인간은 자유와 책임을 지닌 존재가 아니라 본능에 따라서 움직이는 동물이 되든지, 아니면 로봇과 같은 존재가 되고 맙니다. 그런 관계에서는 인격적인 만남도, 인격적인 사랑도 이루어질 수가 없습니다.

사람이 많은 신 가운데서 하나님 한 분만을 선택한다는 것은 곧 하나님을 사랑한다는 것과 같은 말입니다. 선택은 사랑입니다. 하나님이 인간을 선택하셨다는 말은 하나님이 인간을 사랑하셨다는 뜻입니다. 모세는 신명기 5장에서 십계명을 재서술한 뒤에 제1계명 곧, 하나님 이외에는 다른 신을 두지 말라는 명령의 더 적극적인 의미를 신명기 6장 4-9절에서 설명합니다. 이 본문은 그 의미를 두 가지로 제시합니다. 하나는 4-5절에 있고 다른 하나는 6-9절에 있습니다. 먼저 4-5절을 보겠습니다. "이스라엘아 들으라 우리 하나님 여호와는 오직 유일한 여호와시니 너는 마음을 다하고 뜻을 다하고 힘을 다하여 네 하나님 여호와를 사랑하라." 예수님이 마태복음 22장 38절의 사랑의 대강령 중에서 첫 번째 강령을 말씀하실 때 바로 이 본문을 인용하셨습니다. 선택이 사랑을 의미한다는 사실은 남녀관계를 생각하면 쉽게 이해됩니다. 많은 여자 또는 남자 가운데 한 사람을 아내나 남편으로 선택한다는 것은 곧 그 상대방을 사랑하기 때문입니다.

8. 하나님 사랑은 하나님의 계명을 지키는 것

그러면 하나님의 백성이 하나님을 사랑한다고 했을 때 이 사랑은 어떤 모습으로 나타나야 할까요? 모세는 신명기 6장 4-5절에서 제1계명의 적극적인 의미를 하나님을 사랑하는 것으로 설명한 뒤에, 6-9절에서는 계명을 지키는 것이 하나님을 사랑하는 것이라고 설명합니다. "오늘 내게 네게 명하는 이 말씀을 너는 마음에 새기고 네 자녀에게 부지런히 가르치며 집에 앉았을 때에든지 길을 갈 때에든지 누워 있을 때에든지 일어날 때에든지 이 말씀을 강론할 것이며 너는 또 그것을 네 손목에 매어 기호를 삼으며 네 미간에 붙여 표로 삼고 또 네 집 문설주와 바깥 문에 기록할지니라."

사랑한다에 해당하는 히브리어 '아하브'와 헬라어 '아가파오'는 두 가지 의미를 지니고 있습니다. 하나는 호감을 받을 만한 조건을 갖추지 못한 어떤 대상을 호감을 받을 만한 조건을 갖춘 자로 대우해 주는 태도를 뜻합니다. 이런 의미의 사랑은 인간의 자연적인 성품으로부터는 나올 수 없습니다. 왜냐하면 인간의 자연적인 성품은 호감을 느끼는 자에게 끌리게 되어 있기 때문입니다. 따라서 이런 의미의 사랑은 하나님으로부터만 나올 수 있습니다. 이 사랑이 가장 명료하게 나타난 사건이 바로 칭의입니다. 칭의는 하나님으로부터 의롭다는 칭함을 받을 수 있는 조건을 전혀 갖추지 못한 죄인을 완전한 의인으로 선언해 주시고 대우해 주시는 하나님의 행동입니다. 다른 하나는 자기를 철저하게 희생하고 타인의 유익을 구하는 태도입니다. 이런 의미의 사랑도 인간의 자연적인 성품으로부터 나올 수 없습니다. 왜냐하면 인간의 자연적인 성품은 자기에게 이익이 되는 것을 추구하기 때문입니다. 따라서 이런 의미의 사랑도 하나님으로부터만 나올 수 있습니다. 이 사랑의 가장 명료한 표현이 예수 그리스도의 십자가상의 죽음입니다. 예수님의 죽음은 자기 자신을 위한 죽음이 아니라 철저하게 타인 곧 인류의 구원을 위한 자기희생적 죽음이었습니다.

사랑의 진정한 실행은 오직 하나님만 하실 수 있습니다. 그러므로 인간은 진정한 의미에서 사랑이라는 단어를 사용할 자격이 없습니다. 이와 같은 어려움을 아신 하나님이 성도들에게 하나의 길을 제안하셨습니다. "맞아! 너희가 진정한 의미에서 나를 사랑할 수 없고, 그런 용어를 쓸 자격이 없어! 그러면 내가 한 가지 제안을 할게. 만일 너희들이 나의 계명을 지키기 위하여 노력한다면, 나를 사랑하는 것으로 간주해 주고 나를 사랑한다는 말을 받아들여 줄게!"

하나님은 우리가 하나님의 계명을 준수하는 것을 보시고 – 사실 우리가 하나님의 명령을 준수하는 것이 그 내용에 있어서 형편없는 것임에도 불구하고 – 우리를 가상히 여기셔서 은혜로 하나님을 사랑하는 것으로 간주해 주시는 것입니다. 이런 의미에서 하나님을 사랑하는 것은 곧 하나님의 계명을 준수하는 것입니다. 따라서 사도요한은 이렇게 말합니다. "너희가 나를 사랑하면 나의 계명을 지키리라"요 14:15. "하나님을 사랑하는 것은 이것이니 우리가 그의 계명들을 지키는 것이라 그의 계명들은 무거운 것이 아니로다"요일 5:3. 이처럼 계명들을 지키는 것이 곧 하나님을 사랑하는 것일 뿐만 아니라 사랑하라는 명령 그 자체가 이미 계명입니다. "새 계명을 너희에게 주노니 서로 사랑하라 내가 너희를 사랑한 것 같이 너희도 서로 사랑하라"요 13:34. "내 계명은 곧 내가 너희를 사랑한 것 같이 너희도 서로 사랑하라 하는 이것이니라"요 15:12.

9. 하나님 사랑은 분열되지 않는 마음으로

"너는 나 외에는 다른 신들을 네게 두지 말라"는 명령이 소극적인 의미의 사랑을 명령한다면, "네 마음을 다하고 목숨을 다하고 뜻을 다하여 주 너의 하나님을 사랑하라"는 명령은 적극적인 사랑을 요구합니다. 이 두 명령은 또 하나의 중요한 공통점을 가지고 있습니다. 그것은 하나님을 향한 우리 성도들의 마음 상태에 관련된 것입니다. 제1계명에서 강조하는 것은 하나님을 섬길 때 마음이 나누이지 말고 오직 하나님 한 분에 관한 생각으로 마음을 가득 채우라는 것입니다. 마음이 분열되어서는 안 되고 통일되어야 합니다. 만일 하나님을 섬긴다고 하면서 한 70% 정도만 하나님을 섬기고, 30% 정도는 재물에 마음이 빼앗겨 있는 상태라면 그것은 일종의 종교혼합주의적인 사고로서 하나님을 바르게 섬기는 자세가 아닙니다.

이 점은 사랑의 대강령에도 나타납니다. 대강령에서는 통일된 마음이 이중적으로 강조되는데, 첫째는 마음과 뜻과 목숨 사이에 분열을 일으키지 말고 모두 하나님께 집중하라는 것이고, 둘째는 마음이나 뜻이나 목숨을 드릴 때 일부분만 적당히 드리지 말고 다 드리라는 것입니다. 이처럼 두 명령은 분열됨이 없이 우리의 마음을 하나님께 온전히 다 드릴 것을 강조한다는 공통점이 있습니다.

여기서 우리는 예수님께 나온 부자청년의 문제가 어디에 있는가를 알 수 있습니다. 부자청년이 하나님을 사랑하지 않았던 것은 아닙니다. 부자청년은 그 어떤 사람보다도 하나님을 철저하게 섬긴 사람이었습니다. 율법을 철저하게 지키려고 노력했던 외적인 행동만을 보면 부자청년은 모범적인 청년이었습니다. 그러나 부자청년은 자신의 마음을 온전히 다 드리지 못했습니다. 부자청년의 마음속에는 자신도 의식하지 못하는 사이에 재물을 견고하게 의지하는 마음이 둥지를 튼 채 자리 잡고 있었습니다. 재물에 집착하는 마음이 얼마나 강하게 이 청년의 마음속에 뿌리를 내리고 있었는지 존경하는 선생님인 예수님의 지적을 받고도 이 뿌리가 뽑히지 않았을 정도입니다. 그러나 예수님의 뜻은 단호합니다. "한 사람이 두 주인을 섬기지 못할 것이니 혹 이를 미워하고 저를 사랑하거나 혹 이를 중히 여기고 저를 경히 여김이라 너희가 하나님과 재물을 겸하여 섬기지 못하느니라"마 6:24.

그런데 성경에는 부자청년과는 대조되는 인물이 등장합니다. 다윗입니다. 다윗의 일생에 대해서 하나님은 솔로몬에게 이런 평가를 내리셨습니다. "네가 만일 네 아버지 다윗이 행함 같이 마음을 온전히 하고 바르게 하여 내 앞에서 행하며 내가 네게 명령한 대로 온갖 일에 순종하여 내 법도와 율례를 지키면"^{왕상 9:4}. 다윗은 "온전한 마음으로" 곧 통일되고 분열됨이 없는 마음으로 하나님을 섬겼다고 말씀하십니다. 이상하지요? 다윗은 충직한 신하였던 우리아의 아내를 빼앗아 간음을 범한 사람이요, 우리아를 죽인 사람입니다. 그런데 하나님은 다윗을 향하여 "온전한 마음"으로 하나님을 섬긴 사람이라고 평가하고 있습니다. 그 이유가 무엇일까요? 물론 다윗이 간음을 행하고 사람을 죽인 행동은 무서운 죄입니다. 이 죄 때문에 다윗의 가문은 무서운 형벌을 받게 됩니다. 그러나 악의 뿌리가 다윗의 마음 속 깊은 곳에 뿌리를 내리지는 않았습니다. 다윗은 자기의 잘못을 지적받았을 때 즉각 철저하게 하나님 앞에 무릎 꿇고 죄를 고백하고 회개함으로써 뿌리를 내릴 뻔했던 악한 마음을 걷어냈습니다. 그리고는 자신의 마음을 온전히 하나님께 드렸습니다. 우리가 하나님을 온전한 마음으로 사랑하고 섬긴다는 것은 한 번도 실수하지 않는 완벽한 태도를 갖는 것을 의미하는 것이 아니라 악한 마음이 우리에게 찾아올 수도 있고 실수하고 범죄 할 때도 있지만 그럴 경우라 할지라도 즉시 회개하고 그 악한 마음을 걷어내며, 재빨리 마음의 통일성을 회복하는 태도를 가리킵니다.

"하늘에 계신 너희 아버지의 온전하심과 같이 너희도 온전하라"라는 마태복음 5장 48절의 말씀은 통일된 마음이 성도들의 인간관계에까지 확대 적용되어야 한다는 가르침을 줍니다. 예수님은 "아버지의 온전하심"이라는 말의 뜻을 설명하기 위하여 비유를 하나 들고 있는데, 그 비유는 하나님이 '해를 악인과 선인에게 비추시며 비를 의로운 자와 불의한 자에게 내려주신다'는(마 5:45) 것입니다. 하나님은 인간을 사랑하실 때 악인을 향해서는 노를 품으시고 선인을 향해서는 애정을 갖는 방법으로 분열되고 나누어진 마음으로 사랑하시는 것이 아니라 악인에 대해서나 선인에 대해서나 똑같은 마음으로 사랑을 나타내십니다. 따라서 하나님의 온전하심을 본받는 성도들도 악인을 향해서나 선인을 향해서나 동일한 아가페의 사랑을 베풀 수 있어야 비로소 하나님의 온전하심을 본받는 사람이 될 수 있습니다.

하나님을
형상화하지 말라

제1계명이 여호와 하나님이 아닌 어떤 다른 힘이나 신을 여호와 하나님의 자리로 끌어 올리지 말라고 명령하고 있다면, 제2계명은 여호와 하나님을 피조물 가운데 하나로 형상화한 우상으로 끌어 내리지 말라고 경고하는 계명입니다.

제2계명은 이렇게 말합니다. "너를 위하여 새긴 우상을 만들지 말고 또 위로 하늘에 있는 것이나 아래로 땅에 있는 것이나 땅 아래 물 속에 있는 것의 어떤 형상도 만들지 말며 그것들에게 절하지 말며 그것들을 섬기지 말라"출 20:4-5.

"새긴 우상"은 나무나 돌을 깎아 만들거나 금속을 망치로 두드려서 만든 세공품이라는 뜻이고, "어떤 형상"은 "모든 형상"으로 번역하는 것이 좋습니다.

"모든 형상"에는 세 가지 종류가 있습니다. 하나는 위로 하늘에 있는 것, 다른 하나는 아래로 땅에 있는 것, 또 다른 하나는 땅 아래

물 속에 있는 것입니다. 이 세 가지 종류가 등장한 이유는 성경시대에는 우주를 "하늘-땅-땅 아래해수면보다 낮은 지대라는 뜻의 물"이라는 삼중구조로 파악하고 있었기 때문입니다. 신명기 4장 16절부터 19절까지를 보면 이 세 가지 형상들의 목록이 구체적으로 나옵니다. "위로 하늘에 있는 것"으로는 날개 가진 새, 해, 달, 별들이 제시되어 있고, "아래로 땅에 있는 것"으로는 남자와 여자, 짐승, 곤충이 제시되어 있고, "땅 아래 물속에 있는 것"으로는 어족이 제시되어 있습니다.

1. 여호와 하나님의 형상화 금지

신명기 4장 15절에서 모세는 여호와께서 호렙산 불길 중에서 이스라엘 자손들에게 말씀하실 때 그들이 "어떤 형상도 보지 못했다"라고 말하고 있는데, "어떤 형상"은 여호와 하나님의 모습을 알려주는 형상을 뜻합니다. 이 본문이 말하고자 하는 것은 이스라엘 자손들이 여호와 하나님의 형상을 보지 못했다는 것입니다. 그 후에 16절에서 "어떤 형상대로든지 우상을 새겨 만들지 말라"고 명령하고 있으므로 이 명령은 "여호와 하나님의 형상"을 만들어 세우지 말라는 뜻입니다. 모세가 이스라엘 자손에게 준 명령은 이스라엘 자손들이 여호와 하나님을 본 일이 없어서 여호와 하나님이 어떻게 생기셨는지 모르니까 여호와 하나님의 상을 만들어 세우지 말라는 것입니다. 이스라엘 자손들 사이에서 실질적으로 문제가 되었던 것도 여호와 하나님을 형상화한 행동이었습니다. 그 예를 들어보겠습니다.

첫째로, 이스라엘 자손들은 항상 모세를 통하여 하나님과 소통을 했습니다. 이스라엘 자손들이 하나님과 직접 소통한 적이 없습니다. 그런데 하나님의 부름을 받고 시내 산으로 올라간 모세가 내려오는 것이 지연되자 이스라엘 자손들은 불안해지기 시작했습니다. 시내 산은 무시무시한 사막 속 깊은 오지에 자리 잡은 험준한 곳입니다. 이스라엘 자손들이 가야 할 목적지인 가나안땅으로부터는 출애굽 이후의 광야의 여정에서 가장 먼 지역입니다. 이곳에 최소한 60만 명이 넘고 200만 명까지 추정되는 엄청난 숫자의 사람들이 와 있습니다. 이 사람들을 인도하여 가나안까지 길고 험한 길을 가야 하는 상황에서, 길을 안내하던, 눈에 보이는 지도자이자 하나님과 유일한 소통의 통로인 모세가 지금 산에 올라간 후에 내려오지 않습니다. 산 위에서 죽었는지도 모릅니다. 이스라엘 자손들에게는 모세를 대신하여 길을 안내하고 하나님과 소통할 눈에 보이는 지도자가 필요했습니다. "어떻게 하면 하나님과 소통할 수 있을까?" 이때 이스라엘 자손들은 애굽에 있을 때 애굽 사람들이 신과 소통하는 방법을 떠올렸습니다. 애굽 사람들은 소의 형상을 만들어 놓고 신과 소통했습니다. "바로 이거다! 우리도 그렇게 하면 되겠구나!" 소의 형상! 이스라엘 자손들은 자신들이 가지고 있던 금을 모은 뒤에 금을 녹여서 1년 된 수송아지 상을 만들어 세웠습니다. 그리고 이 수송아지가 바로 자신들을 애굽으로부터 구해내고 앞으로의 길을 안내할 "여호와 하나님"이라고 생각했고, 금송아지 상을 세운 날을 "여호와의 절일"이라고 명명한 뒤에 축제를 벌였습니다 출 32:1-6. 이 행동이 하나님의 진노를 촉발시켰습니다.

둘째로, 사사시대에 에브라임 산지에 미가라는 사람이 있었습니다삿 17, 18장. 미가는 어머니가 은 천백을 잃어버린 뒤 마음이 상하여 저주까지 하는 것을 보고 잃어버린 은을 찾아 드렸습니다. 미가의 어머니는 되찾은 은으로 신상을 만들어 집에 두었고, 미가는 아들들 가운데 한 명을 제사장으로 세웠다가 모세의 후손인 어떤 레위인에게 제사장직을 넘겨주었습니다. 나중에 단지파가 이 신상을 빼앗아갔고, 레위인 제사장을 데려다가 자기 지파의 제사장으로 삼았습니다. 사사시대는 지도자가 없는 혼란기여서 사람마다 제 소견대로 행했던 시대였기 때문에 이런 일이 가능했습니다. 이때 만든 신상은 다른 신을 형상화한 것이 아니라 여호와 하나님을 형상화한 것입니다.

셋째로, 이스라엘이 남북으로 분열된 직후 북 이스라엘 왕국의 왕이었던 여로보암은 백성들이 성전제사를 드리기 위하여 예루살렘으로 내려가는 것을 보고 위기의식을 느꼈습니다. 여로보암은 백성들이 유다영역에 있는 예루살렘을 자주 왕래하다 보면 유다왕국에 마음이 빼앗기게 되고, 그러다 보면 자신이 세운 왕국이 위태롭게 될 것이 두려웠습니다. 여로보암은 궁리 끝에 이스라엘 자손들이 광야에서 금송아지 상을 세우고 여호와 하나님께 경배했던 것을 생각해 내고 같은 방법으로 벧엘과 단에 금송아지 상을 세우고, 이 상이 곧 여호와 하나님의 형상이므로 이 형상에 제사하는 것이 바로 여호와 하나님께 제사하는 것과 동일한 것이라고 말하면서 백성들이 예루살렘에 내려가지 못하도록 막았습니다왕상 12:28-29. 이 행동이 북 왕국 이스라엘이 멸망하는 단초가 되었습니다.

2. 하나님의 형상화 금지의 여섯 가지 이유

그러면 하나님은 왜 자신을 형상화하는 것을 금지하셨을까요?

첫째, 하나님은 자기 자신을 인간에게 보여주신 일이 없기에 모든 형태의 하나님 형상은 하나님에 대한 잘못된 상을 표현할 수밖에 없습니다. 이스라엘 백성들은 하나님의 음성을 들었을 뿐 하나님의 형상은 본 일이 없습니다. 신명기 4장 15절입니다. "여호와께서 호렙 산 불길 중에서 너희에게 말씀하시던 날에 너희가 어떤 형상도 보지 못하였은즉 너희는 깊이 삼가라." 이스라엘의 70인 장로가 하나님의 형상을 보았다는 기록이 있긴 하나 출애굽기 24장 10절은 그들이 본 모양을 이렇게 묘사합니다. "그의 발 아래에는 청옥을 편 듯하고 하늘같이 청명하더라." 이 표현만 가지고는 구체적인 형상이 무엇인지 알기 어렵습니다. 이 표현은 장로들이 하나님의 형상을 보지 못했다는 뜻입니다. 출애굽기 33장 23절에 따르면 모세는 하나님을 보긴 했지만 등을 보았을 뿐, 얼굴은 보지 못했습니다. 사람의 등만 보고 그 사람이 어떤 모습인가를 알 수 있는 사람이 없으니 이 말은 모세가 하나님의 모습을 보지 못했다는 뜻입니다.

둘째로, 하나님을 형상화하려는 시도는 하나님의 주권적 자유를 헛되이 제한하려는 시도이기에 금지되어야 합니다. 하나님은 어떤 조잡한 조각품 안에 갇힐 수 없는 분입니다. 어떤 신상을 만들어 놓고 그 신상에 하나님이 거하신다고 생각하는 것은 너무나 조잡하고 잘못된 발상입니다. 하나님은 이 크신 우주를 만드셨으니 이 우주로도 담을 수 없는 분인데, 어떻게 인간이 만든 작은 조각품 안에 담을 수 있겠습니까? 사람들이 만들어 세우는 하나님 형상이 얼마나 조잡한 것인가에 대해서는 로마서 1장 23절이 잘 보여줍니다. "썩어지지 아니하는 하나님의 영광을 썩어질 사람과 새와 짐승과 기어 다니는 동물 모양의 우상으로 바꾸었느니라."

　이 본문은 하나님이라는 원상으로부터 그 질이 추락하여 우상으로 변모되는 과정을 세 단계로 보여줍니다. 첫 번째 추락은 "썩어지지 아니하는" 하나님의 영광이 "썩어지는" 피조물로 추락한 것입니다. 이 추락은 높은 하늘을 날던 비행기가 수직으로 땅에 떨어지는 것과 같습니다. 두 번째 추락은 "모양의 우상"이라는 표현에서 모양이라는 단어에 나타나 있습니다. 모양으로 번역된 헬라어 '아이코노스'는 그림자라는 뜻입니다. 썩어질 피조물로 추락한 것만 해도 엄청난 추락인데, 그나마도 실체가 아닌 실체의 그림자로 더 추락한 것입니다. 그림자는 검은 색 일색이며 평면적인 윤곽 빼놓고는 아무것도 전달해 주는 것이 없습니다. 세 번째 단계의 추락은 "우상"이라는 말에 있습니다. 우상으로 번역된 헬라어 '호모이오마티'는 희미한 복사본이라는 뜻입니다. 말하자면 잉크가 다 떨어진 토너로 복사한 복사물과 같다는 것입니다. 썩지 않으시는 영원하신 하나님을 썩는 피조물로 추락시킨 다음, 피조물의 그림자로 격하시키고, 이 그림자의 희미한 복사물로 다시 격하시킨 것이 하나님의 형상입니다.

이스라엘 백성들이 하나님을 어떤 형상 속에 담을 수 있다고 생각한 좋은 사례가 사무엘상 4장에 기록되어 있습니다. 이스라엘이 블레셋 군대와 전투를 벌일 때였는데, 싸우기만 하면 이스라엘 군대가 패했습니다. 이스라엘군은 패전한 이유를 곰곰이 생각하다가 바로 하나님의 법궤를 이스라엘군 진영으로 가져오지 않았기 때문이라고 판단하고 법궤를 진영 한복판으로 가지고 왔습니다. 이들은 법궤라는 조형물 안에 하나님이 계신다고 생각했습니다. 법궤 안에 하나님이 계시기 때문에 이제 법궤가 진영 안으로 들어왔으니까 승리는 따놓은 당상이라고 기뻐했습니다. 그런데 법궤를 앞세우고 다시 벌인 전투에서 이스라엘은 이전보다 더 크게 패했고, 심지어는 아예 법궤까지 빼앗기고 말았습니다. 아니, 하나님이 계신 법궤를 모셔 왔는데 어떻게 이런 일이 일어날 수 있단 말인가요? 무엇이 문제였습니까? 이스라엘 백성들은 하나님이 법궤 안에 갇힐 수 있는 분이 아니라는 사실을 몰랐던 것입니다. 하나님은 원하시면 법궤와 함께 하실 수 있지만, 원하지 않으면 언제든지 법궤를 떠나실 수도 있는 분이라는 사실을 몰랐습니다. 하나님의 백성이라 하더라도 하나님을 향한 믿음과 사랑이 없으면 하나님이 같이 하시지 않을 수 있다는 사실을 이스라엘 백성들은 몰랐던 것입니다. 심지어 구약시대에 가장 거룩한 곳이었던 예루살렘 성전조차도 하나님을 담을 수 없었기 때문에 솔로몬은 성전을 다 짓고 나서 이렇게 기도했던 것입니다. "하나님이 참으로 땅에 거하시리이까 하늘과 하늘들의 하늘이라도 주를 용납하지 못하겠거든 하물며 내가 건축한 이 성전이오리이까"^{왕상 8:27}.

셋째로, 하나님을 형상화하는 것은 하나님의 초월성을 바르게 인식하지 못하도록 하기에 금지됩니다. 사람들이 신상을 만드는 과정을 보면 신을 얼마나 가볍게 여기는가를 알 수 있습니다. 사람들이 나무를 가져옵니다. 이 나무 가운데 일부는 땔감으로 쓰기도 하고, 몸을 덥히는 불쏘시개로 쓰기도 하고, 그 불로 고기를 구워 먹기도 합니다. 그리고 남은 나무 조각으로 신상을 만듭니다. 신상을 이런 식으로 만든다는 것은 신을 아주 쉽게 가지고 놀 수 있는 하찮은 대상으로 여긴다는 것을 의미합니다. 따라서 하나님도 상으로 만들어 놓으면 인간이 만만하게 다룰 수 있는 대상으로 전락합니다.

그러나 성경은 하나님을 인간이 감히 범접할 수 없는 분으로 묘사합니다. 성경에서 불, 어두움, 구름, 흑암, 빛 등의 표상들로 하나님을 묘사하는데, 이런 표상들은 모두 인간이 하나님에게 함부로 접근해서는 안 된다는 경고를 주는 것들입니다^{신 4:11-12; 5:23; 왕상 8:12; 딤전 6:16}. 신명기 4장 12절에서 하나님이 자신의 형상을 보여주지 않으신 이유가 바로 이것입니다. 그런데 본문 바로 앞 절은 하나님이 어떤 정황 가운데 계시는가를 보도합니다. "너희가 가까이 나아와서 산 아래에 서니 그 산에 불이 붙어 불길이 충천하고 어둠과 구름과 흑암이 덮였는데"^{신 4:11}. 하나님이 임재하신 곳을 둘러싸고 있는 화염과 어둠과 구름과 흑암은 하나님의 존재 자체는 인간세계를 월등히 초월해 있기 때문에 인간이 감히 범접해서는 안 된다는 것을 상징합니다.

또한 디모데전서 6장 16절을 보면 다음과 같은 말씀이 있습니다. "오직 그에게만 죽지 아니함이 있고 가까이 가지 못할 빛에 거하시고 어떤 사람도 보지 못하였고 또 볼 수 없는 이시니 그에게 존귀와 영원한 권능을 돌릴지어다 아멘." 이 본문에 보면 빛이 하나님을 둘러싸고 있는데, 이 빛은 인간이 하나님께 가까이 가서는 안 된다는 뜻을 전달해 줍니다. 어두움과 빛은 정반대되는 현상임에도 불구하고 이 두 가지 정반대되는 현상 모두 인간이 하나님의 임재에 가까이 가거나 눈으로 볼 수 없다는 점을 가르쳐 주는 도구로 등장합니다. 이처럼 세계를 초월하셔서 인간의 접근을 허용하지 않으시는 하나님의 형상 그 자체를 인간이 인간의 손으로 형상화해서는 안 됩니다.

넷째로, 하나님을 형상화하려는 시도는 하나님의 언약을 무시하는 행동이기 때문에 금지되어야 합니다. 이 말을 이해하려면 사람들이 하나님을 형상화하려고 시도하는 종교심리학적인 이유를 알 필요가 있습니다. 사람들이 하나님을 형상화하는 이유는 하나님을 안전하게 만나고 또한 하나님의 복을 받아 내려는 데 있습니다. 이 말이 무슨 뜻인가를 설명해 보겠습니다.

사람 중에는 하나님이 존재하지 않는다고 생각하는 무신론자들도 있지만, 무신론자들이 아무리 하나님이 존재하지 않는다고 주장해도 하나님이 존재하지 않는다는 것을 증명할 방법이 없으니 진정한 의미에서 100% 무신론자는 사실상 없습니다. "하나님이 존재하지 않는다"라고 주장하는 사람도 이미 하나님이라는 분이 어떤 분인지 알기 때문에 존재하지 않는다고 말할 수 있는 것입니다. 정말로 하나님이 존재하지 않는다면 머릿속에서 하나님이라는 개념 자체가 없어야 하는데, 그것은 불가능합니다. 무신론자들도 하나님은 전능한 자라는 것과, 도덕적으로 완전하게 깨끗하다는 것 정도는 어렴풋이나마 알고 있습니다. 또, 내세라는 곳이 없다고 아무리 주장해도 죽음 이후의 세계를 본 일이 없기 때문에 내세가 존재할지도 모른다는 생각을 완전히 빼내어 버릴 수가 없습니다. 또한 무신론자들도 자기의 양심에 손을 얹고 자기가 살아온 세월을 생각해보면 그다지 깨끗하게 살지 못했다는 생각을 피해갈 수 없습니다.

이런 생각들을 종합해 보면 무신론자들이라 할지라도 죄인으로서 도덕적으로 완전한 하나님과의 만남을 피할 수 없고 그 하나님과 만나게 되었을 때 심판을 피하기 어렵다는 사실을 외면할 수 없습니다. 하물며 조금이라도 하나님의 존재를 인정하는 자들에게는 하나님과의 만남과 그에 따른 심판을 피해 갈 수 없습니다. 따라서 모든 사람이 "어떻게 하면 하나님을 안전하게 만날 수 있을까"라는 생각을 의식적, 무의식적으로 하게 됩니다. 문제는 하나님이 눈에 보이지 않는다는 것입니다. 일단 눈에 보여야 어떤 대응책이라도 마련할 수 있지 않겠습니까? 이 때문에 사람들은 일단 하나님을 눈에 보이는 형상으로 만들어 놓으려고 시도하는 것입니다.

사람들이 하나님을 형상화해 놓은 후에 첫 번째 할 일은 하나님을 안전하게 만나는 것, 곧 심판을 피하는 것입니다. 사람들이 심판을 피하는 가장 좋은 방법은 하나님이 요구하는 완전한 삶을 사는 것입니다. 그것이 정도입니다. 그러나 사람들은 그 길을 선택하고 싶은 마음이 없습니다. 왜냐하면 그 길은 너무 힘들고 어려울 뿐만 아니라 누리고 싶은 많은 것들을 포기해야 하기 때문입니다. 그래서 선택한 길이 바로 하나님에게 뇌물을 바치는 것입니다. 뇌물로 하나님의 마음을 달랠 수 있다는 착각을 하는 것입니다. 사람들이 실력으로 승진하려고 하지 않고 뇌물로 승진하려고 하는 심리와 동일합니다. 일정한 뇌물-복채 등-을 바치면 하나님의 마음이 누그러질 것이라고 생각하는 것입니다. 일정한 양의 뇌물을 바쳐서 하나님의 마음을 누그러뜨린 다음에 더 많은 뇌물을 바쳐서 하나님의 능력을 이용하여 복을 받아 내려고 합니다. 이것이 하나님의 상을 만들어 세우는 종교심리학적인 이유입니다.

하나님의 상은 일종의 변압기와 같은 역할을 한다고 볼 수 있습니다. 전류는 인간에게 유용한 것이지만 고압전류는 생명을 위협하므로 사람이 전류를 사용하려면 저압전류로 변환되어야 합니다. 고압전류를 저압전류로 낮추어서 실용성 있게 해 주는 장치가 변압기입니다. 그런데 문제는 하나님의 상은 변압기처럼 보일 뿐, 실제로는 변압기의 역할을 하지 못하는 모조 변압기에 불과하다는 것입니다.

사실 하나님은 변압기 역할을 할 수 있는 장치를 이미 따로 마련하여 두셨습니다. 그것이 바로 언약입니다. 언약은 하나님이 당신의 힘을 낮추어서 인간을 안전하게 만나주시고, 인간에게 구원과 축복을 주시는 사건입니다.

구약시대에는 하나님이 인간을 직접 찾아오셨습니다. 아담 언약, 노아 언약, 아브라함 언약, 다윗 언약 등이 바로 하나님이 인간을 찾아오셔서 만나 주신 사건들입니다. 그런데 아담, 노아, 아브라함, 다윗이 하나님을 만났지만 죽지 않았습니다. 게다가 하나님으로부터 구원과 축복을 받아 내기까지 했습니다.

신약시대에는 예수님이 직접 이 세상에 오셔서 인간을 만나 주셨습니다. 예수님은 하나님이시지만 자신을 크게 낮추어서 인간에게 오셨기 때문에 예수님을 만난 인간은 죽지 않았고, 오히려 구원과 축복을 받았습니다.

오늘날에는 언약이 어떻게 나타날까요? 성경말씀을 통해 나타납니다. 우리는 성경말씀을 통하여 하나님을 안전하게 만날 수 있고, 구원과 축복을 받을 수 있습니다. 우리는 하나님이 정해주신 방법대로 하나님을 만나고 구원과 축복을 받아야 합니다. 만일 우리가 하나님의 상을 만들어 놓고 하나님을 만나고 하나님의 구원을 받아 내려고 한다면 하나님이 마련하신 언약의 길을 무시하고 청개구리처럼 딴 길로 가는 죄를 범하는 것이며, 하나님을 만날 수도 없고, 하나님의 축복을 받아 낼 수도 없습니다. 그러나 우리가 하나님이 마련해 주신 길을 통하여 하나님을 만나면 하나님은 우리에게 복을 주기를 원하신다고 성경은 분명히 말합니다 신 5:29; 6:24.

다섯째, 하나님의 형상화가 금지되어야 하는 또 한 가지 이유는 하나님은 영이시기눅 24:39; 요 4:24; 딤전 6:16 때문입니다. 그러나 하나님이 영이라는 말을 오해하지 않도록 유의할 필요가 있습니다.

우선 여기서 우리가 오해해서는 안 될 것은 하나님이 영이시라는 말이 하나님이 감각활동을 할 수 없다는 것을 의미하는 것은 아니라는 것입니다. 시편기자는 하나님이 듣지도 못하고 보지도 못한다고 오해하고 온갖 악을 행하는 이스라엘 백성들에게 "귀를 지으신 이가 듣지 아니하시랴 눈을 만드신 이가 보지 아니하시랴"시편 94:9라고 일침을 가합니다.

성경은 하나님을 영으로 묘사하면서도 동시에 귀, 눈, 입, 얼굴, 손, 팔, 발을 가지고 계시는 분으로 묘사합니다. 이 묘사들은 하나님이 문자 그대로 이런 기관들을 가지고 계신다는 뜻이 아니라 하나님이 들으시고, 보시고, 사랑하시고, 분노하시고, 창조하시고, (손으로) 죽이시고, (발로) 이동하시는 분이라는 뜻입니다. 하나님은 영이시지만 몸이 있는 우리와 같이 감각활동을 하십니다.

또한 하나님이 영이시라는 말은 하나님이 능력이 없다는 뜻으로 이해되어서도 안 됩니다. 오히려 하나님이 영이라는 말은 하나님은 능력이 있는 강한 분이라는 뜻입니다. 예컨대 이사야 31장 3절에 "그들의애굽의 말들은 육체요 영이 아니라"라는 표현이 있습니다. 이 말씀은 유다왕국이 강력한 앗수르앗시리아제국의 침략 위협을 받고 애굽에 도움을 청하여 앗수르제국의 위협을 막아 보려는 정책을 취하려고 했을 때 이사야가 준 경고입니다. 이 본문에서 "애굽의 말들"

은 애굽 군대를 가리킵니다. 애굽 군대는 "사람이요, 육체"라고 했습니다. "영"이 아니라고 했습니다. 이것이 무슨 뜻입니까? 여기서 사람 또는 육체라는 말은 "힘이 없다"는 뜻입니다. 정말로 육체는 힘이 없습니다. 아무리 강건한 근력을 자랑하는 육체라도 숨이 끊어지고 나면 정말 힘없이 무너져 버리고 맙니다. 육체가 대단한 것 같지만, 작은 총알 한 방에도 견디지 못하며, 눈에 보이지조차 않는 작은 박테리아의 침입에 속수무책일 때가 많으며, 노화를 견뎌낼 수 없습니다. 이런 특징들을 종합할 때 육체란 연약하기 이를 데 없는 것임을 알 수 있습니다. 따라서 육체와 대립적인 의미에서 사용되고 있는 "영"은 자연스럽게 "힘 또는 능력"을 뜻합니다. 육체인 피조물은 연약하기 이를 데 없는 존재이지만 영이신 하나님은 무한한 능력을 지니신 분입니다.

하나님을 영으로 예배하라는 요한복음 4장 24절 말씀도 이 맥락에서 이해되어야 합니다. 이 말은 외형적인 예배형식을 배제하고 영혼으로만 예배를 드리라는 말이 아니라 이제는 성전에서 예배할 때는 지나갔고, 생명을 살리는, 영원하고 변함없는 그리스도의 능력으로 예배할 때가 되었음을 선언하는 말씀입니다.

그뿐만 아니라 하나님이 영이시라고 해서 하나님이 인간이 볼 수 있는 모습으로 자신을 계시하실 수 없는 것도 아닙니다. 성경은 하나님이 자신을 보이는 형태로 계시하셨음을 빈번하게 보도합니다. 마므레 상수리 수풀 근처에 앉아 있던 아브라함에게 하나님은 인간의 모습으로 나타나셨습니다 창 18:1,2. 야곱은 얍복 강가에서 사람의 모습으로 나타나신 하나님과 더불어 씨름을 하기까지 했습니다 창 32:22-32. 예수님은 자신을 본 자는 곧 하나님을 본 것이라고 말씀하십니다. "예수께서 이르시되 빌립아 내가 이렇게 오래 너희와 함께 있으되 네가 나를 알지 못하느냐 나를 본 자는 아버지를 보았거늘 어찌하여 아버지를 보이라 하느냐"요 14:9. 그리스도인들은 지금 주의 영광을 친히 보는 자들입니다. "우리가 다 수건을 벗은 얼굴로 거울을 보는 것 같이 주의 영광을 보매 그와 같은 형상으로 변화하여 영광에서 영광에 이르니 곧 주의 영으로 말미암음이니라"고후 3:18.

그러나 우리가 하나님을 보는 데는 분명한 한계가 있습니다. 우리는 하나님이 자신을 보여주시는 범위 안에서 하나님을 볼 수 있습니다. 인간은 하나님이 자기 자신을 보시는 것처럼 그렇게는 결코 하나님을 볼 수가 없습니다. 하나님이 자기 자신의 참된 모습을 인간에게 보여주시지 않는 이유는 인간은 하나님의 참된 모습을 대면하면 그 무섭도록 거룩하고 장엄한 빛 앞에서 살아남을 수 없기 때문입니다. 그것은 마치 우리가 태양으로부터 방사되어 나오는 빛을 보면서 간접적으로 태양을 느낄 수는 있지만 태양을 직접 바라보아 태양광선이 눈에 직접 들어오면 두 눈이 멀어 버리는 것과도 같은 이치입니다. 따라서 그 위대했던 모세도 하나님의 "등" 이상은 볼 수 없었습니다. "또 이르시되 네가 내 얼굴을 보지 못하리니 나를 보고 살 자가 없음이니라 여호와께서 또 이르시기를 보라 내 곁에 한 장소가 있으니 너는 그 반석 위에 서라 내 영광이 지나갈 때에 내가 너를 반석 틈에 두고 내가 지나도록 내 손으로 너를 덮었다가 손을 거두리니 네가 내 등을 볼 것이요 얼굴은 보지 못하리라"출 33:20-23.

　이처럼 인간의 육안으로 하나님의 모습을 보는 데 한계가 있을 뿐만 아니라 인간의 정신기능으로 하나님을 파악하는 데도 한계가 있습니다. 우주만물을 진지하게 바라보고 묵상할 때 인간의 정신기능은 하나님의 신성이나 능력이 이 우주 안에 존재한다는 것 정도까지는 알 수 있고, 우주를 만드신 어떤 인격체가 존재한다는 것 정도는 깨달을 수 있습니다롬 1:19-20. 그러나 인간의 눈으로 하나님의 등 이상을 볼 수 없듯이, 인간의 정신기능으로는 하나님이 존재하신다는 정도 이상은 알 수 없게 되어 있습니다. 아무리 탁월하고 천재적인 정신기능을 소유한 사람이라 할지라도 이 정도 이상은 하나님에 대하여 알 수가 없습니다. 아인슈타인이 얼마나 탁월한 천재입니까? 그렇지만 아인슈타인의 탁월한 머리로도 그저 하나님이라는 분이 존재할 것이라는 정도 이상은 아무런 말도 하지 못했습니다. 칸트가 얼마나 탁월한 천재 철학자입니까? 그렇지만 칸트도 하나님에 대해서는 존재할 필요가 있다는 정도 이상은 발견하지 못했습니다. 동양 철학의 시조인 공자는 어떻습니까? 공자는 인간 세상도 제대로 모르면서 인간 세상 이외의 세계에 대하여 말한다는 것은 외람된 일이라고 생각하면서 아무런 이론도 제시하지 않았습니다.

　하나님은 영이시지만 자기 자신을 얼마든지 우리에게 계시하실 수 있습니다. 그러나 하나님은 자신의 모습을 완전히 계시하지는 않으십니다. 왜냐하면 그때 인간은 살아남을 수 없기 때문입니다. 하나님은 인간이 위험부담 없이 안전하게 하나님 자신을 만날 수 있도록 적절한 정도로 인간에게 자신을 보여주십니다. 우리가 하나님을 위험부담 없이, 안전하게, 은혜와 사랑 안에서, 하나님의 복 주심을 기대하면서 만날 수 있는 길은 오직 하나님이 직접 마련해 주신 길을 통해서 뿐입니다. 그 길이 앞에서 말씀드린 언약의 길입니다. 만일 우리 인간이 스스로 '이것이 하나님을 위험부담 없이 만나는 길일 것이다'라고 생각하고 그 길을 따라서 하나님을 만나려고 한다면 그 길은 가장 큰 위험부담을 안고 하나님을 만나려고 시도하는 길이라고 생각하면 틀림없습니다.

여섯째, 하나님이 영이시라는 표현은 예컨대 인간의 육체적인 것은 별로 중요하지 않고 내면적인 정신세계는 중요하며, 내면적인 정신세계가 외면적인 육체의 세계보다 하나님께 더 가깝다는 뜻으로 이해해서는 안 됩니다. 하나님이 영이시라는 표현은 하나님은 인간의 세계 전체로부터 초월하여 자유로운 분이라는 뜻입니다. 하나님은 전인으로서의 인간으로부터 초월하여 계십니다. 전인으로서의 인간이라고 할 때는 인간의 육체적이고 외적인 삶의 차원뿐만 아니라 내적인 정신세계까지를 포함합니다. 하나님은 인간의 외적인 육체의 세계뿐만 아니라 내적인 정신의 세계로부터도 초월하여 거리를 두십니다. 이 거리는 창조주와 피조물 사이의 거리로서, 정신이라고 해서 하나님과 더 가깝고 육체라고 해서 하나님으로부터 더 먼 것과 같은 일은 있을 수 없습니다. 육체나 정신이나 하나님에 대한 거리는 똑같습니다.

3. 하나님 임재의 형상화

제2계명은 하나님 자신의 모습을 형상화하는 시도를 철저하게 금지하지만, 하나님의 임재를 상징하는 조형물들을 제작하고 이용하는 일을 금지하는 명령은 아닙니다. 실제로 구약시대에는 많은 조형물이 하나님의 임재를 상징하는 수단으로 사용되었습니다. 성막이나 성전, 놋뱀, 법궤 등이 구약시대에 하나님의 임재를 상징하는 조형물들이었습니다.

그런데 우리는 여기서 이 조형물들이 차지하는 역할이 무엇인가를 분명히 알고 있어야 합니다. 이 조형물들은 하나님의 임재를 상징하는 수단이지, 결코 하나님의 임재 그 자체가 아닙니다. 이 조형물 자체에 하나님이 임재하신다거나, 어떤 신비스러운 능력이 들어있다고 생각함으로써 이 조형물들을 일종의 마술 상자나 마술 지팡이처럼 생각하는 것은 잘못이며, 우상숭배입니다. 이 조형물들이 상징하는 하나님의 임재와 능력이 중요한 것이지 이 조형물들 그 자체가 중요한 것이 아닙니다. 하나님의 임재와 능력이 떠나고 나면 이 조형물들은 단지 인간이 만든 조각품에 불과합니다.

구약성경에는 모세가 광야에서 놋뱀을 만들어 세운 사건이 등장합니다민 21:1-9. 이스라엘 백성이 광야를 여행할 때 여행길도 고달프고 만나와 메추라기만 늘 먹어야 하는 일도 짜증이 나서 불평을 하기 시작했습니다. "백성이 하나님과 모세를 향하여 원망하되 어찌하여 우리를 애굽에서 인도하여 내어 이 광야에서 죽게 하는가 이곳에는 먹을 것도 없고 물도 없도다 우리 마음이 이 하찮은 음식을 싫어

하노라 하매"민 21:5. 그러자 하나님은 불뱀을 보내서 이스라엘 백성을 물게 하셨고 많은 이스라엘 백성들이 불뱀에 물려 죽어갔습니다. 이 스라엘 백성들이 잘못을 뉘우치고 뱀을 없애 줄 것을 모세에게 탄원하자 모세가 하나님께 기도했습니다. 이때 하나님은 놋으로 뱀을 만들어 장대에 달아 세우고 그 뱀을 쳐다보라고 지시하셨습니다. 그 뱀을 쳐다보는 자는 산다는 것입니다. 모세가 하나님의 지시대로 놋으로 뱀을 만들어 장대에 달아 놓고 이스라엘 백성들이 뱀을 쳐다보게 했습니다. 이때 뱀을 쳐다본 모든 이스라엘 백성은 뱀에 물린 상처를 치유 받고 생명을 건졌습니다. 이때 백성들의 상처를 치유한 것은 장대에 달린 놋뱀이 지닌 신비스러운 치유의 능력일까요? 아닙니다. 하나님을 향한 믿음을 가지고 하나님의 명령에 순종하여 놋뱀을 쳐다보았을 때 믿음을 보신 하나님이 능력을 행사하셔서 병을 고쳐주신 것입니다. 중요한 것은 놋뱀이 아니라 하나님의 능력입니다! 천지를 창조하신 하나님의 능력이 놋뱀에 갇혀 있을 수 있다고 생각하는 것은 얼마나 우스꽝스러운 생각입니까? 그런데 후일 이스라엘 백성들이 이 진리를 오해했습니다. 이스라엘 백성이 놋뱀이 무슨 신비스러운 능력을 가진 마술지팡이나 되는 것처럼 놋뱀을 숭배하기 시작한 것입니다. 이런 관습이 오래 계속되었기 때문에 히스기야가 종교개혁을 단행할 때 놋뱀을 깨뜨려 버렸던 것입니다. "그가 여러 산당들을 제거하며 주상을 깨뜨리며 아세라 목상을 찍으며 모세가 만들었던 놋뱀을 이스라엘 자손이 이때까지 향하여 분향하므로 그것을 부수고 느후스단놋조각이라 일컬었더라"왕하 18:4. 놋뱀은 십자가에 달리실 예수 그리스도를 예표하는 거룩한 조형물입니다. 그러나 이렇게 거룩한 조형물도 하나님의 임재를 상징하는 도구가 되지 못하고 그저 마술지팡이처럼 숭배되는 물건이 되고 나면 언제든지 부수어버려야 할 하찮은 물건으로 전락될 수 있는 것입니다.

4. 조형 또는 조각예술 활동 허용

제2계명이 하나님 자신의 모습을 형상화하는 일을 금지한다고 해서 여러 가지 다양한 형태의 조형 또는 조각예술을 금지하는 것은 아닙니다. 실제로 구약시대 때에도 보면 많은 조형 활동이 있었습니다. 야곱은 라헬이 죽은 후에 라헬의 묘비를 세웠고 창 35:20, 모세는 여호와 백성들 사이에 맺은 언약의 표현으로서 12개의 돌을 취하여 기념비로 세우기도 했고 출 24:4, 선지자 사무엘은 팔레스타인 사람들과 싸워 이긴 후에 승전비를 세우기도 했습니다 삼상 7:12. 그러나 이스라엘 안에서는 인물상을 조각해서 세우는 일이 거의 없었는데, 아마도 그 이유는 당시의 이방국가들에서 인물상을 세우는 일이 대부분 인물에 대한 신격화와 숭배로 연결되었다는 점을 고려했기 때문일 것입니다.

이스라엘에서는 문학은 어느 정도 발달했지만 문학을 제외한 다른 예술형식에 있어서는 이방나라들에 비교해 볼 때 많이 뒤떨어졌습니다. 예를 들어서 솔로몬이 성전을 세우고 나서 내부 장식을 할 때 이스라엘 안에는 맡길만한 사람이 없어서 할 수 없이 멀리 두로에서 히람이라는 장식가를 데려다가 맡겨야만 할 정도로 조형예술은 발달하지 못했습니다왕상 7:13-14.

예술을 포함한 문화는 하나님의 백성의 계열에서 발달하기 시작한 것이 아니라 이방백성의 계열에서 발달하기 시작했습니다. 창세기 4장을 보면 아벨과 셋으로 이어지는 경건한 후손의 계열과 가인에게서 출발한 불경건한 이방 백성의 계열이 나누어지고 있는 기사가 등장합니다. 여기에 보면 경건한 후손의 계열인 아벨의 계열에서는 문화가 발달했다는 어떤 보도도 나오지 않습니다. 그러나 가인 계열을 보면 문화발달을 주도한 증거가 아주 화려하게 묘사되어 있습니다. 가인의 아들 에녹에게서 축성술 곧, 오늘날로 말하면 건축술이 발달하기 시작했고, 야발에게서 목축업이, 유발에게서 음악, 두발가인에게서 기계공업, 라멕에게서 시가 발달하기 시작했습니다.

창세기 4장 23절과 24절에 보면 라멕이 쓴 시가 한 편 나옵니다. 이 시가 성경에까지 등장한 이유는 이 시가 너무나 잘 지어져서 당시 사람들 사이에서 회자되었기 때문입니다. 그런데 이 시의 내용을 보면 살육이 난무한 전쟁터에서 전쟁이 끝나고 시신이 벌판에 널려 있는 참혹한 광경을 묘사한 것입니다. 참혹한 전쟁을 노래한 시인데, 너무나 예술적으로 잘 지었기 때문에 사람들 사이에서 회자되다가 성경기록으로까지 남게 된 것입니다. 찬란한 문화의 꽃이 모두 가인 계열에서 피어났습니다.

이처럼 하나님께서는 경건한 아벨의 후손에게는 하나님을 경건하게 믿는 전통을 선물로 주셨고, 이방 백성들에게는 문화를 발달시키는 재능을 주셔서 이방 사회와 하나님의 백성 사회 사이에서 저울의 균형이 어느 정도 유지되도록 배려하셨습니다. 만일 아벨의 후손이 하나님을 경건하게 믿는 은혜도 받고 문화도 독점해 버리면 얼마나 교만해지겠습니까? 하나님은 경건한 하나님의 백성이 문화에 있어서는 이방 백성들의 지혜를 빌리지 않을 수 없도록 함으로써 경건한 백성이 교만의 함정에 빠지지 않도록 배려하셨던 것입니다. 그뿐만 아니라 하나님의 백성들이 지나치게 문화를 이루는 일에 집착하지 않고 하나님을 섬기는 일에 힘을 기울이도록 하기 위한 것도 경건한 후손에게 문화를 발달시키는 은혜를 풍성히 주지 않으신 이유 가운데 하나라고 볼 수 있습니다. 아무래도 세상일에 집중하다 보면 하나님의 일에 소홀하게 되는 것은 자연스러운 이치이기 때문입니다.

5. 교회사에 나타난 성상숭배와 성상파괴

(1) 성상숭배 운동과 성상파괴 운동의 교회사적 고찰

이스라엘 백성들은 제2계명을 명료하게 받았음에도 불구하고 부단하게 신상을 만들어 세우고 하나님의 임재를 상징하는 상징물들을 숭배하는 관습에 빠져들어 갔습니다. 그러나 이 관행은 선지자들의 끊임없는 비판을 받았고, 개혁을 추진한 왕들에 의하여 실제로 파기되기도 했습니다. 히스기야는 하나님이 만들어 세우라고 명령하신 놋뱀이 숭배의 대상이 되자 부수었으며왕하 18:4, 요시야는 여호와의 전 안에 있던 바알, 아세라, 일월성신을 위한 기명들을 불살랐습니다왕하 23:4 이하. 이스라엘 공동체 안에 조형물 숭배관습이 끊이지 않았지만 이방국가들에 비교해 볼 때는 현저하게 조형물 숭배가 적었던 것도 사실입니다. 특히 폼페이우스가 주후 63년경 예루살렘에 들어갔을 때 여호와의 상이 없는 것을 보고 깊은 인상을 받았으며 심지어 이방인들은 유대교인을 무신론자라고 단정하기까지 했습니다. 타키투스는 예루살렘 성전을 보고 난 후 "예루살렘 안에는 어떤 신상도 없었고, 그때로부터 예루살렘은 아무것도 자리를 차지하지 않은, 텅 빈 비밀의 성소였다"라고 회고하기도 했습니다.

1세기의 기독교인들은 예배 시에 조형물들을 사용하지 않았습니다. 카타콤에서 발견된 조형물들은 성상聖像이 아니라 복음의 상징물들이었을 뿐입니다. 주후 306년의 엘비라 대회는 조형물을 통한 예배를 금지시켰습니다.

중세시대 때 기독교가 국교가 된 이후에 이방신 숭배가 완전히 극복되지 못한 상황에서 이방신 숭배를 대신하여 기독교적인 조형물들을 만들어 세우고자 하는 욕구가 집요하게 대두되었습니다. 처녀신 미네르바 숭배가 마리아 숭배로 대체되었고, 아폴로신 숭배가 치료의 성인 세바스챤 숭배로 변모하여 등장했습니다. 그레고리우스 1세주후 590-604년는 성상을 파괴하고자 하는 자들의 열심을 칭찬하면서도 성상은 글을 모르는 평신도들을 위한 책의 기능을 하고 있기 때문에 파괴되어서는 안 된다는 입장을 표명했습니다.

특히 요한네스 다마스커스7-8세기는 그리스도의 성육신을 성상숭배의 근거로 제시하기도 했습니다. 그는 그리스도의 성육신이 그리스도를 형상화하려는 시도뿐만 아니라 그리스도와 관련된 성상 형태들인 마리아와 성인들까지도 합법화시켜 준다고 보았습니다. 에메사의 네메시우스도 이 주장을 펼쳤는데, 네메시우스에 따르면 그리스도상을 숭배하는 것을 금지하는 것은 가현설로서 성육신을 인정하지 않는 것이요, 성상숭배는 성육신교리의 결과라고 강변했습니다. 그러나 네메시우스의 주장의 배경에는 신플라톤주의의 조물주관이 깔려 있었습니다. 네메시우스는 성상숭배는 교인들의 의무로서 말씀을 듣는 것보다 우위에 서며, 말씀을 밝혀 준다고까지 본 것입니다.

성상숭배 운동과 함께 성상파괴 운동도 병행하여 나타났습니다. 726년 레온 3세 칙령이 종교상 건립에 대한 반대 입장을 표명했고, 754년 콘스탄티노플 대회가 성상숭배를 재차 금지시켰습니다. 787년 니케아 2차 회의에서는 하나님께만 돌려 드리는 경배latreia와 그리스도, 마리아, 천사, 성인들, 십자가, 복음서책들에 대한 경외hyperdouleia를 구분하는 타협안을 제시하기도 했으나 794년 카렐 대제는 니케아 결정을 정죄하는 등 혼란이 반복되다가 11세기경에는 성상숭배를 비판하는 목소리가 죽어버렸습니다.

서방기독교의 입장은 제2계명을 그대로 받아들여 모든 형태의 성상숭배를 금지시키고 예술의 영역에 있어서까지 추상적인 문양 형태만을 허용했던 이슬람의 입장과 역설적인 대조를 이룹니다. 이슬람의 영향을 받은 동방기독교에서는 726년에서 842년 어간에 강력한 성상반대 운동이 일어났습니다. 레오 덴 이사우리에르주후717-41년는 성상숭배를 금지시켰고, 군대의 지원을 받은 성상파괴자들이 성상 옹호론자들인 수도승들 및 여성들과 대립각을 세우다가 이레네 여왕을 비롯한 여왕들의 비호 아래 842년 콘스탄티노플 회의에서 성상숭배가 재개되었습니다.

11세기 이후의 중세시대에는 제2계명이 아예 무시되었습니다. 교리문답서Romanus Catechismus, 주후 1566년에 제2계명이 등장한 이후 로마 가톨릭의 교리문답서에서는 제2계명이 등장하지 않았습니다. 동방정교에서는 제2계명을 깎아 만든 조형물에 제한하여 적용하고 그리스도와 성인들을 조각한 판넬ikon은 허용했습니다. 제2차 바티칸 공의회주후 1963년는 평신도들 간의 미신적인 경외와 잘못된 헌신을 통제하기 위하여 성상의 숫자를 제한하긴 했지만 교회 안에서의 성상숭배는 그대로 유지할 것을 천명했습니다.

종교개혁시대에 제2계명에 대한 관심이 집중적으로 살아나면서 100개의 로마 가톨릭교회 성당들이 파괴되었습니다. 1556년의 성상파괴 운동은 많은 사람을 죽음으로 몰아넣었고, 심지어 정부에게 성상파괴를 요구하기도 했습니다. 다만 루터는 "평신도를 위한 책"으로서의 성상 이용에 대해서는 허용적인 태도를 보여주었습니다.

(2) 평신도를 위한 책으로서의 성상

중세교회가 성상숭배를 합법화하는 이유로 제시한 가장 중요한 근거는 성상들이 평신도를 위한 책으로 기능할 수 있다는 것이었습니다. 평신도들이 글을 읽을 줄 몰랐던 중세시대에는 조형물을 통한 복음 전도가 의미가 있었습니다. 또한 성상숭배에 대한 지나친 우려 때문에 교회 안에서 조형물을 완전히 제거해 버리는 것도 지나친 조치입니다. 십자가 모양과 스테인드 글라스에 있는 그림을 보고 성상 숭배에 빠질 사람은 없습니다. 이런 상들이 교회에 있을 경우에 회중은 일반적인 강당에 와 앉아 있는 것이 아니라 예배당에 와 있다는 생각을 더 확실하게 가질 수 있습니다.

그러나 성도들이 글을 읽을 수 없는 드문 경우에도 말을 알아들을 수 있는 경우가 대부분이므로 성상에 의존하기보다는 말을 통하여 복음을 전하고 성상은 한정된 범위 안에서 보조기능을 하는 것으로 머물러야 합니다. 문맹이 존재하지 않고 모든 사람이 성경을 읽을 수 있게 된 오늘날에는 보조수단으로서의 성상의 기능조차도 현저히 약화되었습니다. 하이델베르크 요리문답 98문은 평신도를 위한 책으로서의 성상들의 기능이 허용 가능한 것인가라고 질문을 한 뒤에 이렇게 답변합니다. "아닙니다. 우리가 하나님보다 더 지혜로운 체해서는 안 됩니다. 하나님께서는 그의 백성들이 말 못 하는 성상들을 통해서가 아니라 그의 말씀의 살아 있는 선포를 통해서 가르침 받기를 원하십니다." 하이델베르크 요리문답이 말씀선포를 중시하는 이유는 "믿음은 형상을 보는 데서 생겨나는 것이 아니라 하나님의 말씀을 듣는 데서 생겨나는 것"이기 때문입니다. 말씀은 살아 있으나 성상은 말을 하지 못합니다. 말씀 선포자는 살아 있는 사람들로서 일어나는 사건에 대하여 반응할 수 있으나 무시간적인 성상은 철저하게 말이 없습니다.

성상을 통하여 복음을 전하는 것이 지니는 결정적인 약점은 성상은 이른바 "삶의 흐름의 응결화"를 피해 갈 수 없다는 것입니다. 조형

물은 그 속성상 현실의 어느 한 단면을 포착한 다음에는 그 단면을 고착시켜 버립니다. 응결화가 일어나면,

첫째로, 응결화된 단면이 현실을 바르게 반영했다 하더라도 관찰자가 전후의 맥락을 무시하고 이 현실만을 받아들일 경우에 사태에 대한 편견을 갖게 됩니다.

둘째로, 응결화된 단면이 현실을 잘못 반영하는 경우에 현실에 대한 관찰자의 오해가 고정될 위험이 있습니다. 말을 통하여 전달되는 설교도 삶의 흐름을 고정시킬 수 있지만 성상보다는 훨씬 넓은 범위를 탄력성 있게 전달할 수가 있으며, 현실을 잘못 반영하는 경우에는 다음 설교에서 교정할 수 있습니다.

셋째로, 더욱이 성상은 현존하는 현실태를 완벽하게 모방하지 않고 현실태를 변형시켜 제2의 현실태를 창조해냅니다. 성상은 인간이 쉽게 다룰 수 있는 형태 곧 인간의 가능성과 한계에 적용된 형태로 현실태를 표현함으로써 현실태를 왜곡할 수 있습니다.

넷째로, 끊임없이 우상을 생산해내는 공장인 인간의 정신은 비록 평신도를 위한 교육적인 수단으로 성상을 사용한다 하더라도 성상의 사용이 반복되면 성상을 우상으로 숭배하고자 하는 의식적이고 무의식적인 강한 유혹을 받게 됩니다. 이 유혹의 힘은 성상숭배와 우상숭배를 인위적으로 구분하려는 로마 가톨릭의 시도를 무력화시킬 수 있습니다. 예컨대 로마 가톨릭에서는 '이돌룸'idolum에 상상 속에 있는 것의 형상이라는 의미를 부여하고, '시뮬라크룸'simulacrum에 진짜로 존재하는 것의 형상이라는 의미를 부여한 후에, 후자를 비판

하고 전자를 허용했습니다. 그러나 '이돌룸'과 '시물라크룸'은 모두 떡을 뜻하는 단어로서 '이돌룸'은 헬라어 '에이돌론'에서 온 말이고 '시물라크룸'은 고유한 라틴어라는 차이가 있을 뿐이며, 헬라어 '에이돌론'은 라틴어 '시물라크룸'으로 번역되었고 키케로나 플리니우스 등도 두 단어를 구별 없이 사용한 것 등으로 볼 때 이 같은 구분은 인위적일 뿐입니다. 이와 같은 인위적인 구분에 근거하여 니케아 공의회는 "형상이 나타내는 것은 하나님이지만 형상 그 자체는 하나님이 아니다. 형상을 바라보라. 그러나 그 속에서 보는 것을 마음으로 경배하라"라고 주장했습니다. 토마스 아퀴나스도 "그리스도의 형상을 지날 때마다 항상 그것에 경의를 표하라. 그러나 형상을 경배하지 말고 그것이 그림자로 보여주는 그것을 경배하라"라고 말했습니다.

성상숭배와 우상숭배를 구분하는 시도가 헛된 시도라는 점을 극명하게 보여주는 사례가 아빌라의 테레사의 그리스도상 숭배입니다. 테레사는 수난당하는 그리스도의 그림을 보고 내적인 영혼 깊은 곳에서 크게 감동을 받고 그리스도를 보았는데, 테레사의 경우에 그리스도를 상징하는 그림과 그리스도 자신 사이에 뚜렷한 경계선이 그어져 있지 않았습니다. 로마 가톨릭이나 테레사가 그리스도의 그림에서 구원자 그리스도와 직접 만나는 것은 여로보암이 금송아지상에서 이스라엘 백성을 구원해낸 여호와를 만나는 것과 같은 의미를 지닙니다. 대상 자체가 거룩한 능력을 지닌 것은 아니지만 그것을 계기로 하여 주관적인 거룩성을 느끼는 상태는 쉽게 대상 그 자체가 거룩하다고 보는 '객관적 거룩성'의 상태와 명확히 구분되지 않고 전자가 후자로 쉽게 넘어가는 위험성 때문에 칼빈은 예레미야 10장 3절과 하박국 2장 18절에 근거하여 성상의 사용을 반대했습니다.

6. 저주와 축복이 뒤따르는 계명

제2계명의 후반부는 제2계명을 지킬 때 뒤따르는 축복과 지키지 않을 때 뒤따르는 저주를 명시하고 있습니다. "나 네 하나님 여호와는 질투하는 하나님인즉 나를 미워하는 자의 죄를 갚되, 아버지로부터 아들에게로 삼사 대까지 이르게 하거니와, 나를 사랑하고 내 계명을 지키는 자에게는 천 대까지 은혜를 베푸느니라" 출 20:5-6.

제2계명은 제1계명과 더불어 모든 다른 계명들의 근본강령이 되는 계명이므로 제2계명에 뒤따르는 저주와 축복은 모든 계명에 대하여 포괄적으로 연관된다고 보아야 합니다. 이 본문은 하나님을 질투하는 하나님으로 소개하고 있는데, "질투하는 하나님"은 타인에 의하여 정당한 권리가 침해당했을 때 정당한 방법으로 보복을 가함으로써 정의를 회복시켜 주시는 하나님이라는 뜻을 가집니다.

이 본문은 계명을 어긴 행위에 대한 하나님의 보복 혹은 징계는 "삼사 대"까지 이른다고 말하고 있습니다. 고대사회에 있어서 어떤 계약을 체결할 때는 삼사 대가 함께 참여했으며, 고대사회의 대가족 제도에서는 삼사 대가 함께 사는 경우가 대부분이었기 때문에 본문이 말하는 삼사 대는 실제로는 당대를 뜻합니다. 하나님이 당대에 보복하신 사례는 우상숭배를 행한 여로보암의 죄를 바로 그의 아들 아비야에게 갚으신 사건에서 확인할 수 있습니다 왕상 13:33-34; 왕상

14:1,17.

본문은 계명을 준수한 행위에 대해서는 하나님이 "천 대"까지 은혜를 베푸신다고 말합니다. 이스라엘의 숫자 체계에서 "천 대"는 '생각할 수 있는 한 가장 먼 세대'라고 해석할 수 있습니다. 하나님이 이처럼 먼 세대까지 은혜를 베푸신 사례로는 다윗 때문에 후손이 은혜를 받은 일들을 들 수 있습니다. 솔로몬이 죄를 범했지만 다윗 때문에 왕위를 보존할 수 있었습니다. "그러나 내가 택한 내 종 다윗이 내 명령과 내 법도를 지켰으므로 내가 그를 위하여 솔로몬의 생전에는 온 나라를 그의 손에서 빼앗지 아니하고 주관하게 하려니와"왕상 11:34. 히스기야가 15년을 더 살고 성이 보호받은 것도 다윗 때문이었습니다. "내가 네 날에 십오 년을 더할 것이며 내가 너와 이 성을 앗수르 왕의 손에서 구원하고 내가 나를 위하고 또 내 종 다윗을 위하므로 이 성을 보호하리라 하셨다 하라 하셨더라"왕하 20:6. 유다의 여호람 왕이 여호와 앞에 악을 행하였으나 멸망당하지 않은 것도 다윗 때문이었습니다. "여호와께서 그의 종 다윗을 위하여 유다 멸하기를 즐겨하지 아니하셨으니 이는 그와 그의 자손에게 항상 등불을 주겠다고 말씀하셨음이더라"왕하 8:19.

그러나 이와 같은 죄와 선행의 연대성은 부모가 죄를 범하면 자손이 운명적으로 그 죄에 덮어 씌워져서 자녀가 그 죄로부터 빠져나올 수 없다는 것을 의미하는 것은 아닙니다. 부모의 죄의 영향이 삼사 대까지 미치는 것은 사실이지만, 자녀 대에 개인적인 결단을 통하여 얼마든지 그 영향을 극복하고 넘어설 수 있습니다. 예를 들어서 부모가 예수님을 믿지 않고 우상숭배에 빠져 있었을 경우 자녀가 그 영향을 받는 것은 사실이지만, 자녀가 예수님을 믿고 신앙생활을 하면 그 영향권에서 벗어날 수 있습니다. 반대로 부모가 신앙생활을 잘하면 그 영향이 먼 후대에까지 미치는 것은 사실이지만 자녀가 신앙생활을 포기하는 경우가 있을 수 있고, 이때 그 자녀는 부모의 좋은 영향의 혜택을 어느 정도 누릴 수 있긴 하지만 그 중요한 영향으로부터 배제될 수도 있습니다.

제**3**계명

여호와의
이름을
망령되게
부르지 말라

예배를 포함한 신앙생활 전반에 걸쳐서 하나님의 이름을 부르는 것을 피할 수 없습니다. 하나님의 이름을 "망령되게 부르지 말라"는 명령은 하나님의 이름의 사용을 금하는 명령이 아니라 잘못 사용하는 것을 금하는 명령입니다. 하나님의 이름은 엄숙하게, 믿음으로, 존귀하게 사용되어야 하며, 경솔하게, 가볍게, 거짓되게, 욕되게 사용되어서는 안 됩니다. 하나님의 이름은 공적이고 사적인 모든 예배에서는 고백과 찬송으로 사용되어야 하며, 일상의 대화에서는 하나님의 위엄에 어울리는 경우가 아닌 한 언급되어서는 안 됩니다. 하나님이 자신의 이름을 잘못 사용하는 관행을 심각한 죄로 판단하신다는 사실은 "여호와의 이름을 모독하면 그를 반드시 죽일" 것을 명령하신 레위기 24장 16절에서 확인할 수 있습니다.

1. 잘못된 신관으로 오용 금지
잘못된 신관을 가지고 하나님의 이름을 부르는 것은 하나님의 이름을 잘못 사용하는 것입니다. 예를 들어서 이신론理神論, deism이나 범신론汎神論, pantheism의 관점에서 하나님의 이름을 부르는 경우가 여기에 해당합니다.

이신론은 하나님은 인간과 자연을 초월하여 초자연적인 세계에 계시기 때문에 인간은 일상의 삶 속에서는 하나님을 만날 수 없다고 주장합니다. 하나님을 만나기 위해서는 자연세계에 비상한 구멍을 내야만 가능하다고 이신론은 주장합니다. 자연세계에 구멍을 낸다는 것은 자연의 원리를 거스르는 기적을 행하는 것을 의미합니다. 인간은 기도를 통하여 하나님을 초자연세계의 권좌로부터 불러내어 자연세계 안에 들어와서 기적을 행하게 하실 때만 만날 수 있다는 것입니다. 반면에 범신론은 하나님은 초자연적 존재가 아니라 자연적 존재로서 자연 그 자체와 동일한 존재라고 봅니다. 하나님이 자연세계 안에는 실재하지 않으시고 오직 초자연세계에만 존재한다고 생각하면서 하나님을 부르거나, 하나님은 초자연적인 존재가 아니라 자연 그 자체라고 생각하면서 하나님의 이름을 부르는 것은 하나님의 이름을 잘못 사용하는 것입니다.

하나님은 이신론이 주장하는 것과는 달리 초자연의 세계뿐만 아니라 자연의 세계에도 실재하십니다. "그는 우리 각 사람에게서 멀리 계시지 아니하도다"라는 사도행전 17장 27절 말씀은 하나님이 자연세계 안에 실재하심을 보여줍니다. 또한 하나님은 범신론이 주장하는 것과는 달리 자연 및 인간과 질적으로 동일시되지 않고 초월하여 계십니다. 솔로몬이 예루살렘 성전을 완공하고 난 이후 거행된 봉

헌식에서 "하나님이 참으로 땅에 거하시리이까 하늘과 하늘들의 하늘이라도 주를 용납하지 못하겠거든 하물며 내가 건축한 이 성전이오리이까"라고 열왕기상 8장 27절에서 기도한 것은 하나님이 자연과 세계를 초월하여 계심을 보여줍니다. 우리는 기도할 때 하나님이 우리와 자연 안에 계시면서도 우리와 자연으로부터 질적으로 초월하여 계신다는 생각을 가지고 하나님을 불러야 합니다.

2. 마술용어처럼 사용 금지

하나님의 이름을 마술용어처럼 부르는 것은 하나님의 이름을 잘못 사용하는 것입니다. 예컨대, 하나님이라는 이름 그 자체에 질병 퇴치, 대적을 무력화시킴, 미래를 예언함 등의 신비스러운 힘이 있는 것으로 간주하고 하나님의 이름을 부르는 것이 이 경우에 해당합니다.

그 대표적인 사례가 사도행전 19장 13-16절에 등장하는 유대의 한 제사장 스게와의 일곱 아들이 행한 일입니다. 바울이 3차 선교여행 도중에 에베소의 두란노서원에서 사역할 때 바울을 통하여 신비스러운 능력이 많이 나타났습니다. 그 능력이 어느 정도 강하게 나타났느냐 하면, 심지어 사람들이 바울의 몸에 지니고 있던 손수건이나 앞치마를 가져다가 병자에게 얹으면 병이 낫고 귀신들린 자에게 얹으면 귀신이 쫓겨갈 정도였습니다. 바울 주위에서 이 광경을 본 마술사들은 바울이 예수라는 이름을 부르며 병자에게 명령하면 병이 낫고 귀신이 쫓겨나간다는 사실을 발견하고 이렇게 생각했습니다. "아하, 바울이 부르는 예수라는 이름이 신비스러운 주문과 같은 것인가 보구나. 그렇다면 우리도 예수라는 이름을 한번 사용해 보자."그리고는 "바울이 전하는 예수의 이름으로 명령한다"라고 소리치면서 돌아다녔습니다. 이 광경을 마침 제사장 스게와의 일곱 아들이 보고 흉내를 내기 시작했습니다. 이들이 어떤 악귀 들린 사람을 만났습니다. 스게와의 일곱 아들은 악귀 들린 사람을 앞에 두고 "바울이 전하는 예수의 이름으로 명하노니 그 사람에게서 나가라"고 소리쳤습니다. 이렇게 소리를 지르면 악귀가 나갈 줄 알았는데, 악귀가 나가기는커녕 도리어 스게와의 일곱 아들을 향해서 도전해 옵니다. "악귀가 대답하여 이르되 내가 예수도 알고 바울도 알거니와 너희는 누구냐"행 19:15. 그리고는 악귀 들린 사람이 스게와의 아들들에게 달려들어 억제하여 이겼습니다. 그들은 몸에 상처를 입고 도망치고 말았습니다.

사도 바울이 예수라는 이름을 부르면 병도 낫고 악귀도 쫓겨나갔는데, 스게와의 일곱 아들은 오히려 악귀에게 당한 이유가 무엇일까요? 예수님의 이름을 잘못 사용했기 때문입니다. 스게와의 일곱 아들은 세 가지 점에서 예수님의 이름을 잘못 사용했습니다.

첫째로, 이들은 예수라는 이름을 부를 때, 예수님에 대한 믿음과 사랑의 마음이 없이 그 이름을 불렀습니다. 인간관계에서도 믿음과 사랑이 없이 자기 이름을 부를 때 그 부름에 응답하고 싶은 사람은 없을 것입니다. 이와 마찬가지로 예수님도 믿음과 사랑이 없이 부르는 부름에는 응답하시지 않습니다. 믿음과 사랑이 없는 부름은 허공을 울리는 메아리에 지나지 않습니다.

둘째로, 이들은 예수의 능력이 예수의 이름 그 자체에 있는 것으로 오해했습니다. 예수의 능력은 예수의 인격과 의지에 있는 것이지 이름 그 자체에 있는 것이 아닙니다. 스게와의 아들들은 믿음과 사랑이 없는 공허한 마음으로 예수의 이름을 불렀기 때문에 예수의 인격과 의지를 움직이지 못했고, 따라서 이들이 부르는 예수라는 호칭은 아무런 능력도 없는 공허한 호칭으로 전락해 버렸던 것입니다.

셋째로, 이들은 자기들의 이기적인 목적을 달성하기 위하여 예수의 이름을 이용하려고 했습니다. 예수라는 이름은 인간이 필요할 때 이용할 수 있는 도구가 아니라 인간의 경배를 받아야 할 거룩한 이름입니다.

3. 하나님의 말씀이 아닌 것을 하나님의 말씀으로 전하는 것 금지

구약성경에 보면 하나님이 말씀하시지 않은 예언을 마치 하나님이 말씀하신 것처럼 하나님의 이름으로 말한 사람들이 등장하는데, 이것은 하나님의 이름에 중대한 손상을 가하는 행동입니다. 인간들 사이에서도 상대방이 전혀 하지 않은 말을 했다고 말하고 다니면 상대방에 대한 중대한 모독이 됩니다. 하물며 하나님이 하시지도 않은 말을 했다고 거짓말을 하는 것이 얼마나 중대한 죄가 되는지 짐작할 수 있습니다. 아합왕이 아람나라에 속한 길르앗 라못이라는 성을 탈환하기 위하여 전쟁에 나가려고 했을 때 선지자들을 불러서 하나님의 뜻이 어디에 있는가를 알아보려고 했습니다왕상 22장. 시드기야를 비롯한 많은 선지자들은 하나님이 말씀하셨다고 말하면서 아람

왕과 전투를 벌이면 반드시 승리하는 것이 하나님의 뜻이라고 주장했습니다. 그러나 미가야는 아합왕이 길르앗 라못을 탈환하기 위하여 전투를 벌이면 아합왕은 반드시 죽임을 당하고 이스라엘 백성들은 뿔뿔이 흩어지는 패전을 당할 것이라고 정반대로 예언하면서, 승리를 주장한 선지자들은 거짓말하는 영을 받은 자들이라고 비판했습니다. 승리를 말한 예언자들은 예레미야가 말한 것처럼 하나님이 보내지 않았는데도 하나님의 이름으로 예언하는 자들입니다렘 14:15. 하나님은 자신이 하지도 않은 말을 자신의 이름으로 전하는 행동을 결코 가볍게 넘기시지 않고 무겁게 징계를 내리십니다. 하나님은 칼과 기근이 땅에 이르지 않는다고 예언한 거짓 선지자들이 바로 그 칼과 기근에 죽을 것이라는 추상과 같은 형벌을 예고하심으로써 이 행동이 얼마나 무거운 죄악인가를 분명히 하셨습니다. 우리 성도들은 본의는 아니라 할지라도 하나님의 말씀에 분명히 기록되어 있지 않은 말씀이나 어떤 일을 하나님의 뜻이나 하나님이 명령하신 말씀이기나 한 것처럼 잘못 말하는 일이 없도록 매우 주의하지 않으면 안 됩니다.

4. 거짓 맹세의 도구로 사용 금지

사람이 거짓말을 하면서 상대방이 잘 믿어주지 않으면 하나님의 이름이 지닌 권위에 의지하여 자신의 거짓말을 진실로 믿도록 상대를 유도하는 경우가 있습니다. 나쁜 짓을 해놓고는 "하나님의 이름을 걸고 맹세하는데, 나는 결코 나쁜 짓을 한 일이 없다"라고 말하면 하나님이라는 이름의 무게 때문에 거짓말을 하는데도 진실을 이야기 하는 것처럼 착각하게 됩니다. 유대사회에서 이런 형태의 거짓 맹세가 많았다는 사실은 예레미야 5장 2절에 있는 다음과 같은 말씀을 통하여 확인할 수 있습니다. "그들이 여호와께서 살아 계심을 두고 맹세할지라도 실상은 거짓 맹세니라."

5. 불쾌한 감정 표현 수단으로 사용 금지

하나님의 이름을 욕설의 한 형식으로 사용하는 것은 하나님의 이름을 잘못 사용하는 것입니다. 여러분이 영어권에서 나온 영화나 드라마, 소설 등을 보면 Jesus Christ나 Goddamn과 같은 표현을 들을 수 있습니다. "Jesus Christ!"라고 소리치는 것은 예수님에 대한 신앙을 고백하는 것이 아니라 "제기랄! 빌어먹을!"이라는 불쾌한 감정을 표현하는 것입니다. 우리의 구주이신 예수님을 자신의 불쾌한 감정을 표현하는 데 사용하는 것은 매우 잘못된 어법입니다. 하나님을 뜻하는 God이라는 단어에다가 "저주"를 의미하는 damn을 붙여서 사용하는 것도 하나님의 이름을 남용하는 것입니다. 값비싼 명품은 가능한 한 조심하여 다루고 소중하게 보관하다가 꼭 필요한 때에만 사용해야 하는 것처럼, 하나님의 이름도 같은 태도로 꼭 필요한 때에 신중하게 사용해야 합니다.

6. 저주와 멸시, 조롱과 모독으로 사용 금지

구약 히스기야 시대에 앗수르왕인 산헤립이 부하 랍사게를 보내어 예루살렘을 포위한 후에 예루살렘의 유다백성에게 여호와 하나님이 예루살렘을 구해줄 것이라는 히스기야왕의 약속을 믿지 말고 자기에게 항복하라고 외칩니다. 그러면서 그는 하나님을 다음과 같이 조롱하고 모독합니다. "혹시 히스기야가 너희에게 이르기를 여호와께서 우리를 건지시리라 할지라도 속지 말라 열국의 신들 중에 자기의 땅을 앗수르 왕의 손에서 건진 자가 있느냐 하맛과 아르밧의 신들이 어디 있느냐 스발와임의 신들이 어디 있느냐 그들이 사마리아를 내 손에서 건졌느냐 이 열방의 신들 중에 어떤 신이 자기의 나라를 내 손에서 건져내었기에 여호와가 능히 예루살렘을 내 손에서 건지겠느냐 하셨느니라 하니라"사 36:18-20. 랍사게는 여호와의 이름을 다른 이방신들과 똑같은 수준으로 낮춘 뒤에, 다른 이방신들이 그 신들을 믿는 백성들을 구해내지 못하는 무능한 신인 것처럼, 여호와도 그들과 똑같이 무능한 허수아비와 같은 신에 불과하다고 여호와의 이름을 모독했습니다. 그러나 곧 여호와의 능력이 나타나서 앗수르 군대가 하루 어간에 십팔만 오천 명이 죽었습니다사 37:36. 신약성경에도 보면 바다에서 올라오는 짐승이 하나님의 이름을 훼방하는 죄악을 범합니다계 13:6. 그러나 결국 이 짐승은 결박되어 하나님의 심판을 받습니다. 여호와 하나님의 이름을 저주하고 조롱하는 자에게는 무서운 형벌이 따른다는 사실은 이미 살펴본 레위기 24장 16절에 예고된 바 있습니다.

여호와 하나님의 이름을 훼방하고 저주하고 조롱하는 것보다 더 악한 행위는 성령의 사역을 의도적으로 곡해하고, 악마의 사역으로 해석함으로써 성령의 이름을 모독하는 것입니다. 예수님이 귀신들린 자, 눈먼 자, 병자들을 고쳐주는 모습을 보고 바리새인들은 예수님이 사탄을 의미하는 바알세불의 권능을 의지하여 질병을 고쳐준다고 비판했습니다. 이 비판에 대하여 예수님은 이렇게 평가하셨습니다. "그러므로 내가 너희에게 이르노니 사람에 대한 모든 죄와 모독은 사하심을 얻되 성령을 모독하는 것은 사하심을 얻지 못하겠고 또 누구든지 말로 인자를 거역하면 사하심을 얻되 누구든지 말로 성령을 거역하면 이 세상과 오는 세상에서도 사하심을 얻지 못하리라"마 12:31-32. 예수님의 가르침은 두 가지 내용을 담고 있습니다. 하나는 말로 인자를 거역할 때는 사하심을 얻고 구원받을 기회가 여전히 있다는 것입니다. 다른 하나는, 그러나, 말로 성령을 거역하면 영원히 사함을 받지 못한다는 것입니다. 이 말이 무슨 뜻일까요?

이 말씀은 예수님의 구속사역과 성령의 구속사역의 차이를 알아야 이해될 수 있는 말씀입니다. 신학에서는 예수님의 구속사역을 객관적 구속사역이라고 말합니다. 예수님이 십자가 위에서 우리 죄와 죄의 형벌인 죽음을 대신 짊어지고 죽으셨다가 부활하신 사건은 모든 인류가 구원받을 수 있는 객관적 토대를 마련하신 것입니다. 예수님이 십자가 위에서 죽으셨다가 부활하셨다고 해서 모든 인류가 자동적으로 구원받는 것은 아닙니다. 예수님은 단지 구원을 위하여 필요한 토대를 마련하신 것뿐입니다. 예수님이 십자가 위에서 이루신 사역이 구체적으로 한 개인의 구원으로 열매를 맺으려면 또 하나의 단계를 거쳐야 합니다. 그것은 성령의 주관적인 구속사역 곧, 예수님의 객관적인 구속사역을 각 개인에게 적용하는 사역입니다.

예수님의 구원사역을 토대로 하여 성령께서 사람들의 마음 문을 두드리시면서 "네 마음의 문을 열고 너를 위하여 죽으시고 부활하신 예수님을 구주로 영접할 의향이 있는가? 네가 마음의 문을 열고 예수님을 구주로 영접하면 예수님께서 네 안에 들어가서 너를 거듭나게 하는 사역을 바로 시작할 거야! 어떻게 할래?"하고 물으십니다. 요한계시록 3장 20절입니다. "볼지어다 내가 문 밖에 서서 두드리노니 누구든지 내 음성을 듣고 문을 열면 내가 그에게로 들어가 그와 더불어 먹고 그는 나와 더불어 먹으리라." 이 물음은 마지막 물음입니다. 만일 이 물음을 듣고 마음의 문을 열고 예수님을 구주로 영접해 들이면 구원을 받는 것이고, 성령이 묻는 이 물음을 거부하면 구원받을 수 있는 길은 없습니다. 히브리서 10장 29절 말씀도 이런 맥락에서 이해해야 합니다. "하물며 하나님 아들을 짓밟고 자기를 거룩하게 한 언약의 피를 부정한 것으로 여기고 은혜의 성령을 욕되게 하는 자가 당연히 받을 형벌은 얼마나 더 무겁겠느냐 너희는 생각하라."

7. 바르지 못한 삶으로 하나님의 이름 손상 금지

바르지 못한 삶으로 하나님의 이름을 손상시키는 것도 하나님의 이름을 잘못 사용하는 것입니다. 에스겔 36장 20절에 이런 말씀이 있습니다. "그들이 이른바 그 여러 나라에서 내 거룩한 이름이 그들로 말미암아 더러워졌나니 곧 사람들이 그들을 가리켜 이르기를 이들은 여호와의 백성이라도 여호와의 땅에서 떠난 자라 하였음이라."
이 본문은 나라가 멸망하고 난 후에 난민이 되어 바벨론이나 바사^페르사와 같은 이방 나라들을 유랑하는 이스라엘 자손들이 하나님의
이름을 더럽히고 있다고 말합니다. 이방 나라를 떠도는 난민이 된 이
스라엘 자손들을 보고 이방인들이 이렇게 수군거립니다. "이 사람들
은 여호와의 백성이라도 여호와의 땅에서 떠난 자라." 이 수군거림이
여호와의 이름을 더럽히는 것이 되고 있다는 것입니다.

난민이 되어 이방나라를 떠도는 삶은 아주 비참한 삶일 수밖에
없습니다. 한마디로 거지의 삶입니다. 이런 모습을 보고 이방사람들
이 묻습니다. "당신들은 어떤 신을 믿습니까?" 이스라엘 자손들은
이렇게 답변합니다. "우리는 여호와 하나님을 믿습니다." 이 말을 듣
고 이방사람들은 이렇게 수군거립니다. "아니, 도대체 저 사람들이
믿고 있는 여호와 하나님이라는 신은 뭐하고 있어? 자기를 믿는 추
종자들이 거지처럼 유랑생활을 하는 데 내버려 둔단 말이야? 그 신
이 얼마나 형편없고 무능하면 자기 추종자들도 제대로 간수하지 못
하는가?" 이렇게 수군거리면서 여호와 하나님을 조롱하면서 욕합니
다. 이것이 "여호와의 백성이라도 여호와의 땅에서 떠난 자라"는 수
군거림 안에 담겨 있는 내용입니다. 이 말은 여호와라는 신이 자기
백성이 자기 땅에서 사는 것조차 지켜주지 못하고 이방나라들을 유
랑민처럼 떠돌게 방치한다는 말입니다. 그런데 이스라엘 자손들이
이렇게 이방나라를 유랑하는 이유는 하나님이 무능해서가 아니라
이스라엘 자손들이 하나님 앞에서 큰 죄를 범했기 때문입니다. 이스

라엘 자손들은 자신들이 하나님으로부터 벌을 받고 있다는 것을 창피하니까 말하지 않습니다. 이방인들은 이런 속사정을 알 길이 없고 그저 이스라엘 자손들이 믿는 하나님이 무능하다고 추정할 뿐입니다.

이처럼 우리들의 바르지 못한 생활 때문에 이방사람들이 하나님을 무능한 하나님으로 조롱하게 하는 것도 하나님의 이름을 잘못 사용하는 것입니다. 예수님을 믿는 우리들이 바르지 못한 행실을 하여 하나님에게 벌을 받는 상황에 들어간다고 가정해 보겠습니다. 그때 불신자들이 우리에게 왜 이런 고생을 하게 되었냐고 물을 때 우리는 솔직하게 내가 바르게 살지 못해서 하나님께 징계를 받는 중이라고 말할 수가 없습니다. 우리의 자존심 때문입니다. 그러면 불신자들은 누구에게로 화살을 겨눕니까? 우리가 믿는 하나님에게로 화살을 겨눕니다. "당신이 믿는 하나님은 자기를 따르는 자들이 이렇게 고생하는데도 아무런 조치도 취해 주지 못할 만큼 무능한 하나님인가요?" 이처럼 우리의 바르지 못한 행실 때문에 하나님으로부터 벌을 받고 그것 때문에 하나님을 무능한 하나님으로 조롱받게 만드는 것도 하나님의 이름을 잘못 사용하는 것입니다.

8. 자기 계획의 관철을 위한 하나님의 이름 사용 금지

하나님의 이름을 어떤 저주의 표현으로 사용하는 것은 하나님의 이름을 잘못 사용한다는 사실이 너무나 분명하게 드러나는 경우이기 때문에 성도들이 어렵지 않게 피해갈 수 있습니다. 실제로 하나님을 향한 신실한 믿음을 가진 성도들이 하나님의 이름을 저주의 표현으로 사용하는 사례는 극히 드물다고 할 수 있습니다. 오히려 성도들이 자신들도 모르는 가운데 빠지는 함정은 다른 곳에 있습니다. 곧 성도들이 자기 자신의 계획을 도모하면서 하나님의 계획을 도모한다고 생각하고 또 말하는 경우입니다. 하나님의 이름을 위한다고 말하지만 실제로는 자기 이익을 추구하는 것입니다.

그 대표적인 예를 우리는 사도 바울로 변화되기 전의 사울에게서 볼 수 있습니다. 사도 바울은 예수님을 만나기 전에 그리스도인들을 핍박하고 괴롭혔습니다. 그때 그가 그리스도인들을 그렇게 열심히 핍박한 이유는 그것이 하나님을 위하는 일이라고 생각했기 때문입니다. 그는 그리스도인들이 하나님을 믿는 바른 신앙의 길을 어지럽힌다고 생각하고 모질게 괴롭혔던 것입니다. 그러나 이때 사울은 하나님의 이름으로 행했지만 실상은 하나님을 괴롭히는 행동을 하고 있었던 것입니다.

중세시대에 교회는 회교도들을 징계하고 성지인 예루살렘을 회교도들의 손으로부터 탈환한다는 명분을 내세우면서, 하나님을 위하여 싸울 군대를 모집하고 그 군대의 이름을 십자군이라고까지 명명했습니다. 그런데 몇 차례에 걸쳐서 진행된 십자군 운동은 비참한 실패로 끝나고 말았습니다. 그러면 하나님이 과연 예루살렘을 회교도들의 손에서 탈환하는 것을 원하셨을까요? 후대 역사가들의 평가는 하나님이 그 일을 원하지 않으셨으리라는 점에 대체로 의견이 일치됩니다. 신학적으로도 이 평가가 정당한 평가입니다. 예루살렘의 의미는 구속사의 맥락 안에서 파악되어야 합니다. 예수님이 구속사역을 완성하시기 전에는 예루살렘이 장차 오실 예수 그리스도를 상징하는 종교체계로서 그 의미가 있었지만, 실체이신 예수님이 이 세상에 오셔서 구속사역을 완성하신 후에는 상징체계로서의 예루살렘은 더 이상 아무런 의미를 갖지 못하게 되었습니다. 더욱이 주후 70년에 있었던 예루살렘의 멸망은 예루살렘의 구속사적 의미가 끝났음을 역사적으로 선언하는 사건입니다. 이 사건 이후에는 예루살렘은 성지로서의 의미는 없습니다. 다만 구속사건이 일어났던 역사적 현장으로서 성경을 이해하는 데 필요한 정보를 제공하는 고고학적인 가치가 있을 뿐입니다.

교회사에 등장하는 많은 교회가 사람들을 추방하거나 화형시킬 때 하나님을 위하여 그 일을 한다고 주장했습니다. 그런데 실제로는 추방을 당한 사람 중에 오히려 하나님을 진실한 마음으로 따랐던 사람들이 많았습니다. 따라서 우리는 내가 정말로 하나님이 원하시고 하나님을 위하는 일을 하는 것인지, 아니면 하나님의 이름을 내세우기는 하지만 사실은 자기의 계획과 자신의 이익을 추구하고 있는 것인지를 지혜롭게 분별할 줄 아는 안목을 갖추어야 할 것입니다.

9. 때에 맞지 않는 신앙고백으로 하나님의 이름 사용 금지

"너희 속에 있는 소망에 관한 이유를 묻는 자에게는 대답할 것을 항상 준비하되"라고 한 베드로의 권고처럼벧전 3:15, 기독교인은 언제든지 신앙을 고백할 준비를 하고 있어야 합니다. 그러나 이 말은 항상, 장소를 불문하고 신앙을 고백해야 한다는 뜻은 아닙니다. 적절하지 않은 순간에 하나님의 이름을 말하는 것은 하나님과 진리를 조롱거리로 만들 수 있습니다. 하나님의 영광을 높이는 일과 이웃을 구원하는 일에 아무런 유익도 없고 또한 그 시간과 정황 하에서 진리를 고백하는 것이 요구되지도 않는 상황에서 경솔하게 하나님의 이름을 고백하는 것은 신앙을 대적하는 자들을 불필요하게 자극하고 격동시켜서 진리를 업신여기게 하고 경멸하게 하며 기독교인들에게 원한을 품고 잔인하게 행하도록 자극시킬 수 있습니다. 예수님의 말씀처럼 거룩한 것을 개에게 주어서는 안 되고 진주를 돼지에게 던져 주어서는 안 되는 이유는 개나 돼지가 그 가치를 알아보지 못하고 돌이켜서 던져 준 사람을 공격하고 상하게 할 수 있기 때문입니다마 7:6. 때로는 말하는 것이 은처럼 소중한 일이지만 침묵이 금처럼 더 소중할 때도 있습니다.

10. 정당한 서약과 부당한 서약

(1) 서약의 정의

우리는 증인이 없는 상황에서 우리 자신이 과거에 행한 일을 다른 사람들에게 말할 때나, 미래에 어떤 일을 하겠다고 약속할 때 말의 진실성을 상대방에게 납득시키는 일에 어려움을 느끼는 경우가 있습니다. 이때 어려움을 느끼는 이유는 우리가 모두 죄인이기 때문입니다. 만일 우리에게 죄가 전혀 없다면 과거에 어떤 일을 행했다고 말할 때 듣는 청중은 아무런 의심 없이 100% 있는 그대로 받아들일 것입니다. 또 미래에 어떤 일을 하겠다고 약속할 때도 100% 그대로 믿고 받아들일 것입니다. 그러나 인간이 죄인이고 거짓이 인간 안에 있기 때문에 100% 믿고 받아들이기가 어렵습니다. 실제로 과거에 한 말이나 일을 사실대로 말하지 않고 거짓으로 말할 가능성이 있고, 미래에 어떤 일을 행하겠다고 말해 놓고는 지키지 않을 가능성이 있습니다. 이런 일이 반복되면 사회생활에 심각한 균열이 올 수 있습니다. 이때 과거에 대한 증언이나 미래에 대한 약속을 죄로부터 보호하기 위하여 하나님이 주신 어법 가운데 하나가 서약입니다.

서약은 하나님의 이름을 걸고 말하는 어법입니다. 하나님은 우리의 모든 생각과 행동을 세밀하게 관찰하시는 분이시므로 하나님을 증인으로 세우고 말을 하게 되면 말을 하는 당사자도 거짓을 말하고자 하는 마음에 제재를 받게 되고, 말을 듣는 상대방도 말하는 자의 말을 좀 더 신뢰하게 됩니다. 이것이 바로 서약입니다. 서약은 하나님의 이름을 걸고 하는 말이므로 기도의 한 형태_{창 28:20-22}이자 하나님을 예배하는 행위이기도 합니다.

(2) 서약의 유형과 기능

서약은 증거의 서약과 약속의 서약으로 구분됩니다. 증거의 서약은 과거에 한 어떤 일을 증언할 때에 진실을 말하겠다는 것을 하나님 앞에서 맹세하는 것을 뜻합니다. 약속의 서약은 미래에 어떤 일을 하겠다는 결심을 밝히는 서약으로서 어떤 직무를 맡을 때 직무에 뒤따르는 규정들을 준수하고 지키겠다는 약속을 하나님의 이름을 걸고 하는 것을 뜻합니다.

증거의 서약은 거짓을 말하는 것을 억제하고 진실을 말할 수 있도록 지원해주는 장치로 사용됩니다. 히브리서 6장 16절은 "사람들은 자기보다 더 큰 자를 가리켜 맹세하나니 맹세는 그들이 다투는 모든 일의 최후 확정이니라"라고 말하고 있습니다. 이 본문은 첫째로, 맹세는 더 큰 자를 가리켜서 하는 것이라고 정의하고 있습니다. 더 큰 자라는 말은 자기보다 더 권위가 있고 믿을 만한 자를 뜻합니다. 맹세는 언제나 자기보다 더 권위가 있는 자를 대상으로 하기 마련입니다. 예를 들어서 회사 사원은 사장님을 가리켜서 맹세할 수 있습니다. 회사 팀장이 자기 밑에서 일하는 팀원을 가리켜서 맹세하는 일은 없습니다. 하나님은 더 큰 자 중의 가장 큰 자이니까 하나님의 이름을 걸고 하는 맹세는 가장 권위가 있는 맹세입니다. 둘째로, 맹세는 "다투는 모든 일의 최후 확정이니라"라고 했습니다. 이 말이 무슨 뜻인가요? 어떤 사람이 자기가 하는 말이 진실이라고 주장하는데 증거가 없는 경우에 진실 논쟁을 종결시키는 가장 확실한 어법은 "하나님을 걸고 맹세하는 것"입니다. "당신의 말이 사실임을 하나님의 이름을 걸고 맹세할 수 있습니까?" 이때 "할 수 있다"라고 답변하면 논쟁은 끝납니다. 그런 의미에서 맹세는 최후 확정입니다.

약속의 서약은 죄로 말미암아 사회가 붕괴되는 것을 막는 데 도움을 줍니다. 권력을 잡은 최고통수권자는 국민들의 헌법상의 권리들을 보장하고, 독재하지 않을 것을 서약함으로써 스스로도 조심하고 사회를 안정시킵니다. 의사는 치료에 앞서서 환자의 생명과 건강 증진을 위하여 치료할 것을 서약함으로써 의사 자신도 조심하게 되고 환자를 안정시킵니다. 법정에 선 증인은 무죄한 자를 죄인으로 오판하지 않을 것을 서약함으로써 공정한 재판을 보장합니다.

약속의 서약은 미래에 어떤 옳은 일을 하겠다는 결심을 밝힐 때도 사용하는데, 이 서약은 교육적 효과를 가집니다. 서약자는 하나님 앞에 서약함으로써 미래에 바른길에서 이탈하는 삶을 피하겠다는 결단을 새롭게 합니다. 이와 같은 다짐과 결단은 바른 삶에서 벗어나고자 하는 유혹을 받을 때 유혹을 극복하고 바른길에서 이탈하지 않도록 도와줍니다. 예를 들어서 결혼식을 할 때 하는 서약은 미래에 바르게 살겠다는 결심을 하나님 앞과 사람들 앞에서 다짐하는 것입니다. 어떤 여성이 결혼식에서 이렇게 서약했다고 가정해 보겠습니다. "나는 상대방이 건강할 때나 병들었을 때나 변함없이 사랑할 것을 서약합니다." 그런데 결혼식을 올리고 난 직후에 교통사고가 나서 상대방이 평생 반신불수로서 살아야 하는 상태에 처하게 되었습니다. 이런 상황에서 죽는 날까지 상대방을 간병하면서 생활도 꾸려가야 하는 일은 너무나 어려운 일입니다. 상대방을 사랑하니까 이런 고통을 감수하면서 살아가려고 생각합니다. 그런데 실제로 살아 보면 정말로 이 엄청난 굴레에서 벗어나고 싶은 마음이 들 때가 많습니다. 상대방도 미안하니까 보내려고 하고 자신도 마음이 흔들려서 떠나려고 합니다. 이때 무엇이 머리에 떠오릅니까? 결혼식 때 하나님 앞에서 한 서약이 떠오릅니다. "너는 상대방이 건강할 때뿐만 아니라 병들었을 때도 변함없이 사랑하겠다고 서약하지 않았니? 그런데 지금 상대방이 병들었는데 지금 떠나겠다는 말이니?" 이 생각이 떠오르면 정신이 번쩍 들면서 다시 한번 마음을 다잡습니다. "그렇지. 내가 하나님 앞에 서약했는데, 지금 떠나면 하나님 얼굴을 어떻게 볼 수 있겠어?" 이런 과정을 통하여 흔들리던 마음을 바로잡게 됩니다. 이것이 바로 서약이 지닌 교육적 효과입니다.

사실 우리는 하나님 앞에서 기도할 때마다 항상 서약을 합니다. 우리의 기도는 1부와 2부로 구성되어 있습니다. 1부는 하나님 뜻대로 바르게 살지 못한 것을 회개하는 것입니다. 2부는 앞으로 잘 살겠다는 약속 곧 서약입니다. 미래에 바른 일을 하겠다는 서약은 비록 그 서약대로 살지 못하는 시간이 찾아온다 해도 하는 것이 좋습니다. 서약한 대로 하지 못할 때 양심의 가책을 받고 고민하다가 회개하고 다시 서약을 지키는 삶으로 돌아오는 것은 서약한 사람에게 매우 큰 유익을 끼칠 수 있기 때문입니다.

(3) 산상수훈과 서약

예수님은 산상수훈을 통하여 서약을 폐기하는 듯이 보이는 말씀을 하셨습니다. 마태복음 5장 34절에서 37절까지와 야고보서 5장 12절에 맹세를 하지 말라는 구절이 있는데, 이 구절이 예수님이 맹세 그 자체를 하지 말라고 명령하시는 것으로 오해되었습니다. 예를 들어서 엣세네파, 카타르파, 알비파, 후스파, 재세례파, 퀘이커파 등은 이 구절들에 근거하여 서약을 완전히 금지시켰습니다. 그러나 맹세를 하지 말라는 예수님의 말씀은 맹세 또는 서약을 완전히 금지하는 명령이 아닙니다.

구약시대에 이스라엘 백성들은 하나님의 이름을 걸고 맹세를 했습니다. 야곱창 31:53, 보아스룻 3:13, 엘리야왕상 18:15 등이 하나님의 이름을 걸고 서약을 했습니다. 하나님도 맹세하는 것을 권장하셨습니다. 신명기 6장 13절입니다. "네 하나님 여호와를 경외하며 그를 섬기며 그의 이름으로 맹세할 것이니라." 하나님은 하나님 앞에서 바르게 살겠다는 맹세는 적극적으로 하라고 권장하셨습니다. 예수님 자신도 맹세 어법을 빈번하게 사용하셨습니다. 예수님은 "진실로 너희에게 이르노니"마 5:18라는 구절을 자주 사용하셨는데, 이 구절이 바로 맹세 어법입니다. 바울도 맹세 어법을 자주 사용했습니다. "하나님이 나의 증인이 되시거니와"롬 1:9, "하나님을 불러 증언하시게 하노니"고후 1:23, "하나님이 내가 거짓말 아니하는 것을 아시느니라"고후 11:31, "하나님 앞에서 거짓말이 아니로라"갈 1:20, "하나님이 내 증인이시니라"빌 1:8 등과 같은 구절들이 바울이 사용한 맹세 어법들입니다.

예수님이 산상수훈을 통하여 반대하신 것은 레위기 19장 12절에 명시된 거짓된 서약입니다. 유대교의 전통 안에 있었던 바리새인의 서약관이 거짓된 서약들 가운데 하나였습니다. 바리새인들은 구속력이 있는 서약과 구속력이 없는 서약을 구분했습니다. 구속력이 있는 서약은 하나님의 이름을 걸고 한 서약이고, 구속력이 없는 서약은 피조물을 걸고 한 서약입니다. 유대인들은 하나님의 이름을 걸고 한 맹세는 반드시 지켜야 한다고 생각했습니다. 따라서 하나님의 이름을 걸고 맹세하는 것을 피했습니다. 그러나 신앙생활을 하는 가운데 맹세하는 어법을 전혀 사용하지 않는 것은 불가능한 일이었습니다. 바리새인들은 서약을 반드시 지켜야 한다는 부담을 피해 가면서 좀 더 가벼운 마음으로 서약의 어법을 사용하고 싶었습니다. 그 결과로 고안해낸 것이 하나님의 이름을 대신하여 하늘, 땅, 예루살렘, 머리를 걸고 서약을 하는 어법이었습니다. 바리새인들은 이런 서약들은 하나님의 이름을 걸고 하는 서약은 아니기 때문에 반드시 지켜야 하는 것은 아니라고 생각했습니다.

예수님은 이와 같은 구분을 비판하면서 하늘, 땅, 예루살렘, 머리를 걸고 한 서약도 하나님의 이름을 걸고 한 서약과 동일한 효력을 가진 서약임을 강조하셨습니다. 하늘, 땅, 예루살렘은 하나님의 계시의 장소라는 점에서 하나님과 무관할 수가 없으며, 머리 색을 인간이 전혀 바꿀 수 없고 오직 하나님만이 바꾸실 수 있다는 점에서 머리도 하나님의 주권과 무관할 수가 없습니다. 따라서 이런 것들을 두고 서약하는 것도 하나님의 이름을 걸고 서약하는 것과 동일한 권위를 가진 서약이므로 반드시 지켜야 한다는 것이 예수님의 가르침의 핵심입니다. 일단 서약을 하면 서약을 지키고, 지킬 생각이 없거나 불투명하거나 이기적인 다른 동기를 숨기고 하는 서약이라면 아예 서약을 해서는 안 된다는 것입니다민 30:2; 신 23:23.

(4) 잘못된 서약

서약과 관련하여 제기되는 한 가지 의문은 잘못된 서약도 지켜야 하는가 하는 것입니다. 정당한 서약은 지켜야 합니다. 특히 약속의 서약을 파기하는 것은 죄입니다. 그러나 약속의 서약의 경우에 서약의 효력을 강제할 수 없는 때가 있습니다. 정당하지 못한 일에 서약을 했거나 실수나 연약함으로 인하여, 혹은 양심을 거슬러 부당하게 행해진 서약은 지켜서는 안 되고, 오히려 회개를 통하여 취소하고 수정하여야 합니다. 잘못된 서약을 무리하게 지키려고 하면 한 번 더 죄를 범하는 셈이 됩니다. 헤롯은 자신의 생일잔치에서 헤로디아의 딸이 춤추는 것을 보고 반한 나머지 맹세하면서 이 딸이 원하는 것을 다 주겠다는 약속을 합니다마 14:7. 이 약속은 악한 맹세였습니다. 이 약속을 듣고 헤로디아의 딸이 세례 요한을 죽여서 목을 달라고 요구합니다. 헤롯은 자신이 맹세한 약속을 지킨다는 명목으로 세례 요한을 죽여서 머리를 잘라 헤로디아의 딸에게 선물로 줍니다. 이때 헤롯은 악한 서약을 시행함으로써 악에 악을 더하는 죄를 범했습니다. 이와는 대조적으로 경솔한 서약을 했지만 서약을 지키지 않음으로써 악의 고리를 끊어 버린 경우를 다윗에게서 발견할 수 있습니다. 다윗은 나발과 그의 가족을 멸하겠다고 맹세했으나 나발의 아내 아비가일의 지혜로운 답변을 듣고 맹세를 철회함으로써 악의 고리를 끊을 수 있었습니다삼상 25:32-35.

잘못된 서약에는 거짓 서약, 불필요한 서약, 불의한 서약이 있습니다. 거짓 서약은 진실이 결여된 서약으로서, 말하는 순간에 사실이 아닌 내용을 사실이라고 하고, 사실인 내용을 사실이 아니라고 단언하거나, 말하는 순간에 행할 의지가 없는 일을 행할 의지가 있다고 단언하는 서약입니다. 이 서약은 하나님을 극단적으로 모독하는 행위이므로 금지되어야 합니다. 불필요한 서약은 법적으로 불필요하거나 서약의 의미를 정확하게 인지하지 못한 상태에서 서약하는 경우로서 금지되어야 합니다. 불의한 서약은 윤리적으로 악한 일에 대하여 서약하는 것으로서 금지되어야 합니다. 자기 힘으로 행할 수 없는 과도한 서약은 불의한 서약의 한 예로서 지켜져서는 안 됩니다. 싸움에서 이기면 자기를 처음으로 마중 나오는 사람을 제물로 바치겠다는 입다의 서약삿 11:31이나 아버지의 허락을 받지 않은 여자의 서약민 30:3,5이 좋은 예들입니다. 기독교적 가치에 상반되는 서약을 하도록 요구받는 경우에 서약을 해서는 안 되며, 서약을 했더라도 지키면 안 됩니다.

그러나 정당하게 서약을 한 후에는 서약을 지킨 결과로 손해가 찾아오는 것이 확실하더라도 "그의 마음에 서원한 것은 해로울지라도 변하지 아니하며"라는 시편 15편 4절 말씀에 근거하여 지켜야 합니다.

11. 정당한 저주와 부당한 저주

하나님의 이름을 걸고 자신이나 타인을 저주하는 어법도 선용될 때와 남용될 때가 있습니다. 경건한 저주는 하나님의 거룩성을 확립하기 위하여 그리스도의 대적에게 퍼붓는 저주를 말합니다. 룻이 시어머니 나오미를 떠나지 않겠다는 결심을 밝히면서, 자신이 시어머니를 떠나면 "여호와께서 내게 벌을 내리시고 더 내리시기를 원하나이다"룻 1:17라고 말한 것이라든가, 엘리 제사장이 사무엘에게 진실을 말할 것을 요구하면서, 하나님이 네게 말씀하신 것을 하나라도 숨기면 "하나님이 네게 벌을 내리시고 또 내리시기를 원하노라"삼상 3:17라고 말한 것이라든가, 요나단이 다윗을 사울의 살해 위협으로부터 건져내 주겠다는 결의를 다지면서, "여호와께서 나 요나단에게 벌을 내리시고 또 내리시기를 원하노라"삼상 20:13라고 말한 것이라든가, 솔로몬이 반역자 아도니야를 반드시 죽일 것이라는 결의를 표현하면서, "하나님은 내게 벌 위에 벌을 내리심이 마땅하니이다"왕상 2:23라고 말한 것 등이 저주가 선용되는 경우들입니다.

또한 거룩한 저주는 그리스도인이 고난받을 때 하나님께 드리는 기도로 허용됩니다. 이때 성도들의 저주는 하나님이 대적들을 압박하거나 돌이키게 하는 수단이 될 수 있습니다. 바울이 알렉산더에 대하여 내린 저주딤후 4:14, "구리 세공업자 알렉산더가 내게 해를 많이 입혔으매 주께서 그 행한 대로 그에게 갚으시리니", 노아가 가나안에 대하여 내린 저주창 9:25, "이에 이르되 가나안은 저주를 받아 그의 형제의 종들의 종이 되기를 원하노라 하고", 대머리라고 놀리는 아이들을 향한 엘리사의 저주왕하 2:24, "엘리사가 뒤로 돌이켜 그들을 보고 여호와의 이름으로 저주하매 곧 수풀에서 암곰 둘이 나와서 아이들 중의 사십이 명을 찢었더라", 다윗이 대적들을 향하여 내린 저주시 5:10, "하나님이여 그들을 정죄하사 자기 꾀에 빠지게 하시고 그 많은 허물로 말미암아 그들을 쫓아내소서 그들이 주를 배역함이니이다", 베드로가 시몬에 대하여 내린 저주행 8:20, "베드로가 이르되 네가 하나님의 선물을 돈 주고 살 줄로 생각하였으니 네 은과 네가 함께 망할지어다", 바울이 다른 복음을 전하는 자들에 대하여 내린 저주갈 1:9, "우리가 전에 말하였거니와 내가 지금 다시 말하노니 만일 누구든지 너희가 받은 것 외에 다른 복음을 전하면 저주를 받을지어다" 등이 이 경우에 해당합니다.

반면에 부당하게 하나님의 형상을 지닌 인간을 미워하고 인간 자신의 거룩하지 못한 의지를 위하여 거룩한 하나님의 이름을 남용하며, 하나님의 신성과 공의를 확립하기 위해서가 아니라 죄인의 열정적인 미움을 성취하고자 하는 동기에서 이루어지는 저주는 하나님에 대하여 간접적으로 대항하는 죄입니다창 12:3: 27:29. 사울이 요나단을 반드시 죽일 것을 결심하면서, "그렇지 않으면 하나님이 내게 벌을 내리시고 또 내리시기를 원하노라"삼상 14:44라고 저주한 것은 부당한 저주입니다. 백성들은 요나단의 편을 들어 요나단을 죽음에 이르지 않게 함으로써 사울의 맹세가 잘못된 맹세였음을 입증했습니다. 다윗을 향한 시므이의 저주도 부당한 저주로서삼하 16:5-8 남의 재앙을 원하는 악인의 마음의 표현이었습니다잠 21:10. 아합의 아들 요람 왕이 엘리사를 죽이겠다는 결심을 표현하면서, "엘리사의 머리가 오늘 그 몸에 붙어 있으면 하나님이 내게 벌 위에 벌을 내리실지로다"왕하 6:31라고 저주한 것도 부당한 저주였습니다.

자기 자신을 저주하면서까지 어떤 옳은 일이 이루어지기를 간절히 바라는 마음을 표현할 수 있습니다. 이 저주를 자기 저주라고 합니다. 예를 들어서 모세는 하나님이 이스라엘 백성의 죄를 용서해 주실 것을 간절히 요청하면서 만일 하나님이 이스라엘 백성의 죄를 용서해 주지 않을 생각이라면 차라리 자기 이름을 지워버려 달라고 기도했습니다. "그러나 이제 그들의 죄를 사하시옵소서 그렇지 아니하시오면 원하건대 주께서 기록하신 책에서 내 이름을 지워 버려 주옵소서"출 32:32. 사도 바울은 자기 동족 유대인들이 구원받기를 간절히 바라는 마음을 표현하면서, 자기 동족 유대인들이 구원받지 못하고 멸망에 떨어지느니 차라리 자기가 그리스도에게서 끊어져서 멸망당하는 편을 선택하겠다고까지 말합니다. "나의 형제 곧 골육의 친척을 위하여 내 자신이 저주를 받아 그리스도에게서 끊어질지라도 원하는 바로라"롬 9:3. 자기 저주는 사용할 수 있지만 우리 성도들이 적극적으로 본받아야 할 모범은 아닙니다. 아무리 다른 사람을 구원하기 위한 거룩한 목적이라 하더라도 자신의 멸망을 바라는 것은 절제해야 합니다. 자기 저주는 성급한 마음의 표현일 수 있습니다.

올바르지 못한 목적을 달성하기 위한 결심을 밝히는 데 자기 저주를 사용하는 것은 말할 필요도 없이 부당한 저주입니다. 베드로는 예수님을 모른다고 해도 사람들이 믿지 않자 저주를 하면서까지 예수님을 모른다고 부인하여 사람들을 설득시키려고 했습니다. 마태복음 26장 74절입니다. "그가 저주하며 맹세하여 이르되 나는 그 사람을 알지 못하노라 하니." 베드로의 저주는 상대방이 거짓말을 믿게 하려는 악한 목적으로 사용하는 것이기 때문에 부당한 저주입니다. 바울의 대적들이 바울을 죽이기 전에는 "먹지도 않고 마시지도 않기로 맹세한"행 23:21 것도 부당한 목적을 성취하기 위하여 자기 저주를 사용한 것이므로 부당한 자기 저주입니다.

12. 제비뽑기

하나님의 이름을 이용하여 인간의 운명을 알아보고자 하는 방법으로서 제비뽑기가 있습니다. 제비뽑기는 인간이 결정하기 어려운 일이 있을 때 하나님의 결정을 요청하는 특별한 종교적 행위로서, 하나님의 특별한 섭리에 대한 믿음에 근거한 행동입니다. 제비뽑기를 하나님의 선택으로 보는 근거로는 잠언 16장 33절을 들 수 있습니다. "제비는 사람이 뽑으나 모든 일을 작정하기는 여호와께 있느니라." 사람이 제비를 뽑지만 그 결과를 하나님이 정하신 것으로 본다는 말입니다.

제비뽑기는 이스라엘 사회뿐만 아니라 고대 이방사회에도 보편화되어 있었습니다. 바사페르샤의 아하수에로 왕 때에 유대인의 대적인 하만이 유대인을 죽이는 날을 제비를 뽑아 결정한 예가 있고에 9:24, 요나가 탄 배가 풍랑을 만났을 때 누구 때문에 풍랑이 찾아왔는가를 결정할 때 제비를 뽑아 결정했습니다욘 1:7. 예수님이 십자가에 못 박혔을 때 예수님이 입으신 옷을 로마의 군병들이 제비를 뽑아서 나누어 가졌습니다마 27:35. 제비를 뽑는 행위나 주사위를 던지는 행위 자체가 거룩한 행위는 아니지만, 하나님이 사용하기를 원하시고 기도를 통하여 거룩하게 되면 하나님의 행동이 될 수 있습니다. 제비뽑기를 하나님의 사역과 연관시킨 이유는 아주 작은 일상의 삶까지도 하나님의 섭리 안에 있음을 강조하기 위한 것이었습니다.

제비에는 세 가지 유형이 있습니다.

첫째는 계시의 제비입니다. 계시의 제비는 미래의 일을 알려주는 제비로서 우림과 둠밈이 대표적인 예입니다_{출 28:30; 민 27:21}. 우림과 둠밈은 대제사장이 가슴에 단 판결 흉패 안에 넣은 두 개의 돌인데, 기적적인 방법으로 미래의 일을 알려주었습니다. 우림과 둠밈은 성경시대에 하나님의 특별한 비상섭리로 나타난 현상으로서 특별계시의 시대인 성경시대가 끝난 뒤에는 나타나지 않습니다.

둘째는 상담의 제비입니다. 구약시대 때 전리품을 훔친 아간을 찾아낼 때나_{수 7장} 전쟁이 끝나기 전에는 음식을 먹지 말라는 사울의 명령을 어기고 음식을 먹은 자를 찾아낼 때_{삼상 14:41} 제비를 뽑아서 찾아냈습니다. 상담의 제비도 성경시대에 하나님의 특별한 비상섭리로 나타난 현상으로서 성경시대가 끝난 이후에는 나타나지 않는 현상입니다.

셋째는 분배의 제비입니다. 토지를 분배할 때_{민 26:52이하, 33:54; 36:2; 수 18:6; 21:4}, 하나님께 드릴 나무를 뽑을 때_{느 10:34}, 직분자를 뽑을 때_{행 1:26, 맛디아} 제비를 뽑았습니다. 분배의 제비는 유산, 물품, 명예, 부담, 일, 위험, 수익 등을 나눌 때 공정하게 나누는 방법으로 이용될 수 있습니다.

제**4**계명

안식일을
거룩히 지키라

하나님은 제4계명을 통하여 하나님의 백성들이 6일간 행하던 일을 중단하고 하루를 쉬면서 구원의 은혜를 기념하는 예배를 드리는 생활방식을 지킬 것을 모든 시대와 모든 장소에서 적용되어야 할 보편적인 계명으로 명령하셨습니다. 6일간 일하고 하루는 쉬라는 명령은 출애굽기 20장 8절에서 11절에 등장하고, 쉬는 그 하루에 구원의 은혜를 기념하는 예배를 드리라는 명령은 신명기 5장 12절부터 15절에 기록되어 있습니다.

1. 안식일의 기원

안식일의 기원은 하나님의 창조사건에까지 소급됩니다. 하나님은 6일 동안 천지를 창조하시는 일을 하시고 일곱째 되는 날에 쉬시면서 이날을 축복하사 다른 날들로부터 구별하셨습니다. 창세기 2장 2-3절입니다. "하나님이 그가 하시던 일을 일곱째 날에 마치시니 그가 하시던 모든 일을 그치고 일곱째 날에 안식하시니라 하나님이 그 일곱째 날을 복되게 하사 거룩하게 하셨으니 이는 하나님이 그 창조 하시며 만드시던 모든 일을 마치시고 그 날에 안식하셨음이니라." 이 때는 하나님이 인간들이 준수해야 할 안식일 법을 제정하시는 단계 까지 나아가시지는 않고, 안식일 계명의 신학적 근거를 제시하시는 것에 머무르셨습니다.

하나님이 안식일 법을 규범적 명령으로 주신 최초의 기록은 출애 굽기 16장에 있는 만나사건에 있습니다. 하나님은 이스라엘 백성들 에게 만나를 양식으로 내려주셨습니다. 하나님이 만나를 내려주실 때 원칙이 하나 있었습니다. 하나님은 이스라엘 백성들에게 한 사람 당 하루에 딱 한 오멜 만큼만 거두어서 그날에 다 먹고 아침까지 남 겨두지 말라고 명령하셨습니다. 그런데 이스라엘 백성들이 하나님의 명령에 순종하지 않고 아침까지 남겨두기도 했는데, 아침이 되면 여 지없이 벌레가 생기고 냄새가 나서 먹을 수 없었습니다. 하나님은 여 섯째 날이 되면 갑절의 식물을 거두고 일곱째 날에는 거두지 말라고 명령하셨습니다. 그 이유를 출애굽기 16장 23절에서 이렇게 말씀하 셨습니다. "내일은 휴일이니 여호와께 거룩한 안식일이라." 놀랍게도 평일에 거두는 만나는 하루가 지나면 벌레가 생기고 상하여 먹을 수 가 없었지만 여섯째 날에 거둔 만나는 하루 더 보관해도 상하지 않 았습니다. 그리고 일곱째 날에는 만나를 주지 않으셨습니다. 그런데 이스라엘 백성들 가운데 일부가 하나님의 명령을 어기고 일곱째 날 에도 만나를 거두러 나갔다가 하나님의 책망을 받았습니다. 만나사건에서 하나님이 원하셨던 것이 무엇입니까?

첫째로, 하나님은 엿새 동안 창조사역을 하시고 일곱째 되는 날에 쉬신 당신을 본받아서 이스라엘 백성들이 엿새 동안 일하고 일곱째 날에는 쉬는 연습을 하기를 원하셨습니다.

둘째로, 엿새 동안 이스라엘 백성들은 만나를 거두는 노동을 해서 생명을 유지했습니다. 만나는 하나님이 주셨지만 그 만나를 거두는 것은 스스로의 힘으로 해야 했습니다. 그러나 일곱째 날에는 자기 힘을 의지하지 않고 하나님이 주신 말씀에만 의지하여 살아보는 훈련을 하라는 것입니다. 피상적으로 보면 일을 하지 않으니까 아주 불안하고 힘들 것처럼 보이지만 실제로 내용을 들여다보면 아주 쉬운 일입니다. 왜냐하면 하나님이 여섯째 날에 일곱째 날 먹을 것을 미리 주셨거든요! 그냥 쉬면서 하나님이 주신 것을 먹으면 되는 겁니다. 하나님은 하나님의 백성들이 일주일에 하루는 자기 힘을 의지하지 않고 하나님의 말씀만 의지하면서 사는 훈련을 하기를 원하신 것입니다. 하나님은 사람이 떡으로만 사는 것이 아니라 하나님의 말씀으로 사는 자들임을 체험하기를 원하셨습니다.

안식일 명령은 십계명을 통하여 명확하게 주어졌습니다. 원래 안식일 명령은 모세시대 이전 어느 순간엔가 인류에게 주어졌는데, 타락한 인류가 이 명령을 소홀히 여기다가 나중에는 아예 잊어버린 것 같습니다. 그러다가 하나님이 만나사건을 계기로 하여 이스라엘 백성들에게 지키라는 명령을 다시 주셨고, 십계명을 통하여 도덕법으로 확정된 것입니다. 하나님은 이스라엘 백성들에게 안식일 명령을 주시면서 이 명령이 여호와와 이스라엘 백성들 사이에 맺어진 "영원한 표징"이라고 말씀하셨습니다. 출애굽기 31장 16절에서 17절입니다. "이같이 이스라엘 자손이 안식일을 지켜서 그것으로 대대로 영원한 언약을 삼을 것이니 이는 나와 이스라엘 자손 사이에 영원한 표징이며 나 여호와가 엿새 동안에 천지를 창조하고 일곱째 날에 일을 마치고 쉬었음이니라 하라."

안식일을 지키는 것은 우리가 하나님 앞에서 지켜야 할 "영원한 약속"입니다. 또한 안식일을 지키는 것은 우리가 하나님의 백성임을 세상에 보여주는 "영원한 표징"입니다. 세상 사람들은 주일에 성경책을 가지고 교회에 가면 기독교인이고 주일에 교회에 가지 않으면 기독교인이 아니라고 판단합니다. 이 판단은 종말의 날까지 계속될 것입니다.

2. 안식일과 이방관습

어떤 사람들은 안식일이 모세 당시 고대사회의 이방국가들로부터 온 것이라고 주장합니다. 그러나 안식일 계명과 비슷한 고대사회 이방법의 규정들은 그 내용의 중요한 부분에 있어서 안식일 계명과 너무나 차이가 나기 때문에 안식일 계명이 이방 사회의 유사한 관습으로부터 왔다고 보기는 어렵습니다. 안식일 계명이 고대사회의 이방법에서 왔다고 주장하는 학설에는 어떤 것들이 있으며 그 문제점은 무엇인가를 알아보겠습니다.

첫째로, 바벨론 기원설이라는 것이 있습니다. 이 학설은 고대 바벨론에는 만월을 기념하는 절기가 있었는데 이 절기가 안식일의 기원이라고 주장합니다. 고대 바벨론에서는 5일을 주기로 날짜 순환이 이루어졌고, 이 주기에서 15일째 되는 날이 만월일이었습니다. 이날은 자연 순환 주기에 맞춘 날이었습니다. 만월일에 일을 하면 안 된다는 규정이 있기는 했지만, 이 규정은 인간을 위한 규정이 아니라 신의 마음을 진정시키기 위한 규정이었습니다. 이 점에 있어서 만월일은 안식일 계명과 다릅니다. 안식일 계명에서 일하지 않고 쉬는 목적은 하나님의 마음을 진정시키기 위한 것이 아니라 인간을 고된 노동으로부터 해방시켜 쉼을 주기 위한 것입니다. 그뿐만 아니라 만월일은 달 회전 주기에 따른 것인데, 안식일 계명에서 "6일-1일" 주기는 자연주기와는 아무런 상관이 없고 인간 역사의 규칙이나 관습과도 무관합니다.

둘째로, 타부일 기원설이 있습니다. 고대 바벨론이나 가나안 사회에서는 7일, 14일, 21일, 28일을 토성과 관련된 타부일 곧, 악하고 나쁜 날로 간주하여 이날에는 노동하지 않고 쉬는 관습이 있었습니다. 이날에 왕은 병거에 오르거나 연설을 하거나 해서는 안 되었으며, 확실히 금식해야 했고, 가벼운 옷을 입어서는 안 되었으며, 제사도 드려서는 안 되었고, 사제는 신탁을 드러내서도 안 되었고, 의사는 병자에게 손을 대서는 안 되었습니다. 그러나 안식일은 악하고 나쁜 날이 아니라 하나님이 축복하신 복된 날이라는 점에서 타부일과는 분명히 다릅니다. 안식일이 타부일에서 유래한 것이 아니라 안식일이 왜곡되어 타부일로 변질되었다고 설명하는 것이 타당합니다.

셋째로, 장날 기원설이 있습니다. 고대 가나안 민족은 7일마다 한 번씩 7일장을 열고, 이날에 물건을 매매했습니다. 그러나 안식일 계명은 상거래를 중지할 것을 명령하는 날로서 장날과는 정반대되는 날입니다. 장날로부터 안식일이 나온 것이 아니라 안식일이 변질되고 왜곡되어 가나안의 7일장으로 전락했다고 보아야 합니다.

넷째로, 달력 기원설이 있습니다. 이 학설은 고대 셈족의 달력구조에 주목합니다. 고대 셈족의 달력은 일곱 숫자를 중심에 두고 일 년을 칠 일로 구성된 50개로 구성한 뒤에 나머지 15일은 봄과 가을의 일주일간의 축제와 하루의 새해 축제로 구성했습니다. 일곱째 날을 중시하는 이 달력구조에서 안식일이 기원했다는 것이 달력 기원설의 주장입니다. 그러나 이 달력의 존재가 역사적으로 증명되지 않았을 뿐만 아니라 안식일 계명에서 일주일 주기는 다른 절기나 축제와는 상관없이 결정된 날이라는 점에서 달력 기원설과는 차별화됩니다.

3. 중간기 시대의 안식일

구약시대가 끝나고 포로기에 들어서면서 이스라엘 백성들이 고국에서 쫓겨나 앗수르, 바벨론, 바사페르샤와 같은 이방나라들을 유랑민처럼 떠돌기 시작했습니다. 고대 근동지방에서는 아람어라는 언어가 통용되고 있었습니다. 아람어는 특히 바벨론 제국의 공용어이기도 했습니다. 히브리어는 아람어에 속한 하나의 사투리로서 팔레스타인이라는 좁은 지역에서만 사용되었습니다. 이 언어는 팔레스타인 지역을 벗어나면 쓸모가 없었습니다. 그런데 구약성경은 히브리어로 기록되어 있었습니다. 이방나라들을 유랑민처럼 떠도는 이스라엘 백성들은 자연스럽게 히브리어로 기록된 성경을 거의 잊어버리고 살게 되었고, 그런 가운데 하나님의 율법에 대해서도 제대로 배울 길이 별로 없었고, 많은 오해도 싹텄습니다. 이 점은 안식일 계명에 대해서도 마찬가지였습니다. 이 시대에 안식일을 지키는 관행이 좌로나 우로나 치우쳤음을 보여주는 증거들이 발견됩니다. 한편에서는 인간의 탐욕 때문에 안식일을 준수하지 못하였고, 다른 한편에서는 예전주의적으로 안식일을 잘 지키려고 하다가 안식일 계명의 목적을 잊어버린 나머지 안식일을 제대로 지키지 못하는 일도 나타났습니다.

먹고살기 위한 일상의 일을 안식일을 맞이하여 중지하는 것은 쉬운 일이 아닙니다. 왜냐하면 인간에게는 탐심이 있기 때문입니다. 장사가 잘되고 있는데 주일에 문을 닫기가 쉽지 않습니다. 일요일에 올릴 수 있는 매출액이 눈에 삼삼하게 떠오르기 때문입니다. 장사가 잘 안될 때도 일요일에 쉬는 것이 쉽지 않습니다. 하루라도 더 일해야 부족한 수입을 채울 수 있다고 생각하기 때문입니다. 그러니 마음속에 탐심이 있으면 장사가 잘돼도 주일을 지키지 못하고 장사가 안돼도 주일을 지키지 못합니다. 사람들이 술을 마실 때 기분 좋아서 한 잔, 기분 나빠서 한 잔 하는 것과 같습니다. 이스라엘 백성들도 다를 바가 없었습니다.

이스라엘 백성들은 안식일에 이런 생각을 했습니다. "장사를 못하게 하는 안식일이 빨리 끝나고 하던 장사를 계속하면 좋겠다!" 아모스서 8장 5-6절입니다. "안식일이 언제 지나서 우리가 밀을 내게 할꼬 에바를 작게 하고 세겔을 크게 하여 거짓 저울로 속이며 은으로 힘없는 자를 사며 신 한 켤레로 가난한 자를 사며 찌꺼기 밀을 팔자 하는도다." 느헤미야 시대에는 아예 안식일에 술틀을 밟고 장사판을 벌였고, 안식일에 장사하기 위하여 예루살렘 성전 밖에서 자면서 기다리는 일도 있었습니다. 느헤미야 13장 18절입니다. "너희 조상들이 이같이 행하지 아니하였느냐 그래서 우리 하나님이 이 모든 재앙을 우리와 이 성읍에 내리신 것이 아니냐 그럼에도 불구하고 너희가 안식일을 범하여 진노가 이스라엘에게 더욱 심하게 임하도록 하는도다 하고."

이스라엘 백성들 사이에서 탐심 때문에 안식일을 제대로 지키지 않는 행동들이 나타난 것과는 대조적으로 종교지도자들인 바리새인들은 너무 꼼꼼하게 안식일을 지키려고 하다가 오히려 안식일의 축제 정신을 잃어버리는 지경에 이르기도 했습니다. 안티오쿠스 에피파네스가 유대인들에게 안식일을 더럽히도록 강제했을 때마카비2서 6:6, 에피파네스의 정책에 대항하여 하시딤이스라엘의 경건한 자들은 안식일에 싸우기보다는 죽음을 선택했습니다마카비1서 2:38; 마카비2서 8:26. 맛디아는 안식일에는 공격하지 않고 방어만 하도록 규정했습니다마카비1서 2:41; 마카비2서 8:26. 하시딤은 요한 히르카누스 1세 때 "바리새인들의 지침서"를 발전시키기 시작했는데, 이 문서가 율법주의적인 바리새인들의 안식일관의 단초가 되었습니다. 구전으로 전해 내려오던 지침들은 주후 2세기 전반에 집대성된 율법해설서인 미쉬나에 반영되었습니다.

　미쉬나에는 안식일에 금지해야 할 39가지의 항목이 등장합니다. 나무에 오르는 것, 동물 등에 올라타는 것, 물에서 수영하는 것, 박수 치는 것, 춤추는 것, 물건을 두 사람이 옮기지 않고 한사람이 옮기는 것, 물건을 한쪽 손만으로 움직이는 것, 포도주를 주전자에 붓는 것, 꿀을 상처에 바르는 것, 새끼줄을 바구니 둘레에 감는 것, 두 글자를 쓸 수 있는 무게의 잉크를 운반하는 것, 물건을 개인의 영역에서 공공의 영역으로 옮기는 것, 이천 규빗 이상 여행하는 것, 씨뿌리기, 경작, 추수, 탈곡, 키질, 물레, 두 줄 직조, 두 판의 톱질, 불 끄기, 불붙이기 등이 금지되었습니다. 한 줄 직조, 한 판 톱질, 한 글자 쓰기, 한 땀의 바느질은 일이 아니라고 하여 허용되었습니다. 이를 잡는 것은 허용되었지만, 벼룩을 잡는 것은 사냥행위로 간주되어 금지되었습니다. 왜냐하면 이는 몸을 움직이지 않고 그 자리에 가만히 앉아서도 잡을 수 있지만, 벼룩은 튀는 곤충이기 때문에 벼룩을 잡으려면 몸을 이동해야 했기 때문입니다. 밀 이삭을 따는 것은 추수로 해석되었고, 이삭을 문질러서 낟알을 꺼내는 것은 탈곡으로, 손 마른 자를 고치는 행위는 평일에 해야 할 일을 안식일에 행하는 것으로, 치유 받은 후에 매트리스를 들고 가는 것은 짐을 옮기는 행위로 간주되어 금지되었습니다.

그러나 바리새인들의 안식일 규정이 항상 이처럼 비인간적이기만 했던 것은 아닙니다. 예배나 할례와 같은 종교적 행위들과 임산부 출산보조나 생명이 위급한 환자구호와 같은 인도적인 활동은 허용되었습니다. 안식일에는 금식이 금지되고, 충실한 세 끼 식사금요일 저녁, 토요일 점심과 저녁를 규정하는 등 축제 성격의 일들도 허용되었습니다.

4. 안식일과 일, 예배

안식일을 바르게 지키기 위해서는 출애굽기의 명령과 신명기의 명령이 모두 필요합니다. 안식일 계명의 첫 번째 특징은 인간의 전인적 건강을 위하여 제정된 인간을 위한 날이라는 것입니다. 안식일이 사람을 위하여 제정된 날이라는 사실은 예수님이 직접 말씀하신 것입니다. "안식일이 사람을 위하여 있는 것이요 사람이 안식일을 위하여 있는 것이 아니니"막 2:27. 인간이 신체적으로 쉬기 위해서는 일을 중단하고 잠시 숨을 돌릴 수 있어야 합니다. 출애굽기 23장 12절에 보면 안식일을 "숨을 돌리는 날"이라고 정의합니다.

만일 인간이 잠시도 쉬지 않고 일만 한다면 일 때문에 신체의 피로가 누적되고 누적된 피로에 짓눌려서 건강이 심각하게 망가지게 될 것이고 결국 죽음에 이르게 될 것입니다. 따라서 인간이 신체적 건강을 유지하려면 누적된 피로를 풀어 버릴 수 있어야 합니다. 따라서 출애굽기 20장의 안식일 계명은 엿새 동안 창조사역을 하시고 일곱째 날에 쉬신 하나님을 본받아 일을 중단하도록 명령합니다. 하나님 자신에게는 특별한 쉼이 필요하지 않습니다. 하나님은 지치는 분이 아니시기 때문입니다. 그럼에도 불구하고 하나님이 일곱째 날에 쉬신 것은 직접 모범을 보여주심으로 인간이 꼭 쉬도록 하려는 데 있습니다.

다만 우리가 오해해서는 안 될 것은 하나님이 일곱째 날에 쉬셨다는 것이 하나님이 일하시는 것을 중단하셨다는 것을 의미하는 것이 아니라는 것입니다. 하나님이 잠시라도 일하시는 것을 중단하면 온 우주가 멈추어 버립니다. 하나님은 다만 일의 성격을 바꾸셨을 뿐입니다. 하나님은 창조사역으로부터 창조를 음미하고 즐기시며 돌보는 사역으로 전환하신 것입니다.

그런데 육체적인 노동을 중단하는 것만으로는 전인적인 쉼을 누릴 수 없습니다. 쉼이 전인적인 쉼이 되기 위해서는 영혼도 쉼을 누려야 합니다. 그러면 영혼을 쉬지 못하게 하는 것이 무엇일까요? 죄입니다. 우리들이 이 세상에 살다 보면 우리의 영혼에 죄가 쌓이기 시작합니다. 영혼이라는 공 표면에 죄가 조금씩 쌓여 가면 점점 두꺼워지고 나중에는 각질처럼 단단해져서 영혼이라는 공을 완전히 덮어 버립니다. 그러면 영적인 숨구멍이 막혀 질식 상태에 빠집니다. 따라서 정기적으로 죄를 닦아내어 각질화되지 않도록 해서 영혼이 숨을 쉴 수 있게 해주어야 합니다. 그러기 위해서 필요한 것이 무엇입니까? 죄를 용서받는 구속사건 – 구약시대에는 출애굽 사건 – 을 정기적으로 기억하고 죄 사함을 받고 죄를 털어내는 일입니다. 자동차 운전을 하다 보면 엔진에 찌꺼기가 끼게 됩니다. 정기적으로 오일 교환을 해줌으로써 찌꺼기로 더러워진 오일 대신 새 오일로 갈아 주어야 자동차가 잘 달릴 수 있습니다. 이처럼 영혼에 덮여가는 죄의 때를 정기적으로 제거해 주어야 합니다. 따라서 신명기의 십계명은 안식일에 출애굽 사건을 기념할 것을 명령합니다.

이처럼 안식일에 온전한 쉼을 누리기 위해서는 출애굽기의 명령과 신명기의 명령을 모두 준수해야 합니다. 안식일에는 출애굽기의 명령에 순종하여 신체노동을 중단하고 쉬면서, 신명기의 명령에 순종하여 출애굽 사건을 기념하는 예배를 드려야 합니다.

이처럼 안식일은 즐거운 날사 58:13; 참고-시 92편이며, 하나님의 백성에게 주어진 선물이자 축복입니다. 예수님이 안식일에 밀 이삭을 잘라 먹는 것을 허용하시고마 12:1이하, 회당예배 중에 손 마른 자를 치유해 주시고막 3:2이하, 18년 동안 귀신들려 앓다가 꼬부라진 여자를 치유해 주시고눅 13:11이하, 수종병에 걸린 자를 치유해 주시고눅 14:2이하, 38년간 병든 자를 치유해 주신요 5:9이하 것은 이런 일들이 하나님의 백성들을 사탄과 질병의 속박으로부터 해방시키는 일들로서 즐거운 해방의 날인 안식일의 성격과 부합했기 때문입니다.

5. 안식일과 지역교회 예배

안식일의 두 번째 특징은 이날이 하나님의 날이라는 데 있습니다출 20:10; 신 5:14; 출 31:13; 레 19:3,30; 사 56:4; 겔 20:12-13. 출애굽기와 신명기의 십계명이 모두 안식일이 "네 하나님 여호와의 안식일"이라고 말하고 있습니다. 그러면 여호와의 날인 안식일에 여호와를 위하여 할 일이 무엇인가요?

우선 안식일에는 여호와 하나님을 찬양해야 합니다. 시편 92편은 안식일을 찬양하는 시인데, 안식일에 제일 먼저 해야 할 일로서 "십현금과 비파와 수금으로 여호와께 감사하며 주의 이름을 찬양할 것"을 명령하고 있습니다.

다음으로 안식일에는 평일에 드리는 제사와는 다른 "별도의 제사"를 드리게 되어 있습니다. 민수기 28장 9-10절은 "안식일에는 일 년 되고 흠 없는 숫양 두 마리와 고운 가루 십 분의 이에 기름 섞은 소제와 그 전제를 드릴 것이니 이는 상번제와 그 전제 외에 매 안식일의 번제니라"라고 말합니다. 안식일에 드리는 제사는 상번제 곧 상시 드리는 번제와 그 전제 곧, 상시 드리는 전제 외에 특별히 따로 준비된 제사입니다. 평일에도 예배를 드릴 수 있습니다. 그러나 안식일에는 평일에 드리는 예배 외에 특별히 시간을 마련하여 별도의 예배를 드려야 합니다.

또한 안식일에는 특정한 지역에 있는 하나님의 백성들이 특정한 지역에 모여서 예배를 드려야 합니다. 레위기 23장 3절은 이렇게 명령합니다. "엿새 동안은 일할 것이요 일곱째 날은 쉴 안식일이니 성회의 날이라 너희는 아무 일도 하지 말라 이는 너희가 거주하는 각처에서 지킬 여호와의 안식일이니라." 본문에 보면 "거주하는 각처에서 지키라"라고 되어 있습니다. 이 말은 특정한 지역에 사는 회중들이 특정한 장소에 모여서 예배를 드리라는 뜻입니다. 특별한 비상상황이 아닌 한 안식일에는 교인들이 예배당에 직접 나와서 한자리에 모여서 예배를 드리는 것이 바른 안식일 준수 방법입니다.

북쪽 이스라엘과 남쪽 유다가 모두 멸망한 이후 예수님이 오시기까지의 중간기에 예배를 위하여 안식일에 회당에 모이는 관행이 시작되었습니다. 이 관행에 따라서 예수님도 "늘 하시던 대로" 안식일에 회당에 가셨으며눅 4:16, 바울도 회당에 갔습니다행 13:14. 회당에서는 율법서와 선지서 중에서 한 부분을 읽고 자유롭게 설교했습니다. 예수님도 이 기회를 이용하셔서 청중들을 교육하셨습니다막 1:21; 6:2; 눅 6:6; 13:10.

6. 안식일에서 주일로

안식일 계명에서 아주 중요한 문제 가운데 하나는 왜 토요일을 지키라고 명령하는 안식일 계명이 일요일인 주일을 지키라고 명령하는 주일성수로 전환되었는가 하는 문제입니다.

십자가사건이 있기 전의 예수님은 구약의 안식일을 준수하셨습니다. 누가복음 4장 16절에 보면 예수님이 자라나신 곳인 나사렛에 가셔서 안식일에 늘 하시던 대로 회당에 들어가서 성경을 읽으려고 서셨다는 기록이 있습니다. "늘 하시던 대로 회당에 들어가사 성경을 읽으려고 서시매"라는 말은 안식일에 회당에 가서 예배를 드리시는 것이 예수님의 습관이었다는 뜻입니다. 또 누가복음 4장 31절에 예수님이 갈릴리의 가버나움 동네에 가셨을 때 안식일에 가르치셨다는 기록이 등장하는 것으로 볼 때 안식일에 설교하셨음을 알 수 있습니다. 예수님은 안식일 계명을 반대하시지 않고 다만 바리새인들이 안식일이 사람을 위하여 제정된 날임을 잊어버리고 안식일에 몸을 움직이는 것을 과도하게 제재한 것을 지적하신 것뿐입니다.

그러나 예수님이 십자가 위에서 죽으시고 부활하신 후에는 안식일의 주인이자 성취자이신 예수 그리스도의 권위로 일곱째 날을 지키는 관행은 안식의 구속사적인 완성인 예수 그리스도의 부활을 기념하는 첫째 날을 지키는 관행으로 전환되었습니다. 앞에서 말씀드린 것처럼 안식일은 마음과 몸이 쉴 수 있도록 하나님이 마련하신 날입니다. 우선 마음이 쉬려면 죄와 사망의 권세로부터 완전히 해방되어야 합니다. 이 일이 어떻게 가능할까요? 예수님을 구주로 영접하면 예수님이 우리를 죄와 사망의 권세로부터 해방시켜 주시는데, 우리가 우리 마음속에 예수님을 영접해 들이기 위해서는 예수님이 부활하시고 승천하셔야만 합니다. 따라서 예수님의 부활은 우리의 마음에 진정한 쉼을 주는 것을 가능하게 하는 핵심적인 사건입니다.

그러면 우리의 몸은 어떻게 해야 쉼을 얻을 수 있을까요? 물론 노동을 중단함으로써 잠시 쉼을 얻을 수 있습니다. 그러나 우리 몸이 궁극적으로 쉬지 못하는 것은 우리의 몸이 점점 늙어가고 마침내는 부패하여 해체되는 질병과 노화 때문입니다. 따라서 질병과 노화로부터 자유롭고 썩지 않고 영원히 지속되는 새 몸을 입을 때 비로소 우리 몸이 진정한 쉼을 얻을 수 있습니다. 이 일이 어떻게 가능할까요? 예수님의 부활이 있기 때문에 가능합니다.

예수님의 부활은 모든 신자의 부활의 첫 열매로서 모든 신자가 신령한 새 몸을 입을 것을 보장해 주는 신호입니다. 따라서 구약의 안식은 예수님이 부활하심으로써 실질적으로 성취되기 시작합니다.

예수님이 부활하신 날은 누가복음 24장 1절이 말하는 것처럼 여자들이 향품을 가지고 예수님의 무덤으로 찾아가서 예수님이 부활하신 것을 확인한 날인 "안식 후 첫 날" 곧, 오늘날로 말하면 일요일이었습니다. 예수님의 부활이 진정한 안식의 열쇠이기 때문에 예수님이 부활하시기 전에는 토요일에 해당하는 날을 안식의 날로 지켰으나, 예수님이 부활하신 이후에는 예수님의 부활을 기념하는 날, 곧 안식 후 다음날인 오늘날의 일요일주일을 안식일로 지키는 것은 너무나 당연한 것입니다. 성경에는 안식일을 지키라는 명령은 명시적으로 나오지만 주일을 지키라는 명령은 나오지 않습니다. 그럼에도 불구하고 토요일에 일을 쉬면서 예배를 드리는 것보다는 일요일에 일을 쉬면서 예배를 드리는 것이 훨씬 더 성경의 가르침에 부합하는 것입니다.

예수님의 제자들이 안식 후 첫날에 모였고, 그날에 예수님이 엠마오로 가던 두 제자에게 나타나셨고눅 24:13-35, 모여 있는 제자들에게 두 번 찾아오셔서 제자들과 교제를 나누셨습니다요 20:19,26. 이 만남이 기록상 신약시대에 주일에 드린 최초의 예배이고 최초로 주일을 지킨 사례라고 할 수 있습니다. 바울이 고린도교회에서 사역할 때 주일예배를 드렸다는 사실은 고린도교회에 보낸 편지의 "매주 첫날에 너희 각 사람이 수입에 따라 모아 두어서 내가 갈 때에 연보를 하지 않게 하라"고전 16:2라는 말씀에서 알 수 있습니다. 바울은 예루살렘교회에 가지고 갈 구제헌금을 모금할 때, 자신이 고린도교회에 있을 때 주일마다 모여서 예배드리던 것을 생각하면서 주일에 예배드릴 때 구제헌금도 거두어 모아 두었다가 자신이 가면 전달해 달라고 요청하고 있는 것입니다. 바울이 3차 선교여행을 끝내고 예루살렘으로 돌아가는 길에 드로아에 들러서 "그 주간의 첫날에 우리가 떡을 떼려 하여 모였더니 바울이 이튿날 떠나고자 하여 그들에게 강론"하였다는 기록이 사도행전 20장 7절에 있는데, 이 기록은 바울이 주일에 예배를 드렸음을 보여주는 것입니다. 바울이 선교할 때 안식일에 회당에 들어간 것은 사실이지만 이것은 안식일을 지키려는 것보다는 유대인들에게 복음을 전하고자 하는 선교전략에 따라 취한 행동이었습니다. 왜냐하면 회당이 유대인을 만날 수 있는 최적의 장소였기 때문입니다.

그러다가 마침내 요한계시록 1장 10절에 이르러서는 안식 후 첫날을 "주의 날"이라고 부르기에 이릅니다. 구약시대에 토요일인 안식일을 "여호와의 날"이라고 불렀던 전통이 일요일을 "주의 날"이라고 부르는 전통으로 전환된 것입니다.

1세기 이후에 초대교회 교부들은 일곱째 날을 지키는 방식을 첫째 날을 지키는 방식으로 대체하는 것에 동의했습니다. 플리니우스, 바나바, 디다케, 이그나티우스, 순교자 저스틴, 고린도의 디오니시우스, 터툴리안 등이 부활의 날을 주의 날로 언급하였습니다. 순교자 저스틴은 일요일이라는 명칭을 최초로 사용하기 시작했고, 터툴리안은 이 날을 즐거운 날이라고 부르면서 직업노동을 금지했습니다.

콘스탄틴 대제가 기독교를 공인한 이후부터는 로마 정부와 교회가 일치된 목소리로 주일성수를 장려했습니다. 콘스탄틴 대제는 321년에 일요일을 안식일로 선포하고 노예를 풀어주는 일을 제외한 모든 법정의 일, 국가의 일, 군사훈련을 일요일에 하지 못하도록 하는 법령을 선포했습니다. 다만 농사에 관련된 일은 일요일에도 할 수 있도록 허용했습니다. 라오디게아 회의는 "그리스도인들은 유대인의 방식대로 살아서는 안 되므로 토요일에는 일을 하고 일요일에는 가능한 한 일로부터 자유로워야 한다"라고 권고했습니다. 교회결의를 통하여 주일성수가 제도화된 것은 538년의 오를레앙 회의 때였습니다. 이 회의는 유대인들이 토요일을 안식일로 지킨 것처럼 그리스도인들은 주일을 안식일로 지킨다고 결정했으나 마차를 타고 이동하는 일, 음식 만드는 일, 집안일은 주일에도 할 수 있도록 허용했습니다.

중세시대에는 안식일이 사람을 위하여 만들어진 제도라는 안식일 계명의 정신을 간과하고 과도한 율법주의적인 태도로 주일을 지키려는 관행이 나타났습니다. 특히 프랑크 왕국 시대에 25개의 일요일법과 21개의 교회회의 결정이 등장했습니다. 칼 대제는 일요일법 Lex Frisionum을 제정했는데, 이 법은 79가지 노동을 금지했습니다. 예를 들어서 농사일, 개간, 씨뿌리기, 건초 거두기, 울타리 설치하기, 석공, 가옥건축, 국민회집, 사냥뿐만 아니라 직조, 물레, 바느질, 자수, 양모와 왁스 다루는 일 등과 같은 여성의 일들도 금지되었습니다. 다만 대적에 대한 반항, 음식준비, 필요시 시신매장 등은 예외로 했습니다.

7. 종교개혁자들의 안식일 이해

중세교회가 지나치게 율법주의적으로 주일성수를 강조하자 이에 대한 반동으로 종교개혁자들은 또 다른 극단으로 나아가서 안식일법의 보편적 규범성을 부인하는 관점을 표현했습니다. 종교개혁자들은 교회법으로 인간의 양심을 속박하는 것을 반대하면서 유대의 안식일 규정은 새로운 경륜에 의하여 폐기되었다고 보았습니다. 특히 정부가 법규로 일요일에 해야 할 일과 하지 말아야 할 일을 규제하는 것을 비판했습니다. 재세례파는 안식일법을 영해하면서 문자적으로 적용하는 것을 반대했습니다. 츠빙글리는 안식일이라고 해서 다른 날들보다 나은 것은 없다는 입장이었습니다. 그는 그리스도인들은 일곱째 날에도, 첫째 날에도 매이지 않지만 하나님과 이웃을 향한 사랑은 어느 한 날을 정하여 함께 모여 하나님의 말씀을 듣고 휴식을 취하며 쉼을 얻는 것을 요구한다고 보았습니다. 루터는 주일은 학식이 있는 그리스도인들을 위한 날이 아니라 일반 대중에게 신체적인 쉼을 주고 함께 모여 하나님의 말씀을 듣도록 하기 위해 필요하다고 보았습니다. 예배는 매일 있어야 하지만 대중은 매일 예배드리기 어려우니 최소한 하루를 떼어 놓아야 한다는 것입니다.

칼빈은 안식일은 인간 자신의 의지를 죽이고 하나님이 우리 안에 일하시게 함으로써 내적으로 안식하는 날이라고 규정하고, 이와 같은 안식을 위하여 그리스도인들은 날마다 모여서 예배를 드려야 한다고 보았습니다. 그러나 하나님은 대중의 연약성 때문에 날마다 모이는 것은 가능한 일이 아니므로 따로 하루를 정하여 모여서 하나님의 일을 생각하게 하셨다는 것입니다. 칼빈은 창조질서에 근거한 일곱째 날의 안식을 말하면서도 다른 한편으로는 7일이라는 숫자에 집착하지 않았고, 7일 중 어느 한 날에 교회를 얽어매서는 안 된다는 모호한 입장을 보였습니다. 다만 예배와 교회질서를 위하여 어느 한 날을 지정하는 것은 바람직한 일로 간주했습니다. 칼빈은 안식일법의 의식적인 면과 도덕적인 면을 구분하는 것 곧, 안식일이 유일한 거룩한 날이라는 견해를 반대했습니다.

칼빈이 안식일을 다른 날로부터 구별한 성경적 관점을 의식법으로 치부하여 간과하고 안식일법을 지나치게 영적으로 해석한 것은 잘못된 것입니다. 평일에는 안식이 아니라 일을 통하여 하나님과 관계하고, 안식일에는 일의 중단과 쉼과 예배를 통하여 하나님과 관계해야 합니다. 평일과 안식일은 각각 고유한 방식으로 하나님과 관계합니다. 이 구분은 하나님이 원하시고 직접 모범을 보여주신 보편적 창조질서입니다.

8. 개혁주의의 안식일관

(1) 하이델베르크 요리문답서와 웨스트민스터 신앙고백서

개혁주의의 안식일관이 체계적으로 정립되기 시작한 것은 개신교의 대표적인 두 개의 신앙고백서인 하이델베르크 요리문답서와 웨스트민스터 신앙고백서를 통해서였습니다. 두 고백서는 주의 날에 해야 할 일을 규정한 내용에 있어서 일치된 견해를 보여줍니다.

하이델베르크 신앙고백서는 주의 날에 예배, 설교직무, 교육신학교육, 하나님의 말씀을 듣고 성례를 거행하며, 하나님의 이름을 공적으로 부르고 긍휼을 실천하도록 규정했습니다. 웨스트민스터 신앙고백서는 꼭 필요한 일과 긍휼을 베푸는 일을 제외하고는 공적, 사적 예배에 참석해야 한다고 규정했습니다. 그러나 두 고백서는 강조점에 있어서 차이를 보입니다. 하이델베르크 요리문답이 영적인 안식 곧, 악한 일을 멀리하고 성령을 통하여 주님이 성도 안에 역사하시게 하며, 삶 속에서 영원한 안식이 실현되도록 할 것을 강조했다면, 웨스트민스터 신앙고백서는 일의 중단 곧 안식일에는 평일에도 해서는 안 되는 악한 일을 중단하는 것은 물론 평일에 허용된 직업노동과 여가활동까지도 금지하도록 규정했습니다.

(2) 도르트 대회에서의 논쟁 (콕세유스와 후치우스)

네덜란드에서는 도르트 대회를 기점으로 하여 안식일관을 정립하고자 하는 논쟁이 치열하게 전개되었는데, 이 논쟁은 주로 제란드 Zeeland 지역의 목사들 사이에서 진행되었습니다. 고마루스Franciscus Gomarus를 필두로 하여 버시우스Jacobus Bursius, 왈라에우스Antonius Walaeus, 리베투스Andreas Rivetus, 아메시우스Guilielmus Amesius 등이 포진한 진영에서는 안식일법은 창조 시에 제정된 것이 아니라 신 광야의 이스라엘 백성들을 위하여 제정된 법일 뿐이요, 따라서 유대의 관습에 불과한 안식일법을 교회에 도입해서는 안 된다고 주장했습니다. 이들은 교회는 제4계명의 권위 때문이 아니라 교회의 자유로운 선택에 의하여 주의 날을 지킨다고 주장했습니다. 반면에 텔링크 Willem Teellinck와 후치우스 Gijsbertus Voetius는 제4계명은 보편법이요, 따라서 교회는 제4계명의 권위에 근거하여 주의 날을 지킨다고 주장했습니다.

개혁교회 진영 안에서의 안식일논쟁은 콕세유스 Coccejus와 후치우스의 논쟁에서 그 절정에 이르렀습니다. 1655년에 콕세유스는 제4계명은 전적으로 의식법이므로 그리스도인들은 이 계명을 지킬 의무가 없다고 보았습니다. 낙원에는 안식일이 없었으며, 안식일은 광야에서 처음 제정되었다는 것입니다. 후치우스가 콕세유스를 반박하면서 제시한 안식일에 대한 해석은 안식일에 대한 개혁주의적 해석과 적용의 틀을 훌륭하게 제시하고 있습니다.

후치우스는 안식일과 교회절기를 예리하게 구분하면서 로마교, 재세례파, 유대교 등에 비교되는 개혁신학의 입장을 다음과 같은 여덟 가지 항목으로 정리했습니다.

하나. 그리스도인들에게는 확정된 안식일이 있어야 한다.
　　　　재세례파와 소시누스파 비판
둘. 일곱째 날에 지키는 유대의 안식일은 바뀌고 폐지되었다.
　　　유대교 비판
셋. 일곱째 날에서 주의 첫째 날로의 전환은 교회법에 의해서가 아니라 하나님의 법에 의하여 일어났다. 로마교 비판

넷. 주의 날은 순결한 전통으로부터 온 것이 아니라 성경으로부터
    온 것이다. 로마교 비판

다섯. 안식일 경축은 긍휼을 베푸는 일을 배제하지 않는다.
    유대교 비판

여섯. 힘든 노동뿐만 아니라 공적이고 사적인 예배를 방해하는 것
    들은 금지된다.

일곱. 외형적 경건을 통하여 일요일의 일부만 거룩해지는 것이 아
    니다. 로마교 비판

여덟. 일요일 그 자체는 다른 날들보다 더 거룩한 것이 아니다.
    일요일도 옛 언약하의 안식일처럼 하나님 백성의 표징이다.

후치우스는 개혁파 내부에서 쟁점이 된 사안들에 대해서는 다음
과 같이 정리했습니다.

하나. 일주일 중 하루는 구별되어야 하며, 이는 도덕법이다. 따라
    서 이 구별은 교회가 자유롭게 결정할 수 있는 문제가 아니
    라 하나님의 법에 근거를 둔다. 안식일은 창조법에 근거한다
    창 2:2.

둘. 로마교는 안식일에서 주일로의 전환을 사도적 권위가 아니라
    관습에 의하여 이루어졌다고 보았다. 히페리우스, 타라에우
    스, 왈라에우스는 이 전환이 사도들과 사도적 교회를 통하여
    명령되었지만, 하나님의 법이나 명령을 통해서라기보다는 질
    서를 위하여 교회가 자유롭게 정한 것으로 보았다. 이 전환은

152

사도의 모범을 통하여 보여 준 것인데, 사도의 모범은 하나님의 법이므로 이 법은 우리를 구속한다고 보았다. 아메시우스는 요한복음 20장에 따라서 그리스도 자신이 첫째 날을 보여 주셨기 때문에 하나님의 법이라고 주장했다.

셋. 안식일은 만나사건 때나 율법을 받을 때가 아니라 태초에 제정되었다.

넷. 안식일법이 도덕법이냐, 의식법이냐를 둘러싼 논쟁이 개혁파 안에 있으나 안식일법을 의식법으로만 보는 것은 잘못된 것이다.

후치우스는 안식일을 지키는 구체적인 방법들로서 다음과 같은 항목들을 제시했습니다.

하나. 일곱째 날을 주의 첫째 날로 전환하여 지키는 것은 그리스도인들의 의무다.

둘. 일요일을 토요일 저녁에 지키는 것은 반대한다.

셋. 안식일은 24시간으로 계산하기보다는 해가 떠 있는 동안 지속되는 것으로 보아야 한다.

넷. 불을 켜는 것이 정확하게 밤이 되었음을 알린다.

다섯. 안식일에 일을 중단하는 것은 심각하게 지켜야 한다. 안식일은 아디아포라가 아니다.

여섯. 일요일 그 자체는 그리스도의 부활을 생각나게 하는 표징은 아니다. 부활과 이에 수반되는 다른 유익한 일들은 항상 기념해야 한다.

(3) 헤싱크의 주일성수관

헤싱크는 주일성수의 세 가지 단면을 다음과 같이 정리했습니다.

하나. 하나님을 본받음. 인간은 하나님을 본받아 행동하도록 부름을 받았는데, 이 점은 안식일준수에도 적용된다. 하나님이 6일 동안 일하시고 하루 쉬신 것을 본받아 인간도 그렇게 해야 한다.

둘. 내적인 안식일 준수. 악한 행동을 중단하고 육의 행위들, 갈 5:19-21, 주께서 그의 영을 통하여 내 안에서 일하시게 하여 성령의 열매를 맺게 하고 갈 5:22, 성령을 근심시키지 않으며 엡 4:30, 이 세상 안에서 이미 시작된 영원한 안식을 바라본다 히 4:9; 사 66:23.

셋. 외적인 안식일 준수. 6일 노동 후에 안식일을 지키는 것은 하나님이 세우신 창조질서다. 따라서 이 질서는 모든 인류에게 적용된다. 인류 타락 이전에 주어진 이 질서는 문자 그대로 준수해야 할 모범으로서, 단순한 의식법적인 상징에 불과한 것이 아니다. 우리는 교회가 명령했기 때문이 아니라 하나님이 4계명을 통하여 명령하셨기 때문에, 그리고 예수의 부활과 관련하여 성령의 인도함에 의하여 주의 첫 날이 안식하는 날이 되었기 때문에 주일을 지킨다.

헤싱크는 주일을 지키는 기술적인 원칙들을 다음과 같이 정리하여 제시했습니다.

하나. 주일에 공적, 사적 예배, 복음사역과 이단에 대한 대처를 위한 교리교육을 시행한다.

둘. 주일은 평일에 계속하여 일할 힘을 재충전하는 날로 지킨다. 이날에는 힘든 노동opera servilia을 금지한다.

셋. 이윤을 추구하기 위한 농사, 수작업, 공장일, 선박/기차/전차일 등과 같이 육체노동을 요구하는 일을 중단함으로써 노동자가 사회의 노예와 짐 나르는 동물과 같은 존재로 전락하지 않도록 한다.

넷. 공적 재판, 시장거래, 무역 등과 같은 상거래나 공공활동opera forensia을 중단한다.

다섯. 긴장을 요하는 연구와 강의 등과 같은 학문 활동opera liberalia을 중단한다.

여섯. 직업노동을 중단한다.

일곱. 환자진료나 간호와 같은 긍휼을 베푸는 일들이나 생계유지를 위하여 집에서 식사 준비하는 일, 동물 돌보기, 농사일, 기차, 우편, 전보, 전차운전 등과 같은 필요불가결한 일들은 주일에도 할 수 있다. 어떤 일이 필요불가결한 일인가는 각 개인의 양심에 따라서 결정되어야 하며, 주일에 반드시 일할 것을 요구하는 직업의 경우는 전직을 고려해야 한다.

여덟. 주일의 안식은 아무 일도 하지 않는 것을 의미하지 않고 하나님이 창조사역 이후에도 다른 종류의 일을 하시는 것처럼 요 5:17 주중의 일과 다른 종류의 일을 하는 것을 의미한다.

아홉. 여가활동 중에서 그 자체가 허용될 수 없는 것들은 안식일에도 허용되어서는 안 된다. 그러나 자연 안에 나타난 하나님의 활동, 혈연 및 친구관계에 주신 선물은 노동능력의 재충전을 위하여 필요하다. 긴장을 크게 요구하지 않는 여흥은 넓은 의미에서 허용될 수 있다. 그러나 다른 사람의 주일 안식을 방해하는 여흥은 금지되어야 한다. 기독교인의 사랑에 방해되는 여흥도 금지되어야 한다.

열. 주일 지키기의 대원칙은 일요일 노동은 가능한 한 제한되어야 한다는 것이다.

(4) 다우마와 개혁교회의 주일성수관

네덜란드의 개혁주의 윤리학자인 다우마는 주일에 할 수 있는 일과 해서는 안 될 일을 잘 정리하여 다음과 같이 제시했습니다.

'주일에는 생계유지를 위한 힘든 노동oper servilia, 공적인 재판이나 시장거래opera forensia, 긴장이 요구되는 공부와 교육활동opera liberalia 등을 중단하고 자유로워져야 할 뿐만 아니라 취미와 여가활동이라 할지라도 노예처럼 매이는 것은 중단되어야 한다. 안식일 계명은 작은 공동체의 수장인 가장이 수행해야 할 명령으로 주어졌으므로 가장은 자기 자신만이 아니라 자신의 권한 하에 있는 모든 사람들 - 가족, 나그네들, 심지어 가축까지 - 을 쉬게 해야 한다. 신체적인 안식을 위하여 노동의 중단이 있어야 하는 동시에 영혼이 죄의 세력으로부터 해방되기 위하여 출애굽 사건과 십자가 사건을 기념하는 예배가 있어야 한다. 회중들이 함께 모여 공 예배를 드리되 이 예배는 지역에 있는 회중들이 함께 모이는 예배라야 한다. 이 예배는 평일에 드리는 예배와는 구별되는 별도의 예배라야 한다. 주일에는 교회 가기히 10:25가 있어야 한다. 주일은 주일을 경축하지 않는 이웃 사람들을 떠나 믿는 형제자매들과 함께 지내는 날로서, 다른 날에는 주어지지 않는 축제를 거행하는 날이다. 물론 안식일의 쉼은 교회 가기, 기도, 찬양, 가정예배 등과 같은 영적인 일들만을 위한 것만은 아니다. 주일을 온통 예배로만 꽉 채우는 것도 바람직하지 않다.'

개혁교회는 세 가지 유형의 일들은 주일에도 행하는 것을 허용해 왔습니다.

첫째로, 예배와 관련된 종교적인 일들을 주일에 행하는 것이 허용됩니다. 마태복음 12장 5절에 예수님께서 이렇게 말씀하셨습니다. "또 안식일에 제사장들이 성전 안에서 안식을 범하여도 죄가 없음을 너희가 율법에서 읽지 못하였느냐." 주일에 예배와 성도의 교제를 원활하게 잘 드리기 위하여 할 일들이 있습니다. 주일에 목사는 설교해야 하고, 성도들이 교회에 나올 수 있도록 차량운행도 해야 하고, 주일학교 교사는 학생들을 가르쳐야 하고, 성가대는 찬양해야 하고, 봉사부원은 교회 식구들이 식사할 수 있도록 식사준비도 해야 합니다. 주일에 예배를 잘 드리기 위하여 성도들 가운데 일부는 일해야 합니다. 특히 교역자들은 주일에 가장 부지런히 일하도록 부름을 받은 자들입니다.

둘째로, 긍휼을 베푸는 일들은 주일에도 행하는 것이 허용됩니다.

병자를 치료하는 일은 주일에도 허용됩니다막 3:1-5, 예수님이 손마른 자를 고치심; 눅 13:10-13, 예수님이 18년간 귀신들려 앓으며 꼬부라져 펴지 못하는 여자를 고치심; 눅 14:1-6, 예수님이 수종병 든 여인을 고치심; 요 5:1-18, 예수님이 38년 된 병자를 고치심; 요 9:14, 예수님이 소경을 고치심.

셋째로, 필요불가결한 일들은 주일에도 행하는 것이 허용됩니다. 성경 상으로 보면 안식일에 가축이 물을 마시게 하는 일눅 13:15, 웅덩이에 빠진 소를 건져내는 일눅 14:5, 허기를 채우기 위하여 밀 이삭을 잘라 먹는 행동막 2:23이 허용되었습니다.

이 틀에서 보았을 때 간호사의 업무둘째+셋째, 경찰업무와 소방관의 업무셋째, 문병과 가족방문둘째, 설교자와 기타 예배 조력자들첫째, 씨 뿌리고 심는 일셋째, 가스, 물, 전기 공급하는 일셋째, 대중교통 운영셋째, 연속적인 작업이 필요한 제철공장, 화학공장, 원자력발전셋째 등을 주일에 행하는 것이 허용될 수 있습니다.

제5계명

네 부모를
공경하라

제1계명부터 제4계명까지가 하나님과 인간의 관계를 바르고 아름다운 관계로 맺어가기 위한 길을 제시하고 있다면 제5계명에서 제9계명까지는 인간과의 수평적인 관계를 바르고 아름답게 맺어가는 길을 제시하고 있습니다. 십계명은 부모에 대하여 성도들이 어떤 태도와 행위를 가져야 하는가를 제시하는 것으로써 인간을 향한 성도들의 태도와 행위에 관한 가르침을 시작합니다.

부모에 관한 계명은 하나님에 관한 계명이 인간에 관한 계명으로 넘어가는 전환점이 됩니다. 왜냐하면 부모는 이 세상에서 가장 중요한 하나님의 대리자이기 때문입니다. 하나님을 향한 성도들의 태도와 행위 가운데는 부모에게는 적용될 수 없는 부분도 있지만 많은 부분이 부모에게도 적용됩니다.

1. 부모는 하나님의 대리자

성경이 말하는 부모의 위치는 현대인들이 상상하기 어려울 만큼 크고 중요합니다. 부모가 없으면 우리가 이 세상에 존재할 수 없습니다. 부모가 결혼하여 우리를 잉태하고 출산했기 때문에 우리가 세상에 태어날 수 있었고, 우리는 부모의 피와 살을 그대로 물려받았을 뿐만 아니라 부모의 성격과 정신까지도 상당 부분 그대로 전수받았습니다. 하나님은 부모의 의지와 신체를 통하여 우리를 창조하셨습니다. 부모는 하나님의 대리자입니다.

그러나 부모의 역할은 여기서 끝나지 않습니다. 우리가 이 세상에 태어난 후에는 우리의 가장 중요한 양육자와 교육자의 역할을 담당합니다. 자녀의 성격과 인생관은 절대적으로 부모의 양육과 교육이 결정합니다. 근대교육이 발달하기 이전에는 당연히 부모의 역할이 절대적이었지만, 근대교육이 발달하기 시작한 이후 자녀교육의 상당 부분이 학교로 이관된 오늘날에도 자녀교육에 있어서 부모가 차지하는 역할이 가장 크고 중요하다는 사실에는 변함이 없습니다. 특히 신앙이 있는 부모들은 신명기 6장 6-8절의 말씀을 기억할 필요가 있습니다. "오늘 내가 네게 명하는 이 말씀을 너는 마음에 새기고 네 자녀에게 부지런히 가르치며 집에 앉았을 때에든지 길을 갈 때에든지 누워 있을 때에든지 일어날 때에든지 이 말씀을 강론할 것이며 너는 또 그것을 네 손목에 매어 기호를 삼으며 네 미간에 붙여 표를 삼고 또 네 집 문설주와 바깥 문에 기록할지니라." 이 말씀처럼 신앙이 있는 부모에게는 하나님을 대리하여 자녀에게 하나님의 말씀을 가르치는 의무가 부여됩니다.

2. 장수와 축복이 약속된 계명

제5계명에는 다른 계명에 없는 중요한 특징 하나가 추가되어 있습니다. 출애굽기와 신명기에 기록된 제5계명은 이렇게 되어 있습니다. "네 부모를 공경하라 그리하면 네 하나님 여호와가 네게 준 땅에서 네 생명이 길리라"출 20:12. "너는 네 하나님 여호와께서 명령한 대로 네 부모를 공경하라 그리하면 네 하나님 여호와가 네게 준 땅에서 네 생명이 길고 복을 누리리라"신 5:16. 두 곳에 기록된 제5계명에는 제5계명을 지킬 때 그 보상으로서 현세 안에서 받을 축복이 구체적으로 제시되어 있습니다. 구체적인 보상은 장수의 축복입니다. 부모 공경에는 "생명이 길고 복을 누리는" 상급이 뒤따릅니다.

하나님의 계명을 지키면 이 세상에서도 많은 축복을 받는다는 사실은 제2계명을 다룰 때 이미 살펴본 바 있습니다. 하나님의 계명을 지키는 것은 천 대에 이르기까지 하나님의 은혜를 보장받는 첩경이 됩니다. 이것은 매우 일반적인 방식으로 표현된 축복입니다. 이에 비해서 부모 공경에 뒤따르는 축복은 아주 구체적입니다. 구체적인 축복이 특별히 명시된 계명은 부모 공경의 계명밖에 없습니다. 이 사실은 부모 공경이 인간과 인간의 관계에서 얼마나 중요한 비중을 차지하는가를 보여줍니다.

부모를 공경할 때 어떻게 장수의 축복이 뒤따르게 될까요? 물론 우리는 이 말씀이 하나님의 말씀이라는 이유 하나만으로도 아무 의심 없이, 또 어떻게 그렇게 되는가를 이해하지 못해도 무조건 믿고 받아들이는 태도를 갖는 것이 중요합니다. 우리보다 훨씬 지혜롭고 생각이 깊으신 하나님의 말씀을 우직한 태도로 따를 때 우리가 손해 보는 일은 결코 없기 때문입니다. 그러나 부모를 공경할 때 장수와 축복이 뒤따르게 된다는 사실은 인간의 삶의 모습을 들여다보면 어느 정도 확인할 수 있는 것도 사실입니다.

부모를 공경한다는 말은 곧 부모의 가르침에 순종하는 것을 뜻합니다. 부모를 공경하면 장수의 축복이 뒤따른다는 말은 부모의 가르침 안에 장수할 수 있는 비결이 담겨 있다는 뜻이기도 합니다. 그러면 부모가 가르치는 어떤 가르침 안에 장수의 축복이 약속되어 있을까요?

부모가 입이 닳도록 잔소리처럼 자녀들에게 가르치는 가르침 가운데 하나는 "나쁜 친구를 멀리하고 좋은 친구를 곁에 두고 사귀라"는 것입니다. 왜냐하면 부모는 오랜 인생 경험을 통해서 나쁜 친구들과 어울리다가 자기 명대로 살지 못하고 인생을 끝내고 만 사람들의 경우를 많이 알고 있기 때문입니다. 이 말은 바로 잠언 기자가 한 말입니다. 잠언 1장 10,18-19절은 이렇게 말합니다. "내 아들아 악한 자가 너를 꾈지라도 따르지 말라... 그들이 가만히 엎드림은 자기의 피를 흘릴 뿐이요 숨어 기다림은 자기의 생명을 해할 뿐이니 이익을 탐하는 모든 자의 길은 다 이러하여 자기의 생명을 잃게 하느니라." 본문이 말하는 악인은 다른 사람들의 피를 흘리는 일에 혈안이 되어 있는 자들입니다. 이들의 시도는 결국 자기 생명을 잃는 것으로 끝난다는 것이 이 말씀의 요지입니다.

잠언 기자가 인생 경험을 통하여 발견한 것이 무엇입니까? 악인이 다른 사람들을 죽이고 자기 이익을 챙기려고 무서운 함정을 파 놓고 숨어서 기다립니다. 그런데 인생이 자기 뜻대로 진행되지 않습니다. 기이하게도 예상하지 않았던 변수가 생겨서 자기가 파놓은 함정에 자기가 빠져서 죽는 방향으로 사태가 전개된다는 것입니다. 그런데 이런 시도를 하는 악인을 친구로 두고 이 친구를 따라가면 같은 운명을 만나게 됩니다. 잠언 기자는 이런 일들을 너무나 많이 본 것입니다. 그래서 잠언 기자가 피를 토하는 심정으로 철모르는 아들과 같은 이들에게 하는 말이 "악한 자가 너를 꾈지라도 따르지 말라"는 것입니다. 이 말을 현대어로 쉽게 표현하면 "나쁜 친구를 멀리하라"라는 것입니다.

예를 들어 봅시다. A라는 평범한 청년이 있습니다. 이 청년이 B라는 청년을 친구로 사귀었습니다. 그런데 B는 고등학교 시절부터 일진에 관여했던 친구였고 고등학교를 졸업한 후에는 조폭에 들어가 활동하는 청년이었습니다. B는 조폭의 자금을 대기 위해 마약밀매를 하고 있었습니다. B는 A에게 함께 조폭에 들어가 활동하자는 요청을 했고, A는 원하지 않았으나 B와의 관계를 끊을 경우에 조폭으로부터 보복당할 것이 두려웠고 많은 돈을 벌 수 있다는 절친 B의 유혹을 거절할 수도 없어서 결국 마약밀매에 가담하게 되었습니다. 어느 날 불법적인 마약거래를 하러 나갔다가 상대방이 파놓은 함정에 빠져 총격전이 벌어졌고 결국 총격전에서 사망하고 말았습니다.

이 일은 일진과 조폭이 일상화되다시피 한 우리 사회에서 일어날 개연성이 매우 큰 예입니다. A라는 청년의 부모님은 아마도 A에게 "나쁜 친구를 멀리해야 한다"라는 잔소리를 많이 했을 것입니다. 만일 A가 부모님의 잔소리를 소홀히 하지 않고 귀담아듣고 부모님의 가르침에 따라 나쁜 친구를 멀리했다면 제 명을 누리면서 살 수 있었을 것입니다. 어떻습니까? 부모님의 잔소리 안에 제 명대로 누리고 살 수 있는 장수의 비결이 숨어 있지 않습니까? 만일 청년 A가 어려서부터 부모로부터 귀에 못이 박히도록 들었던 교훈인 "악한 무리와 사귀지 말라"는 교훈을 마음속에 간직하고 악한 동료의 유혹에 넘어가지 않고 잘 참고 이겨냈다면 이 청년은 죽음으로부터 생명을 구하고 오래 사는 축복을 누릴 수 있었을 것입니다. 자식이 악한 무리에 끼어들지 않도록 세 번이나 이사를 한 맹모삼천지교孟母三遷之敎의 가르침도 결국은 자식의 생명을 보호하기 위한 깊은 지혜의 표현입니다.

부모들이 자녀들에게 입이 닳도록 주는 또 다른 교훈 가운데 하나는 불륜한 성관계를 갖지 말고, 거리의 여자들과 어울리지 말라는 것입니다. 성적으로 불결한 여자나 남자들과 어울려서 생활하다가 성병을 얻거나 에이즈에 걸리거나 지나치게 체력을 소모하게 되면 생명이 단축될 위험이 크기 때문입니다. 한 TV 방송을 통하여 보도되었던 사건입니다만, 가출한 어느 소녀가 단란주점에 고용되어 술 시중을 들던 중에 너무나 많은 술을 마시고 무리한 성생활을 거듭하다가 몸이 망가져서 사망하고만 사고가 있었습니다.

잠언 기자는 부모의 마음으로 자녀에게 같은 권고를 줍니다. "지혜가 또 너를 음녀에게서, 말로 호리는 이방 계집에게서 구원하리니... 그의 집은 사망으로, 그의 길은 스올로 기울어졌나니 누구든지 그에게로 가는 자는 돌아오지 못하며 또 생명 길을 얻지 못하느니라"잠 2:16,18-19. "이제 아들들아 내 말을 듣고 내 입의 말에 주의하라 네 마음이 음녀의 길로 치우치지 말며 그 길에 미혹되지 말지어다 대저 그가 많은 사람을 상하여 엎드러지게 하였나니 그에게 죽은 자가 허다하니라 그의 집은 스올의 길이라 사망의 방으로 내려가느니라"잠 7:24-27.

이 밖에도 부모들이 평범하게 자녀들에게 주는 교훈들, 곧, "게으르지 말라," "정직하게 살아라"라는 교훈들이 모두 이 세상에서 제 명대로 살지 못하고 죽을 수 있는 위험으로부터 자녀를 보호하고 보다 안전하고 평안하게 제 명대로 살 수 있는 길을 가르쳐 주는 것들입니다. 그러므로 부모의 교훈을 쓸데없는 잔소리로 알고 무시하는 사람은 정말로 어리석고 미련한 사람입니다. 잠언은 이렇게 말합니다. "그는 훈계를 받지 아니함으로 말미암아 죽겠고 심히 미련함으로 말미암아 혼미하게 되느니라"잠 5:23. 부모가 자녀의 등교나 출근 시에 "차조심해라," "아무것이나 집어 먹지 말아라," "불조심해라"라고 입이 닳도록 말하는 것은 자녀를 죽음으로부터 보호하고 오래 살 수 있도록 하기 위한 것입니다. 부모는 아들이 회사를 경영하는 사장이든 정부의 고위 공무원이든, 집을 나설 때 "애야, 길 건널 때 교통신호를 잘 보고 건너라. 차조심해라"라는 잔소리를 잊지 않습니다.

사장이고 고위공직자라고 해서 교통사고가 피해 가지 않습니다. 잠시 방심한 사이에 목숨이 날아갑니다. 이런 사정을 많이 경험한 부모님이 어떻게 잔소리를 하지 않을 수 있겠습니까? 지금은 사용하지 않지만 옛날에는 양잿물로 빨래를 하는 일이 많았는데, 어린아이들이 실수로 양잿물을 마시고는 식도와 위가 상하고 심지어는 죽는 사고까지 있었습니다. 또 어린아이들이 집에서 가스레인지 등을 잘못 조작해서 불이 나는 사고가 종종 일어납니다. 그러므로 우리는 부모의 가르침을 주의 깊게 듣고 따르는 것이 곧 장수하는 것이라는 제5계명의 약속이 진리임을 확신할 수 있습니다.

3. 절대적이지 않은 장수의 축복

그러나 여기서 우리는 부모를 훌륭하게 공경한다고 해서 장수의 축복이 항상 따라온다고 생각해서는 안 된다는 점도 같이 유념할 필요가 있습니다. 물론 하나님은 부모를 공경하는 자에게 장수의 축복을 주기를 기뻐하시며, 부모의 가르침을 성실하게 잘 들음으로써 생명을 보호받고 오래 사는 것은 하나님의 은총을 받은 결과임이 분명합니다. 그러나 우리는 하나님이 성도들에게 짧은 생애만을 살도록 허락하실 때가 있으며, 이때 하나님께서 짧은 생애만을 살도록 허락하시는 것도 하나님의 은총과 사랑의 표현일 수 있다는 것을 받아들일 수 있는 마음의 여지를 항상 가지고 있어야 합니다.

이 세상을 살다 보면 부모를 잘 공경하고 하나님의 계명도 성실하게 지키려고 애쓰는 의로운 백성이 오히려 일찍 죽고, 악인이 장수하고 형통하는 경우가 있습니다. 따라서 욥과 솔로몬은 이렇게 한탄합니다. "어찌하여 악인이 생존하고 장수하며 세력이 강하냐... 그들의 날을 행복하게 지내다가 잠깐 사이에 스올에 내려가느니라"욥 21:7.13. 잠깐 사이에 스올에 내려간다는 말은 건강하게 살다가 어느 한순간에 갑자기 죽는다는 말입니다. 잘 죽는 것도 복이라고 했는데, 죽는 순간까지 건강하게 지내다가 갑자기 죽는 것처럼 복된 일이 어디에 있겠습니까? 그런데 악인이 형통하게 지내다가 잘 죽는 반면에 오히려 의인은 악인의 학대를 받는 일이 현실 속에서 벌어지기도 합니다. "내가 다시 해 아래에서 행하는 모든 학대를 살펴 보았도다 보라 학대 받는 자들의 눈물이로다 그들에게 위로자가 없도다 그들을 학대하는 자들의 손에는 권세가 있으나 그들에게는 위로자가 없도다"전 4:1.

실제로 그 누구보다도 하나님의 축복을 많이 받은 하나님의 자녀가 단명한 예들을 많이 찾아볼 수 있습니다. 에녹을 한번 봅시다. 에녹 당시 사람들은 천년 가까운 세월을 살았는데, 에녹은 이들이 산 세월의 1/3을 조금 넘는 365년밖에 살지 못하고 세상을 떠났습니다. 오늘날로 말하자면 한창 꽃다운 나이인 30대에 세상을 떠난 셈입니다. 그러나 에녹은 그 누구보다도 하나님의 사랑과 축복을 많이 받은 사람이었습니다. 아마도 하나님은 에녹 시대 이후에 이 세상에 찾아올 재앙 곧, 노아의 홍수를 겪지 않도록 배려하신 것 같습니다. 같은 사건이 요시야 왕 때도 있었습니다. 요시야 왕은 하나님의 뜻을 성실하게 지키기 위해 애썼고, 따라서 하나님의 마음을 기쁘시게 했던 왕인데, 하나님은 요시야 왕이 죽기 직전에 이렇게 말씀하셨습니다. "그러므로 보라 내가 너로 너의 조상들에게 돌아가서 평안히 묘실로 들어가게 하리니 내가 이곳에 내리는 모든 재앙을 네 눈이 보지 못하리라 하셨느니라"왕하 22:20. 살아서 재앙을 보고 형언할 수 없는 고통을 맛보는 것보다는 차라리 죽는 것이 때로는 축복이 될 때가 있습니다.

예수님의 경우는 어떻습니까? 예수님은 33세밖에는 살지 못하고 단명하셨는데, 예수님이 이렇게 단명하신 이유가 하나님의 명령을 거슬렀기 때문입니까? 오히려 정반대입니다. 하나님의 말씀을 철저하게 지키시기 위하여 단명하신 것입니다. 따라서 성도들은 하나님이 장수와 형통함의 축복을 주신다는 약속을 항상 유념하면서 부모를 공경하는 일에 열심을 다하되, 하나님이 원하신다면 언제라도 단명短命이나 고난도 기쁘고 감사한 마음으로 받을 수 있는 마음의 준비를 하고 있어야 합니다. 언제 장수와 형통의 복을 주시고 언제 단명과 고난의 때를 주시는가는 하나님의 결정에 맡겨야 합니다.

하나님께서 이처럼 때로는 하나님을 사랑하고 계명을 철저하게 지키는 자들에게 단명과 고난의 때를 주시는 또 하나의 이유는 성도의 궁극적인 소망이 결코 이 세상에서 누리는 장수의 세월 그 자체에 있는 것이 아니기 때문입니다. 세상에서 장수하는 것에 대하여 모세는 이렇게 노래합니다. "우리의 연수가 칠십이요 강건하면 팔십이라도 그 연수의 자랑은 수고와 슬픔뿐이요 신속히 가니 우리가 날아가나이다"시 90:10. 이 세상에서 장수한다 하더라도 그 장수하는 세월은 수고와 슬픔뿐입니다. 그러므로 우리 성도들은 장수하는 세월을 살아가면서 인생의 참된 소망은 현세 안에서 오래 사는 데 있지 않고 새 하늘과 새 땅에서 누리는 영원한 삶에 있으며, 이 영원한 삶에 비교해 볼 때 현세에서 누리는 장수의 축복이라는 것이 그다지 대단한 것이 못 된다는 진리를 깨닫게 되는 것입니다.

4. 부모의 가르침에 순종하는 부모 공경

부모를 공경하는 것은 곧 부모의 가르침에 순종하는 것을 의미하는데, 그렇다면 부모가 자녀에게 가르쳐야 할 내용은 어떤 것일까요? 신명기 6장 6-8절을 다시 보겠습니다. "오늘 내가 네게 명하는 이 말씀을 너는 마음에 새기고 네 자녀에게 부지런히 가르치며 집에 앉았을 때에든지 길을 갈 때에든지 누워 있을 때에든지 일어날 때에든지 이 말씀을 강론할 것이며 너는 또 그것을 네 손목에 매어 기호를 삼으며 네 미간에 붙여 표로 삼고 또 네 집 문설주와 바깥 문에 기록할지니라." 이 명령을 보면 부모는 "내가 네게 명하는 말씀"을 자녀에게 부지런히 가르치게 되어 있는데, 이 말씀은 율법의 말씀을 가리킵니다. 율법은 곧 인간이 하나님 앞에서 그리고 인간들 사이의 관계에 있어서 어떻게 행동해야 바르게 행동하는 것인가를 말하는 것으로서, 간단히 말하면 윤리적인 교훈을 말합니다. 여기서 우리가 알 수 있는 사실은 부모는 자녀에게 지식을 가르치는 자가 아니라 지혜를 가르치는 지혜의 교육자라는 것입니다. 율법은 곧 지혜의 말씀이기 때문입니다.

옛날에는 자녀가 부모로부터 지혜뿐만 아니라 지식도 상당히 많이 전수받았습니다. 예컨대 부모가 양을 키우는 직업을 가지고 있으면 자식도 대부분 부모의 직업을 그대로 물려받기 마련인데, 이때 부모는 자식에게 사람으로서 어떻게 살아야 하는가 하는 지혜를 가르쳐 줄 뿐만 아니라 자식이 평생 생계를 유지하는데 필요한 목축기술이라는 지식도 가르쳐 줍니다.

그런데 오늘날에는 아주 기초적인 글쓰기와 말하기 정도 이상의 지식을 부모로부터 전수받는 일은 극히 드뭅니다. 아예 4살이나 5살이 되면 유치원에 아이를 보내서 앞으로 살아가는데 필요한 기술이나 지식을 배우게 합니다. 오늘날의 자녀들은 자기가 살아가는데 필요한 지식의 95% 이상을 부모가 아닌 다른 사람으로부터 배웁니다. 또 지식이 워낙 방대하고 깊어서 부모가 가르치고 싶어도 도저히 가르칠 수도 없습니다. 여기서 부모는 지식을 자식에게 가르쳐야 한다는 엄청난 부담에서 해방되는 기쁨을 누리기도 하지만 다른 한편으로는 소외감이나 무력감을 느낄 수도 있습니다. 부모가 가르칠 게 없다고 생각하기 때문입니다.

그러면 정말 오늘날에는 부모가 담당할 역할이 없을까요? 그렇지 않습니다. 원래부터 하나님은 부모에게 지식을 가르치라고 하지 않았습니다. 하나님은 부모에게 지혜의 말씀을 가르치라고 명령하셨습니다. 부모가 자식에게 지혜 곧 하나님 앞과 사람 앞에서 바르게 살아가는 법을 잘 가르쳐 주면 그것으로 충분합니다. 지식을 잘 가르쳐 주지 못하는 것은 부모의 잘못이 아닙니다. 그러나 하나님과 사람들

앞에서 바르게 사는 법을 가르쳐 주지 못한다면, 그 부모는 제아무리 많은 기술과 지식을 자식에게 가르쳐 주었다 하더라도 실패한 부모입니다.

바로 이 부분에서 오늘날에도 부모의 할 일이 있습니다. 지혜는 지식의 많고 적음과 상관이 없습니다. 지식이 적어도 아주 지혜롭게 사는 사람이 있고 지식이 많아도 참 미련하게 사는 사람이 있습니다. 따라서 지식이 아무리 적어도 얼마든지 자식에게 지혜를 가르칠 수가 있습니다. 예컨대 부모는 자식에게 "정직하게 살아야 한다"라고 가르쳐야 하는데, 이 가르침은 아주 단순한 가르침이며, 많은 지식이 필요한 가르침이 아닙니다. 이 가르침을 자식에게 바르게 가르쳐야 자식이 사람답게 바르게 살 수 있는데, 이 단순한 가르침을 부모들이 가르치지 않고 가르치는 것을 부담스러워하고 어려워하며, 이 단순한 가르침 하나를 자식에게 제대로 못 가르쳐서 결국 자식의 장래를 망쳐놓는 일이 있습니다.

지금 이 시대는 지식은 어마어마하게 늘어나고 있지만, 지식이 늘어나는 것에 비례해서 지혜도 같이 늘어나는 것이 아니라 지혜는 오히려 자꾸만 위축되고 줄어드는 시대입니다. 따라서 자식에게 지혜를 가르쳐야 할 부모의 역할이 그 어느 때보다도 더 중요해진 시점이 되었습니다. 더욱이 신앙의 부모에게는 하나님 앞에서 바르게 사는 법, 바르게 신앙생활을 하는 법을 자녀에게 가르쳐야 할 중요한 사명이 있습니다.

한편 자녀는 부모가 주는 지혜의 가르침을 주의 깊게 들어야 합니다. "공경하라"라는 말은 상대방의 말을 무겁게 여기라는 뜻입니다. 자녀는 부모가 주는 지혜의 가르침을 아주 무겁게 여겨야 합니다. 구약시대 때에 부모의 가르침을 업신여기면서 부모에 대항하는 자녀는 사형선고를 받아야 했습니다. "자기의 아버지나 어머니를 저주하는 자는 반드시 죽일지니라"출 21:17. 여기서 "죽이는 벌"을 내린 것은 모세 당시의 이스라엘의 형법으로서 오늘날에도 문자 그대로 적용되는 것은 아니지만, 이 말씀은 부모가 가르쳐 주는 율법의 말씀을 어기고 대항하는 행위가 얼마나 무거운 죄인가를 우리에게 가르쳐 줍니다.

5. 부모를 사랑하고 돌보는 부모 공경

성경에는 부모를 사랑하라는 명령이 명시적으로 나타나지는 않습니다. 이 명령이 구태여 따로 언급되지 않는 이유는 부모를 사랑하는 것은 너무도 당연한 자식의 도리이기 때문입니다. 부모를 사랑하라는 명령은 이웃을 사랑하라는 명령에 이미 포함되어 있습니다. 부모는 우리의 가장 가까운 이웃 가운데 첫 번째 이웃이기 때문입니다. 그런데 이상하게도 부모가 자식을 사랑하는 것은 자연스럽게 나타나는 현상이지만, 자식이 부모를 사랑하는 것은 그렇게 자연스럽게 이루어지지 않을 때가 많습니다. 부모가 자식을 사랑하는 마음은 어떤 경우에도 중단되는 일은 없습니다. 그러나 자식의 경우에는 부모를 향한 사랑에 신실하지 못한 경우가 많습니다. 이런 점에서도 부모와 자식과의 관계는 하나님과 성도들과의 관계와 비슷하다고 할 수 있습니다.

하나님이 성도들을 사랑하는 마음은 여일하고 흔들림이 없습니다. 그러나 성도들이 하나님을 향해 갖는 사랑은 항상 불완전하고 변덕스럽습니다. 이 점에 있어서 부모는 하나님의 마음을 비유로 보여주는 하나님의 대리자입니다. 하나님이 성도를 사랑하는 것은 하나님의 성품상 자연스럽게 나타나는 현상이지만, 성도가 하나님을 사랑하는 것은 의지적인 결단이 필요한 일입니다. 자연스러운 성품을 따라가면 하나님을 사랑할 수 없고, 자연적인 성품을 거스르면서 말씀을 읽고 기도하는 가운데 성령의 능력을 받고 그 힘을 의지하여 결심을 굳게 해야 하나님을 사랑할 수 있는 것처럼, 부모의 자녀 사랑은 – 하나님의 성도 사랑만큼 자연스러운 것은 아니지만 – 상당한 정도로 자연스럽게 나타나지만, 자녀의 부모 사랑은 부모의 은혜를 기억하고 자녀의 도리를 생각하고 의지를 굳게 다져야만 비로소 가능합니다.

자녀의 부모 사랑도 '아가페'의 마음이 있어야 가능합니다. '아가페'는 두 가지 의미를 지닙니다. 하나는 호감을 받을 만한 조건을 갖추지 못한 상대방을 호감을 받을 만한 자격이 있는 자로 대우해 주는 것입니다. 다른 하나는 자기를 희생하고 다른 사람의 유익을 구하는 태도입니다. 이 두 가지 요소들을 부모에게 적용해 봅시다. 첫째로, 부모가 호감을 받을 만한 조건을 상실하게 될 때가 있습니다. 부모가 경제력이 약하여 자녀들을 도와야 할 때 제대로 돕지 못할 때가 있습니다. 심지어 돈이 없어서 학교공부도 제대로 지원하지 못할 경우가 있습니다. 부모가 연로하여 부모의 역할을 제대로 담당하지 못하고 다른 사람에게 의존적인 존재가 될 때가 옵니다. 이와 같은 때도 자녀는 '아가페'의 사랑으로 부모에 대한 공경을 잃지 않도록 해야 합니다. 동시에 자녀는 부모에게 경제적 지원을 할 필요가 있을 때 자기 생활비를 어느 정도 희생할 것을 각오하고 부모를 도울 수 있어야 합니다.

6. 한계가 있는 부모 순종

민음의 자녀들은 부모의 가르침에 순종하고 부모의 가르침을 무겁게 여기고 부모를 끝까지 사랑해야 할 의무가 있습니다. 그러나 여기에는 한계가 있습니다. 그 한계를 에베소서 6장 1절과 골로새서 3장 20절이 잘 보여줍니다. "자녀들아 주 안에서 너희 부모에게 순종하라 이것이 옳으니라." "자녀들아 모든 일에 부모에게 순종하라 이는 주 안에서 기쁘게 하는 것이니라."

그 한계는 주 안에서 순종하라는 것입니다. "주 안에서" 순종하라는 말은 주님의 뜻과 진리가 허용하는 범위 안에서 순종하라는 뜻입니다. 부모는 공경의 대상이지만 숭배의 대상이 아니며, 부모가 바르게 신앙적 가르침을 베풀고 바른 지혜를 베풀 때는 마땅히 부모의 가르침에 순종해야 하겠지만, 부모가 자녀의 신앙의 길을 가로막거나 비윤리적인 가르침을 베풀 때 자녀는 그 가르침에 따라서는 안 됩니다.

성도들이 유념해야 할 사실은 언제나 하나님과 의로움은 부모보다 더 중요하다는 사실입니다. 따라서 구약성경에 등장하는 히스기야 왕은 악한 아버지 아하스의 가르침을 따르지 않고 조상 다윗의 행위를 따라서 정직하게 행하는 길을 선택했습니다왕하 18:3. 자녀는 마땅히 부모를 공경해야 하고 부모는 자녀를 부당하게 노엽게 해서는 안 됩니다엡 6:4. 부모는 오직 "주의 교양과 훈계로써" 자녀를 양육해야 합니다. 하물며 부모가 자녀를 노예처럼 대하거나, 자녀를 성적으로 학대하거나, 자녀를 마치 부모 자신의 이상을 실현하는 수단으로 삼는다거나 자식을 자기 소유물처럼 생각하는 것은 큰 잘못입니다.

그러나 우리는 신앙과 의로움이라는 이유로 부모에게 불순종해야 하는 때에도 부모의 연약성과 결점을 이해하고 참고 끝까지 부모에 대하여 예의를 갖추며, 부모를 사랑하는 태도를 잃지 않아야 합니다. 여기서 우리는 예수님의 태도를 본받을 필요가 있습니다. 어린 예수님을 데리고 예루살렘에 올라간 마리아와 요셉은 돌아오는 길에 예수님이 일행에 없는 것을 확인하고 부랴부랴 다시 예루살렘으로 돌아갔습니다. 예루살렘에서 예수님을 한참 찾아 헤매다가 마침내 성전 안에서 종교지도자들과 대화하고 있는 예수님을 발견하고 예수님을 책망합니다. "그의 부모가 보고 놀라며 그의 어머니는 이르되 아이야 어찌하여 우리에게 이렇게 하였느냐 보라 네 아버지와 내가 근심하여 너를 찾았노라"눅 2:48. 그러나 예수님의 답변은 냉정하고 단호합니다. "예수께서 이르시되 어찌하여 나를 찾으셨나이까 내가 내 아버지 집에 있어야 될 줄을 알지 못하셨나이까"눅 2:49. 인

176

간적으로 보면 좀 버르장머리가 없어 보이는 답변이지요? 그러나 이 때 예수님은 "하나님"의 입장에 서신 것입니다. 예수님은 요셉과 마리아가 예수님 자신이 하나님이자 하나님의 아들임을 알아보지 못하는 불신앙을 잠시 책망하셨지만, 바로 요셉과 마리아와 함께 성전을 나와 나사렛에 돌아오셨고, 돌아오신 후에는 이전과 같이 마리아와 요셉에게 순종하는 삶을 사셨습니다. "예수께서 함께 내려가사 나사렛에 이르러 순종하여 받드시더라"눅 2:51. 우리는 하나님에게 뚜렷이 우선순위를 두면서도 부모를 공경했던 예수님의 모습을 마음속에 담아둘 필요가 있습니다.

제**6**계명

살인하지 말라

1. 살인을 금지한 이유

하나님이 살인을 금지한 하나의 이유는 인간이 하나님의 형상을
지닌 존재로 창조되었기 때문입니다. "하나님이 이르시되 우리의 형
상을 따라 우리의 모양대로 우리가 사람을 만들고... 하나님이 자기
형상 곧 하나님의 형상대로 사람을 창조하시되"창 1:26-27. 인간이 하
나님의 형상으로 창조되었다는 말은 기독교인이나 아니면 도덕적으
로 고결한 삶을 사는 사람들만을 가리키는 것이 아니라 모든 인간
을 가리킵니다. 인간은 하나님의 형상을 지니고 있기에 인간을 죽이
는 행위는 하나님의 형상을 파괴하는 행위이며, 하나님 자신을 모독
하는 행위가 됩니다. 따라서 창세기 9장 6절은 사람을 죽인 자에게
자신의 생명을 내어놓는 형벌을 내리는 이유를 그가 하나님의 형상
을 지닌 존재인 인간을 죽였기 때문이라고 말합니다. "다른 사람의
피를 흘리면 그 사람의 피도 흘릴 것이니 이는 하나님이 자기 형상

대로 사람을 지으셨음이니라."

하나님이 살인을 금지한 다른 이유는 인간의 생명이 하나님의 소유물이기 때문입니다. 시편 24편 1절은 이렇게 말합니다. "땅과 거기에 충만한 것과 세계와 그 가운데 사는 자들은 다 여호와의 것이로다." 땅에 사는 자들이 여호와의 것이라는 말은 인간의 생명이 여호와의 것이라는 말입니다. 인간의 생명은 인간의 소유물이 아니라 하나님이 인간에게 위탁하신 선물입니다. 이 진리는 두 가지 함의를 가집니다.

첫째, 인간의 생명의 참된 소유권이 하나님에게 있기에 하나님이 허락하신 합법적인 이유 없이 인간이 인간의 생명을 자의恣意로 파괴시키는 행위는 하나님의 소유물을 불법으로 처분하는 행동이요, 따라서 중대한 죄악이 됩니다. 인간의 생명을 파괴해야만 할 때는 반드시 하나님의 뜻과 법에 부합하는가를 따져 보아야 합니다.

둘째로, 인간의 생명이 인간에게 위탁된 선물이요, 절대적 소유권이 하나님께 있다는 말은 인간의 생명은 그 궁극적인 목적이 인간 자신에게 있지 않고 하나님에게 있음을 뜻합니다. 하나님과의 관계에서 보았을 때 인간의 생명은 그 자체가 목적이 되어서는 안 되고 하나님을 섬기는 데 필요한 도구가 되어야 합니다. 따라서 인간의 생명은 그 자체로서 절대적 가치를 부여받는 것이 아닙니다. 물론 인간의 생명은 고귀하고 인간이 아닌 다른 동물들의 생명보다 월등히 중요한 것은 사실입니다. 그러나 인간의 생명은 하나님을 바르게 섬기는 목적을 깨뜨리면서 또는 하나님이 정하신 질서와 법을 어기면서까지 존중하고 고귀하게 여겨야 할 만큼 중요한 것은 아닙니다. 인간의 생명보다 더 중요한 것은 하나님의 뜻입니다.

특별히 성도들의 경우에 살인해서는 안 되는 또 하나의 중요한 신학적인 이유가 첨가됩니다. 그 이유는 성도들은 삼위 하나님이 거하시는 성전이라는 사실에 있습니다. "너희는 너희가 하나님의 성전인 것과 하나님의 성령이 너희 안에 계시는 것을 알지 못하느냐 누구든지 하나님의 성전을 더럽히면 하나님이 그 사람을 멸하시리라 하나님의 성전은 거룩하니 너희도 그러하니라"고전 3:16-17. 이 본문은 인간은 하나님의 성전이므로 인간의 몸을 더럽히는 자는 하나님의 성전을 더럽히는 죄를 범하는 것임을 분명히 하고 있습니다. 하나님이 허락하지 않으신 부당한 이유로 인간을 죽이는 것은 바로 하나님의 성전을 파괴하는 중대한 죄악이 될 수밖에 없습니다.

2. 제6계명의 한계

살인하다에 해당하는 히브리어 원어는 '라짜'라는 동사인데, 이 동사의 기본적인 의미는 하나님이 허락하시지 않는 불법적인 이유로 사람을 죽이는 행위를 뜻합니다. 물론 여기서 불법적인 것과 합법적인 것을 구별하는 기준은 하나님이 정해주신 질서와 법입니다. 이 명령은 하나님의 법과 질서에 맞지 않는 살인을 금지하고 있습니다. 이 말은 이 명령이 하나님의 질서와 율법이 허용하는 합법적인 살인행위까지도 금하는 것은 아니라는 뜻입니다. 예를 들어서 하나님이 직접 인간을 죽이신다든지, 불가피한 전쟁 상황에서 적군을 죽인다든지, 법이 정한 규정에 따라서 사형을 집행한다든지 하는 행동까지도

이 명령이 금하고 있는 것은 아니라는 말입니다. 성경에서 정당한 살인행위들을 묘사할 때는 '하락'이라는 다른 동사가 사용되었습니다. '라짜'의 범주 안에 들어오는 살인행위의 유형으로는 행위의 심각성의 정도에 따라서 고의적 살인, 충동적 살인, 과실치사, 비과실치사를 들 수 있습니다.

(1) 고의적 살인

고의적인 살인이란 어떤 인물을 정해 놓고 미리 계획하고 그 계획에 따라서 그를 죽이는 행위를 가리킵니다. 본인이 직접 죽이지 않고 살인청부를 받아 죽였다 하더라도 살인청부를 받고 죽인 사람이나 살인청부를 부탁한 사람이 모두 이 계명을 범한 것으로 간주됩니다.

다윗이 충직한 신하였던 우리아 장군의 아내 밧세바를 빼앗기 위하여 우리아를 전쟁터에 내보내 죽게 한 것이 고의적 살인의 대표적인 예입니다. 다윗은 직접 사람을 죽이진 않았지만 나단 선지자로부터 살인죄를 범했다는 준엄한 책망을 받아야 했습니다.

(2) 충동적 살인

사전에 의도적으로 죽이려고 계획하지는 않고 다만 순간적인 감정의 폭발로 인하여 충동적으로 사람을 죽였을 경우도 이 계명을 범한 행동으로 간주합니다. 냉철한 이성의 지시를 따라서 사람을 죽인 행위 곧, 고의적 살인에 대하여 책임을 져야 한다면, 감정의 지시에 따라서 사람을 죽인 데 대하여도 책임을 면할 수 없습니다. 이성이 자기의 것이라면 감정도 자기의 것이며, 인간에게는 감정을 통제할 능력이 있기 때문입니다. 사람의 생명은 절대적 가치이기 때문에 감정을 통제할 수 있음에도 불구하고 통제하는 데 실패하여 사람의 생명을 죽였다면 책임을 면할 수 없습니다. 가인이 아벨을 죽인 행동이 이 경우에 해당한다고 할 수 있습니다.

(3) 과실치사

본인의 명백한 과실로 인하여 사람을 죽였을 경우에도 이 계명을 어긴 것으로 간주하여 행동에 대한 책임을 져야 합니다. 예컨대 어떤 운전자가 교통신호에 빨간불이 켜졌는데도 이를 어기고 진행하다가 길을 건너는 행인을 미처 보지 못하여 그 행인을 죽였다고 해 봅시다. 이때 이 운전자가 빨간불을 무시한 행위가 이미 간접적으로 살인하지 말라는 계명을 범한 것으로 해석될 수 있습니다. 교통신호의 빨간불의 의미는 행인이 건너는 시간이므로 차를 멈추라는 뜻입니다. 신호를 무시하고 차를 운전하면 인명사고가 날 수 있다는 것은 모든 운전자가 예상할 수 있는 일입니다. 운전자가 이 예상을 책임 있게 하지 않았거나 예상할 수 있었음에도 불구하고 운전을 진행했다면 이에 대한 도덕적 책임을 면할 수 없습니다.

(4) 비과실치사

실수이긴 하지만 본인의 직접적인 과실로 볼 수는 없는 행동으로 인하여 본의 아니게 사람을 죽이는 것은 의도적 살인이나 충동적 살인이나 과실치사만큼 중대한 죄가 되지 않는 것은 사실입니다. 그러나 이 경우에도 전혀 도덕적 책임을 묻지 않는다면 절대적인 가치인 인간의 생명이 소홀히 취급될 우려가 있습니다. 따라서 인간의 생명에 상해를 끼치지 않도록 책임 있는 주의가 필요하다는 점을 일깨우기 위하여 어느 정도 도덕적 책임을 묻는 것이 필요합니다. 예컨대어떤 간호사가 충분한 정보의 부족으로 약을 잘못 투여하여 사람을 죽게 한다든지, 의사가 의술의 부족으로 투약이나 수술에 실패하여사람을 죽게 하는 경우가 여기 해당합니다.

성경에 기록되어 있는 비과실치사의 사례로는 신명기 19장 5절에 기록되어 있는 사건을 예로 들 수 있습니다. 나무꾼이 도끼를 가지고나무를 베다가 그만 도끼날이 자루에서 빠져 날아가 사람 몸에 박혀 그 사람이 죽는 사건이 발생했습니다. 이 경우에 구약의 율법은일단 피해자에게 가장 가까운 친지들이 보복살인을 하는 것을 묵인합니다. 동시에 가해자에게도 보복살인을 피할 수 있는 길을 열어 두었는데, 그것이 도피성입니다. 일단 도피성에 들어가서 그 안에 체류하는 동안에는 보복살인으로부터 보호받을 수 있었습니다. "만일사람이 고의적으로 한 것이 아니라 나 하나님이 사람을 그의 손에넘긴 것이면 내가 그를 위하여 한 곳을 정하리니 그 사람이 그리로도망할 것이며"출 21:13. 그러나 고의적으로 사람을 죽인 자는 도피성에 들어가서 제단을 붙들고 있을지라도 용서받을 수 없었습니다. "사람이 그의 이웃을 고의로 죽였으면 너는 그를 내 제단에서라도잡아내려 죽일지니라"출 21:14.

현대사회 안에서 행해지고 있는 살인행위로서 그 정당성 여부가 첨예한 논쟁을 불러 일으키고 있는 문제들로는 낙태, 시험관 수정, 줄기세포추출, 안락사, 사형제도, 전쟁등이 있습니다. 이 문제들에 대하여 제6계명의 적용의 맥락 안에서 차례로 검토하겠습니다.

3. 생명의 시작점과 관련된 살인행위:
낙태, 시험관 수정, 줄기세포 추출

2020년 12월에 최종 개정된 "생명윤리 및 안전에 관한 법률"^{이하 생}명윤리법은 "배아란 인간의 수정란 및 수정된 때부터 발생학적으로 모든 기관이 형성되기 전까지의 분열된 세포군을 말한다"라고 정의함으로써 배아_{의료계에서는 편의상 수정 후 8주까지의 인간 생명체를 배아라고 부르고,} _{8주 이후부터 출생시까지의 인간 생명체를 태아라고 부른다}를 인간의 범주로부터 배제했습니다. 생명윤리법은 이와 같은 배아의 정의를 기반으로 시험관 수정을 하고 남은 잔여배아를 배아 연구기관에 제공하는 것을 허용함으로써 배아를 대상으로 한 연구를 허용하고 있습니다. 생명윤리법은 배아 연구의 허용 시기를 "발생학적으로 원시선이 나타나기까지" 곧 수정 후 14일 이전까지로 정하고, 연구의 목적에 대해서는 "난임 치료 및 피임기술의 개발, 근이영양증을 비롯하여 대통령령으로 정하는 희귀·난치병 치료를 위한 연구, 그밖에 국가위원회의 심의를 거쳐 대통령령으로 정하는 연구"로 제한하였습니다.

한국의 모자보건법은 임산부와 배우자의 동의하에 본인이나 배우자가 대통령령으로 정하는 우생학적 또는 유전학적 정신장애나 신체질환이나 전염성 질환이 있는 경우, 강간 또는 준강간에 의하여 임신된 경우, 혼인할 수 없는 혈족 또는 인척간에 임신된 경우, 임신의 지속이 모체의 건강을 심각하게 해치고 있거나 해칠 우려가 있는 경우에, 임신 후 24주 이내에 임신중절수술을 허용함으로써 동 기간 안에 임산부의 생명권이 아닌 행복추구권을 위하여 배아와 태아의 생명권을 희생시키는 것을 허용했습니다.

모자보건법과는 대조적으로 형법은 의료인이 낙태시술을 시행한 경우에 형사고발할 수 있도록 했으나, 헌법재판소는 이 두 법률의 낙태 관련 조문들 가운데 의사에게 책임을 묻는 조항에 한하여 헌법불일치 판결을 내리고, 형법을 개정하라는 권고를 함과 동시에 형법을 개정하지 않는 경우에 관련 조문들이 효력을 상실한다고 판시했습니다. 헌법재판소는 그 같은 판결의 인간학적인 근거로서 22주 이전에는 최선의 의료기술과 의료 인력이 뒷받침되면 인간 생명체가 태 밖에서 살 수 있고, 22주부터는 태 밖에서 독자적인 생존이 가능하다고 전제함으로써 임신 22주를 기점으로 그 이전과 이후를 다르게 보고 있는 것 같지만, 22주 이후에도 "인간"으로 보지 않고, 여전히 "훨씬 인간에 근접한 상태"로 볼 뿐입니다.

생명윤리법, 형법, 모자보건법, 헌법재판소 판결 등을 종합해 볼 때 한국의 생명윤리 관련 법률들은 수정 후 14일, 22주 등의 구분을 하고 있으나, 첫째로, 14일째와 22주째를 각각 다르게 구분하는 근거도 생명윤리법과 헌법재판소 판결이 상이할 뿐만 아니라, 둘째로, 생명윤리법은 배아 자체를 세포군으로 봄으로써 이 구분을 무의미하게 만들어 버리고 있으며, 더욱이 헌법재판소 판결은 22주 이후의 태아도 인간이 아닌, 인간에 근접한 상태로 봄으로써, 결과적으로는 뱃속 태아는 인간이 아니라는 관점을 드러내고 있습니다. 이 같은 관점은 한국 사법계 나아가서는 한국사회의 태아에 관한 인식이 얼마나 큰 혼란, 모호성, 위험에 빠져 있는가를 극명하게 보여줍니다.

이와 같은 한국 법조계의 태아의 지위에 관한 인식에 대하여 개혁주의적 인간관과 윤리관은 어떻게 응답하는가? 개혁주의적 인간관과 윤리관은 이와 같은 인식을 정면으로 거스르면서, 하나님의 창조질서인 생물학적 사실과 성경의 가르침에 근거하여 수정이 이루어지는 순간부터 영혼을 가진 독립된 인간 생명임을 분명히 논증하고 있으며, 따라서 낙태, 시험관 수정, 배아줄기세포추출은 살인행위임을 명확히 하고 있습니다.

(1) 수정 순간부터 영혼을 가진 살아 있는 생명

수정 순간부터 영혼을 가진 살아 있는 인간 생명이 시작된다는 명제가 어떻게 생물학의 관점, 유전학의 관점, 성경적 관점, 그리고 교회사적 관점에서 뒷받침될 수 있는가를 알아보겠습니다. 어떤 시점이 생명의 시작점이 되려면 그 시점 이전에는 생명의 특성이 나타나지 않다가 그 시점부터 생명의 특성이 확실하게 나타나는 불연속점이라야 합니다.

생물학적인 관점에서 볼 때 살아 있는 생명은 자기복제와 단백질 생성을 할 수 있어야 합니다. 이 두 작용은 정자와 난자가 만나 수정이 이루어지는 순간부터 시작되어 수명이 다하는 날까지 지속됩니다. 정자와 난자가 단독으로 존재할 때는 이 두 가지 작용이 나타나지 않습니다. 이 순간보다 더 확실한 불연속점은 없으므로, 생명의 시작점에 관한 논쟁은 이 한 가지 사실의 제시로 사실상 끝난 것입니다.

유전학적인 관점에서 볼 때도 수정 순간 이외에 어떤 다른 순간도 확실한 불연속점이 될 수 없습니다. 생명의 탄생은 생식세포로부터 시작되는데, 생식세포는 두 차례의 분열을 거치면서 정자 또는 난자가 되고, 정자와 난자가 다시 만나 수정에 이르는 과정에서 모계 염색체와 부계 염색체 사이에서의 유전자교환, 두 차례 840만 × 840만의 가능성 가운데 하나의 조합이 선택되는 엄청난 변화의 과정을 거쳐서 수정란으로 확정됩니다. 일단 수정란으로 확정되어 염색체 배열이 정해지면, 그 후에는 이 배열이 영구적으로 변하지 않습니다. 그러므로 유전학적으로 보더라도 수정이 이루어지는 순간 이외에 다른 불연속점을 상정할 수 없습니다.

성경적인 관점에서 볼 때 중요한 성경본문 가운데 하나는 시편 51편 5절입니다. 이 구절에서 다윗은 "어머니가 죄 중에서 나를 잉태하였나이다"라고 고백합니다. 히브리어 인칭대명사인 "나"는 영혼을 가진 인격적 주체에게만 쓸 수 있는 표현입니다. 다윗은 잉태 순간의 자기 자신을 가리켜서 "나"라고 표현했는데, 이는 다윗이 잉태의 순간에 이미 영혼을 가진 살아 있는 인격체라는 뜻입니다. 잉태로 번역된 히브리어 '야함'은 "성교를 갖다"라는 뜻입니다. 수정 순간을 볼 수 없었던 다윗시대에는 남자와 여자가 성관계를 갖기 위하여 잠자리에 들어갔다가 나오면 아기가 잉태되는 모습을 보고, '야함'의 순간 곧 성관계를 가지는 순간부터 살아 있는 인간 생명이 시작된다고 본 것입니다. 그러면 성교를 갖는 시점과 수정란 형성 시점은 어떤 관계가 있는가? 수정이 이루어지기 위해서는 반드시 정자 사출이 선행되어야 하고, 정자가 사출되기 위해서는 반드시 오르가즘이 있어야 하고, 오르가즘에 도달하기 위해서는 반드시 성관계가 선행되어야 합니다. 그러므로 '야함'의 순간은 절대적으로 수정 순간보다 선행합니다. 이 말의 의미는 성경은 어떤 경우에도 수정란설이 공격받지 못하도록 강력한 호위무사로 수정란설을 둘러싸고 있음을 의미합니다.

임신의 순간 이외의 어느 다른 시점을 생명의 시작점으로 보는 견해를 제시한 사람은 고대 그리스 철학자 아리스토텔레스였습니다. 아리스토텔레스는 사변적 생물학에 근거하여 남아의 경우는 임신 후 40일째 되는 날 합리적 영혼이 들어와 인간 생명으로서의 생애를 시작하고, 여아의 경우는 90일째 되는 날 합리적 영혼이 들어와 인간 생명으로서의 생애를 시작한다는 견해를 밝힘으로써 유명한 40-90일설을 확립했습니다. 40-90일설은 유대교의 탈무드에 영향을 주어서 유대교의 기본 입장은 40-90일설이었습니다.

초대교회 때는 40-90일설이 대세였는데, 놀랍게도 대다수의 초대교회 교부들은 40-90일설을 버리고 임신설을 채택했습니다. 초대교회 교부들은 성경이 뱃속의 배아나 태아에 대하여 임신 순간부터 단절됨이 없이 줄곧 영혼을 가진 인간 생명으로 보고 있다는 사실을 발견한 것입니다.

중세시대에 토마스 아퀴나스가 아리스토텔레스를 받아들이면서 중세 천년은 40-90일설 천하로 바뀌었습니다. 그러나 루터와 칼빈과 같은 종교개혁자들은 성경의 가르침에 근거하여 40-90일설을 버리고 임신설로 돌아갔습니다.

생물학이 발달하고 고배율 현미경이 발견되어 정자, 난자, 수정과정 등을 관찰할 수 있게 되자, 19세기의 과학자들은 수정 순간이 새로운 생명체가 탄생하는 순간임을 확인했습니다. 로마 가톨릭교에서는 모든 교리 및 윤리적인 문제들에 대하여 토마스 아퀴나스를 철저하게 추종하면서도 인간 생명의 시작점에 대해서만은 아퀴나스의 이론을 아리스토텔레스의 낡은 생물학에 근거한 낡은 이론으로 간주하여 폐기하고 수정란설을 받아들여 오늘날에 이르고 있습니다.

(2) 낙태, 시험관 수정, 배아줄기세포 추출은 배아 살해행위

영혼을 가진 인간 생명의 시작점이 수정란이 형성되는 시점이라는 인간관에 근거할 때 낙태, 시험관 수정, 줄기세포 추출에 대하여 어떻게 평가해야 하는가가 명확히 드러납니다.

수정란이 형성된 시점부터 영혼을 가진 살아 있는 인간이기 때문에 임신 순간부터 출산 시까지의 전 과정에 걸쳐서 시행되는 낙태는 살인행위가 되므로 금지되어야 합니다. 임산부가 강제로 강간을 당하여 아기를 갖게 되면 임산부의 행복권이 심각하게 침해되는 것이 사실이지만, 임산부의 행복추구권과 태아의 생명권이 충돌할 때 태아의 생명권이 절대적으로 우선하므로 임산부의 행복추구를 위하여 태아의 생명을 희생시켜서는 안 됩니다. 이 경우에 낙태를 시행하는 것은 범죄자인 강간범에 대한 화풀이를 아무 잘못도 없는 태아에게 하는 죄를 범하는 것입니다. 비록 태아가 사생아로 태어날지라도 살 기회를 주어야 합니다. 다만 임산부의 생명권과 태아의 생명권이 충돌하는 경우 곧, 임산부가 생명을 위협하는 질병 등에 걸려 있는 경우에는 임산부의 생명을 우선적으로 살릴 수 있습니다.

시험관 수정은 난관이 기능을 발휘하지 못하거나, 막혔거나, 호르몬 장애 등이 있어서 체내에서 수정할 수 없을 때, 또는 정자 숫자의 감소로 운동성이 떨어진 경우에 정자와 난자를 채취하여 페트리 접시 안에서 인위적으로 수정을 시킨 다음 자궁에 착상시키는 방식입니다. 시험관 수정이 드러내는 생명윤리상의 다양한 문제점 가운데 핵심적인 것은 시험관 수정이 배아파괴를 피해갈 수 없는 시술이라는 점입니다. 시험관 수정은 그 실패율이 80%에 달하는데, 이 과정에서 배아 살해가 필연적으로 수반됩니다. 또한 시험관 수정 시에는 실패할 때를 대비하여 잔여배아를 만들어 냉동시켜 놓았다가 해동시켜 사용하는데, 해동 성공률이 30-40% 정도밖에 안 되므로, 해동 시에 기술 미숙으로 배아 살해가 이루어질 수 있습니다. 또한 시험관에서 수정된 배아를 자궁에 착상시키기까지 배아가 시험관에 노출되는 시기를 이용하여 산전 진단을 시행할 수 있습니다. 이때 결함이 발견되면 배아를 착상시키지 않고 폐기시킵니다. 또한 시험관 배아의 착상 성공률을 높이기 위하여 3개 이상의 배아를 만들어 동시에 자궁에 착상시키는 과정에서 선별 낙태가 뒤따릅니다.

줄기세포는 신체의 각종 장기로 분화될 수 있는 능력을 가진 세포로서, 고장 난 장기에 주입할 때 이 장기를 건강한 장기로 대체함으로써 질병을 근원적으로 치료할 가능성을 지닌 세포로 간주됩니다. 따라서 인체 관련 생명공학은 줄기세포 추출 및 연구에 집중되어 있습니다.

줄기세포를 얻는 경로에는 네 가지가 있습니다.

첫 번째 경로는 시험관 수정을 하고 남은 냉동배아를 이용하여 줄기세포를 얻는 방법이고, 두 번째 경로는 체세포의 핵을 난자에 이식하여 배아를 만든 다음, 이 배아를 통하여 줄기세포를 얻는 방법입니다. 생명공학자들의 연구는 이 두 경로에 집중되어 있습니다.

그러나 이 두 경로를 통하여 줄기세포를 얻는 방법은 세 가지 치명적인 생명윤리 문제를 안고 있어서 허용될 수 없습니다. 첫째로, 배아줄기세포 추출은 배아 파괴를 수반합니다. 냉동시켰다가 해동된 배아 혹은 체세포 핵 이식 방식으로 만든 배아가 배반포기 단계에 도달했을 때 줄기세포를 추출하는데, 이 과정에서 배아 파괴가 뒤따릅니다. 따라서 배아줄기세포 추출은 배아 살해행위가 됩니다. 둘째로, 배아줄기세포는 신체의 어느 장기로도 분화될 수 있는 만능성을 가지고 있으나 이 만능성이라는 경이로운 능력이 치명적인 약점이 됩니다. 아직 분화의 경험이 없는 배아줄기세포는 어느 곳으로 튈지 모르는 럭비공과 같아서 원하는 장기와는 다른 장기로 자라날 수 있습니다. 셋째로, 배아줄기세포를 성인의 몸에 주입하면 암세포로 전이됩니다.

세 번째 경로는 사람의 체세포와 동물의 난자를 융합하여 만든 이종 간 교잡 배아로부터 줄기세포를 추출하는 것인데, 이 줄기세포는 인간과 동물의 면역체계의 차이 때문에 동물의 난자 안에 있는 바이러스, 박테리아, 병원균 등이 면역체계가 다른 인간 안에 들어와 치명적인 문제를 일으킬 수 있어서 인체 치료용으로는 사용될 수 없습니다.

네 번째 경로는 성체로부터 줄기세포를 얻는 방식입니다. 성체줄기세포는 제대혈, 골수, 지방세포 등으로부터 얻는 줄기세포로서, 배아파괴를 수반하지 않고 추출 대상에게도 건강상의 문제를 일으키지 않는다는 점에서 가장 중요한 윤리적인 문제를 피해갈 수 있습니다. 성체줄기세포는 이미 분화된 세포에서 추출하기 때문에 추가분화과정이 줄어들고 따라서 암종으로의 전이의 위험과 정해진 장기와는 다른 장기로 자라나는 위험을 피해갈 수 있으며, 대부분의 신체조직으로 분화될 수 있음이 증명되었습니다. 따라서 기독교 생명윤리는 성체줄기세포 연구를 지지합니다.

4. 생명의 종결점과 관련된 살인행위:
안락사와 무의미한 연명치료중단

2008년 김 모 할머니는 폐암 발병 여부를 확인받기 위하여 세브란스병원에서 기관지 내시경을 이용한 폐종양 조직검사를 받던 중,

과다 출혈 등으로 심장이 정지되어 지속적 식물인간 상태persistent vegetative state에 들어갔습니다. 환자는 자기 의사를 표명할 기회가 없었고, 병원은 인공호흡기를 달았습니다. 간병에 지친 가족들은 김 할머니가 평소 건강할 때 이런 상황을 만나면 인위적으로 생명 연장을 하고 싶지 않다는 말을 한 것을 근거로 인공호흡기를 제거하여 죽음을 맞이하게 해 달라고 병원 측에 요구했습니다. 가족들의 솔직한 심정은 간병이 너무 힘들다는 것이었습니다.

병원 측은 환자의 의사를 확인할 수 없다는 점과 인공호흡기를 떼면 환자가 죽을 수 있다는 점을 근거로 환자 가족의 요구를 거부했습니다. 김 할머니 가족은 법원에 소송을 제기했고, 대법원까지 가는 소송전 끝에 대법원은 환자는 아직 혼수상태에 머물러 있고 의식회복의 가능성도 미약하게나마 남아 있다는 의사들의 소견과 환자는 이미 불가역적인 사망의 상태에 진입하여 인공호흡기를 떼면 열흘 정도를 넘기지 못하고 죽을 것이라는 의사들의 소견 중에서 어떤 과학적 근거도 밝히지 않은 채 후자의 소견을 받아들여 인공호흡기를 제거하라는 판결을 내렸고, 법원의 판결에 따라서 병원은 2009년 6월 23일에 인공호흡기를 제거했습니다. 그러나 김 할머니는 인공호흡기를 제거한 후에도 7개월가량 더 생존함으로써 법원의 판단에 오류가 있음을 보여주었습니다.

김 할머니 사건이 계기가 되어 정부는 "호스피스·완화의료 및 임종 과정에 있는 환자의 연명의료 결정에 관한 법률"이하 연명의료법을 제정하여 시행에 들어갔습니다.

연명의료법은 연명의료 중단의 대상을 "임종 과정에 있는 환자" 곧, "회생의 가능성이 없고, 치료에도 불구하고 회복되지 아니하며, 급속도로 증상이 악화되어 사망에 임박한 상태"로 정의함으로써, 혼수상태의 환자를 연명의료 중단의 대상으로부터 배제하였습니다. 또한 연명의료법은 연명의료를 "심폐소생술, 혈액투석, 항암제 투여, 인공호흡기 착용 및 그 밖에 대통령령으로 정하는 의학적 시술로서, 치료 효과 없이 임종 과정의 기간만을 연장하는 것"으로 정의함으로써 중단할 수 있는 연명의료를 특수한 연명의료에 제한하고 일반적인 연명의료를 계속할 수 있는 길을 열어놓았습니다. 이는 연명의료법이 혼수상태의 환자에게서 수액, 자양분, 산소 공급을 중단하지 못하도록 함으로써 안락사를 금지하고 있음을 뜻합니다. 그러나 동법률은 사전의료의향서로 대표되는 추정판단과 가족들의 대리판단을 전면적으로 허용하는 문제점을 드러내고 있습니다.

김 할머니 사건과 연명의료법은 몇 가지 질문을 제기합니다. 인간이 혼수상태나 뇌사상태에 처했을 때 인위적으로 생명을 종결시켜서는 안 되는 이유는 무엇인가? 혼수상태나 뇌사상태의 환자는 살아 있는 인간으로 보아야 하는가? 일반적 연명의료와 특수한 연명의료의 차이는 무엇인가? 불가역적으로 죽어가는 환자로부터 연명치료를 중단하는 것은 어떤 점에서 허용될 수 있고, 어떤 점에서 허용되어서는 안 되는가? 추정판단이나 대리판단은 환자 자신의 판단으로 볼 수 있는 것인가?

(1) 생명의 종결점

이 문제를 판단할 때 가장 중요한 준거점이 되는 것은 생명의 종결점을 언제로 보아야 하는가 하는 문제입니다. 생명의 종결점에 대해서는 세 가지 입장이 있습니다.

생명의 종결점에 대한 첫 번째 입장은 가장 진보적인 입장으로서 대뇌사 곧, 혼수상태의 환자를 죽은 자로 보는 관점입니다. 혼수상태의 환자 곧 식물인간 상태의 환자는 대뇌기능은 상실되었으나 뇌간과 뇌간 반사기능은 살아 있는 상태로서 혈액순환, 소화기능, 신장기능, 호흡기능이 계속되고 있는 경우를 말합니다.

레이첼스James Rachels는 인간의 생명을 정신활동을 의미하는 전기적 생명the biographical life과 자율신경계의 신체적 작용을 의미하는 생물학적 생명the biological life으로 나눈 후에, 전기적 생명이 없이 단순히 생물학적 생명만이 남아 있는 경우는 인간으로서의 지위는 끝나고 인간이 동물로 전락한 것이라고 보았습니다. 이 견해는 혼수상태의 인간을 의식 혹은 정신활동이 죽은 자로 보는 관점입니다.

그러나 기독교적 인간관은 이 관점을 두 가지 점에서 논박합니다. 첫째로, 인간의 영혼은 창조된 이후 영원히 실재하며 이 영원한 실재는 육체적 죽음의 영향을 받지 않습니다. 따라서 인간의 경우에는 정신활동의 소멸이나 의식의 소멸은 있을 수 없습니다. 둘째로, 신체활동이 이루어지고 있다는 것은 그 안에 영혼이 들어와 있다는 뜻입니다. 창세기 2장 7절에 보면 하나님이 흙으로 인간의 신체를 만드신 후 영혼을 의미하는 생기를 넣어 주실 때 흙으로 된 신체가 작동을 시작했습니다. 인간의 경우에 신체가 작동하고 있다는 것은 생명의 원리인 영혼이 들어와 있다는 뜻입니다.

이 두 관점을 종합하면 혼수상태의 환자는 신체가 정상적으로 작동하고 있고 따라서 영혼이 그 안에 실재하고 있다는 결론을 얻을 수 있습니다. 혼수상태의 환자는 몸 안에 있는 영혼이 자기 자신을 외부로 표현하는 메커니즘에 문제가 생긴 자입니다. 혼수상태에 있다가 깨어난 환자들이 많으며, 혼수상태에 있다가 깨어난 환자들은 혼수상태 기간에 일어난 일들을 기억하고 있습니다. 따라서 혼수상태의 환자는 영혼도 살아서 움직이고 육체도 살아서 움직이는 살아 있는 인간입니다.

생명의 종결점에 대한 두 번째 입장은 대뇌사보다 좀 더 신중한 입장으로서 뇌간을 포함한 뇌의 기능 전체가 소멸되어 불가역적인 사망의 상태에 들어간 것으로 판단하는 시점인 뇌사를 죽음의 시점으로 간주하는 것입니다. 그러나 뇌사상태에 들어간 경우에도 자율신경계의 작용이 항상 동시에 정지되는 것이 아니라 약 14일경까지 작동을 하는 경우가 있습니다. 자율신경계가 작동한다는 것은 신체가 작동하고 있다는 뜻이고, 신체가 작동한다는 말은 생명의 원리인 영혼이 그 안에 머물고 있다는 뜻이므로, 뇌사상태의 인간도 살아 있는 인간입니다.

세 번째는 가장 보수적인 입장으로서 심폐사를 생명의 종결점으로 보는 것입니다. 심폐사는 피의 순환과 폐의 기능이 정지되어 호흡이 멈추는 시점을 죽음의 시점으로 보는 관점입니다. 피의 순환이 정지되어 산소와 자양분의 공급이 정지되면 신체 전체의 기능이 정지되는 것으로 볼 수 있습니다. 심폐기능이 정지된 후에도 세포의 생명이 몇 시간 정도 유지되는 것으로 알려져 있으나, 이 세포는 잔여 생명만을 유지할 뿐, 생명의 특징인 자기복제와 단백질 생성은 하지 못합니다. 인간의 생명이 피에 있다고 말하는 레위기 17장 11절의 말씀도 심폐사를 뒷받침합니다.

결론적으로 말하면 인간의 생명이 종결되는 시점은 심폐사의 시점이라고 볼 수 있습니다.

(2) 안락사와 무의미한 연명치료의 중단

심폐기능이 종결되는 시점이 인간 생명의 종결점이므로 심폐사 이전의 인간은 영혼을 가진 살아 있는 인간이며, 심폐사 이전에 인간의 생명을 인위적으로 종결시키는 행위는 살인행위입니다. 심폐사 이전에 인위적으로 생명을 종결짓는 이유는 환자가 질병이나 노화로 인한 통증으로부터 해방되어 편안하게 죽음을 맞이하고 싶어 하기 때문입니다. 이를 안락사euthanasia라고 부릅니다. 안락사는 인간을 통증으로부터 해방시키기 위한 목적으로 시행되는 것인데, 인간 생명의 가치는 통증으로부터의 해방이라는 가치보다 더 무거운 가치이므로 안락사는 정당화될 수 없습니다. 통증으로부터의 해방이 의미가 있으려면 통증으로부터 해방된 이후에도 살아 있어야 합니다.

통증으로부터 해방된 후에 사람이 죽으면 통증으로부터의 해방이 아무런 의미가 없습니다.

안락사를 묘사하는 다양한 명칭들이 있습니다. 이 명칭들을 들으면 마치 안락사에는 다양한 종류가 있고 또 허용될 수 없는 안락사도 있지만 허용될 수 있는 안락사가 있다는 인상을 받을 수 있어서 많은 혼란이 초래됩니다. 그러므로 용어에 대한 바른 이해가 필요합니다.

첫째로, 통상적으로 안락사는 심한 통증을 느끼는 환자가 자기 생명을 끊어 달라는 의사표현을 적극적으로 하고, 의사가 환자의 의사를 존중하여 환자에게 치사에 이르는 약물 등을 주입하여 환자를 인위적으로 죽음에 이르게 하는 행위를 가리킵니다. 이런 유형의 안락사를 적극적 안락사라고 특정하기도 하며, 자비사mercy killing라고도 하고 의사조력자살physician-assisted suicide이라고도 합니다. 자비사와 의사조력자살은 각기 다른 행위를 가리키는 것이 아니라 안락사의 동의어라는 점에 유의해야 합니다. 자비사는 의사가 환자의 요청을 들어주는 이유가 통증으로 힘들어하는 환자를 불쌍히 여기는 마음이라는 점을 강조하고, 의사조력자살은 의사가 환자를 도운 행위라는 점을 강조하여 안락사에 대한 도덕적인 비판을 누그러뜨리려는 목적으로 등장한 용어입니다. 간단히 말해서 '안락사 = 자비사 = 의사조력자살'입니다.

둘째로, 환자가 자기 의사를 표명하지 못하는 상태 – 곧, 혼수상태나 뇌사상태에 있는 경우에 환자로부터 연명장치를 제거하여 죽음에 이르게 하는 경우를 소극적 안락사라고도 합니다. 소극적 안락사를 존엄사라고 부르기도 하는데, 이 용어에는 문제가 있습니다. 소극적 안락사를 옹호하는 자들은 혼수상태의 환자가 정신활동이 소멸된 상태에서 신체적 생명만 유지되는 상태 곧, 인간이 동물의 상태로 전락한 상태라고 봅니다. 따라서 환자의 생명을 인위적으로 종결시키는 행동은 인간이 동물의 상태로 전락하는 것을 막고 인간으로서의 '존엄성'을 지키는 조치라는 것이 존엄사라는 명칭을 쓰는 이유입니다. 혼수상태의 환자가 정신활동이 정지된 환자라는 해석 자체가 이미 잘못된 것이지만, 생물학적 생명만이 남은 상태에서도 생명을 살리는 것이 인간의 존엄성을 지켜주는 것이라고 할 수 있습니다. 인간의 생명을 죽이는 것이 인간의 존엄성을 지키는 것이라는 논리는 억지 논리입니다.

셋째로, 안락사 특히 소극적 안락사와 유사해 보이지만 안락사가 아니라 윤리적으로도 정당화될 수 있는 행위인 무의미한 연명치료 중단이 있습니다. 무의미한 연명치료의 중단이란 치료를 통한 회복이 불가능한 말기 질환이나 자연적인 노화의 과정에서 죽음을 맞이해야 하는 환자에 대하여 의학적으로 무의미한 치료를 중단하는 것을 의미합니다. 무의미한 연명치료를 중단하는 것은 생명윤리적인 관점에서 허용될 수 있습니다. 왜냐하면 인간이 자의적으로 살아 있는 인간 생명을 종결시킬 권리가 없는 것처럼, 하나님이 주신 생명의 기한을 무리하게 자의적으로 연장하려고 시도하는 것도 항상 옳은 것만은 아니기 때문입니다.

연명치료를 중단한다는 말은 특수한 연명치료를 중단한다는 것을 의미하고, 일반적인 연명치료를 말하는 것이 아님을 유의할 필요가 있습니다. 특수한 연명치료는 심폐소생술이나 인공호흡기 부착이나 항암치료나 투석과 같은 특별한 치료를 말하지만, 일반적인 연명치료는 모든 인간의 신체적 생명유지에 필요한 물과 자양분과 산소를 의료적인 수단으로 공급하는 것을 의미합니다. 의료기술이 허용하는 한 모든 환자는 심폐기능이 정지될 때까지 일반적인 연명치료를 공급받아야 합니다. 그러나 특수한 연명치료는 치료 효과가 없을 때는 중단하는 것이 바람직합니다. 다만 의료기술의 발전 정도에 따라서 특수한 연명치료가 일반적인 연명치료로 전환될 수도 있으므로 특수한 연명치료 중단이 항상 정당한 것만은 아니라는 점을 유의할 필요가 있습니다. 다행하게도 연명의료법은 임종 과정에 있는 환자를 대상으로 한 무의미한 특수한 연명치료만을 중단하고 일반적인 연명치료는 계속하도록 했는데, 이와 같은 조치는 정당한 조치입니다.

(3) 추정판단과 대리판단

연명의료법은 환자 자신이 자기 의사 표현을 할 수 없는 상황에 이르게 되었을 경우에, 사전의료의향서를 기반으로 한 추정판단, 그리고 대리판단을 허용하고 있습니다.

추정판단이란 환자가 자기 의사를 표명할 수 있을 때 했던 말들이나 메모 등을 근거로 하여 환자의 판단을 추정해내는 것을 의미합니다. 그러나 추정판단의 문제는 환자가 남겨 놓은 기록에 나타난 환자의 태도가 실제 상황이 벌어졌을 때도 나타나는 태도라는 것을 어떻게 보장해 줄 수 있는가 하는 것입니다. 대리판단이란 환자의 대리인이나 기타 지정된 후원자가 환자를 대리하여 판단해 주는 것을 의미하는데, 문제는 가족을 비롯한 후원자가 과연 환자의 입장에서 판단하느냐 하는 것입니다.

많은 경우에 가족이나 후원자는 "환자라면 어떻게 판단했을까?"라는 관점보다는 "환자를 위하여 내가 원하는 것이 무엇인가?"라는 관점에서 판단할 우려가 있으며, 이때 환자의 삶 그 자체의 가치보다는 공리주의적인 관점에서 판단할 우려가 있습니다. 다행하게도 연명의료법은 추정판단과 대리판단의 내용을 임종 과정에 있는 환자의 무의미한 특수한 연명치료 중단으로 제한하고 있고, 내용 그 자체도 윤리적으로 문제가 없습니다. 그러나 판단의 내용이 아무리 옳다 하더라도 추정판단과 대리판단은 환자의 마음을 완전히 반영할 수 없다는 문제가 여전히 남아 있습니다.

5. 사형제도

(1) 성경적인 근거

사형제도에 대한 언명이 처음 등장하는 것은 창세기 9장 5,6절에서입니다. "내가 반드시 너희의 피 곧 너희의 생명의 피를 찾으리니 짐승이면 그 짐승에게서, 사람이나 사람의 형제면 그에게서 그의 생명을 찾으리라 다른 사람의 피를 흘리면 (사람을 통하여) 그 사람의 피도 흘릴 것이니 이는 하나님이 자기 형상대로 사람을 지으셨음이 니라"개역개정판에 "사람을 통하여" – '바아담' – 를 누락시킨 것은 심각한 실수로서 번역자에게 사형제도 폐지론을 지지하는 입장이 전제되어 있었던 것으로 추정됩니다.

첫째로, 이 본문에서 미완료 동사인 "흘릴 것이니"는 명령형입니다. 명령의 내용은 고의적으로 사람을 죽인 사람은 사형이라는 형벌을 받아야 한다는 것입니다.

둘째로, 노아는 인류의 머리이자 대표로서 하나님으로부터 이 명령을 받았습니다. 노아가 받은 명령들 – 생육하고 번성하여 땅에 충만 하라는 명령, 고기를 먹도록 허용받은 것, 세계적인 홍수를 다시 보내지 않겠다는 무지개 언약, 사계절이 반복되겠다는 약속 – 은 온 인류에게 적용되는 보편적인 명령들입니다. 따라서 고의적으로 사람을 죽인 자에 대하여 사형을 부과하라는 명령이 노아가 받은 명령이라는 사실은 이 명령도 시대와 장소를 초월하여 보편적으로 적용되어야 할 명령이라는 뜻입니다. 또한 인간이 하나님의 형상이라는 사실이 모든 인류에게 적용되는 보편적인 진리인 것처럼, 이 보편적인 근거 위에서 주어진 사형제도도 시대와 장소를 초월하여 적용되어야 할 보편적인 명령입니다.

모세는 노아 시대와는 다른 시대에 살았음에도 불구하고 창세기 9장 6절을 시대와 장소를 초월하여 적용되어야 할 보편적인 명령으로 받아들였을 뿐만 아니라 이 명령의 취지를 존중하여 사형으로 처벌해야 할 범죄의 종류를 확대시켰습니다. 고의적인 살인의 경우 이 외에도 접신자, 박수무당레 20:6, 아비나 어미를 치는 자출 21:15, 이웃의 아내와 성관계를 가진 자레 20:10, 근친상간레 20:11,12,14, 동성애레 20:13, 수간레 20:15-16, 안식일을 범함출 35:2, 여호와의 이름을 모독함레 24:10,14,16, 사체를 만진 후 씻지 않아 성막을 더럽힌 자민 19:13, 이적과 기사를 보이며 다른 신을 따르자는 선지자나 꿈꾸는 자신 13:5, 우상을 숭배한 자신 13:6-11에게 사형이 부과되었습니다. 다만, 고의적 살인의 경우를 제외한 다른 죄목들의 경우에는 속전을 통한 대체 형벌의 길을 열어놓음으로써 고의적 살인죄와 다른 죄목들을 차별화했습니다.

예수님은 빌라도 앞에서 "위에서 주지 아니하셨더라면 나를 해할 권한이 없었으리니"라고 말씀하심요 19:11으로써 사형제도가 하나님이 세우신 제도임을 간접적으로 인정하셨습니다. 로마서 13장 4절에서 바울은 국가의 기능을 말하면서 "칼"을 언급하고 있는데, 칼은 치명적인 무기를 가지고 타격을 가하는 물리적인 힘을 의미하며, 사형의 도구였습니다. 교회 역사 전체를 개관해 보면 암브로시우스, 어거스틴, 아퀴나스, 루터, 칼빈과 같은 정통 신학자들, 개혁주의 전통의 모든 기독교 윤리학자들은 일관성 있게 사형제도를 지지했습니다.

그러나 모세의 율법은 사형제도의 시행이 남용되는 것을 막기 위하여 몇 가지 견제장치를 설정했습니다.

첫째로, 창세기 9장 6절에 명시된 사형 시행자인 "사람"을 국가기관으로 해석함으로써 개인이 직접 보복하는 것을 막았습니다.

둘째로, 두 명 이상의 증인이 있어야 했고민 35:30,

셋째로, 성의 장로들이 살인자를 잡아 와야 했습니다 신 19:12; 수 20:4.

넷째로, 공의회 앞에서 고의적 살인 여부를 판명받아야 했습니다 민 25:12; 수 20:6. 우상숭배, 안식일 범함, 부모에 대한 패역, 이혼, 동성애 등과 같이 사형의 형벌을 받아야 했던 다른 죄목들에 대해서는 이런 세밀한 조사를 거치지 않았습니다. 왜냐하면 이런 죄목들에 대해서는 속전을 통한 대체형벌의 길이 마련되어 있었기 때문입니다.

이런 과정을 거쳐서 피의 보복은 개인이 아닌 국가기관이 관장하는 법적 절차로 전환되었습니다. 이 점은 로마서 12장과 13장에서 명확하게 정리되었습니다. 바울은 로마서 12장 14절부터 21절에서 개인이 직접 보복하는 것을 금지하고 하나님께 보복을 맡기라고 권고한 후에 국가기관이 하나님의 위임을 받아 보복을 시행한다고 말합니다 롬 13:4.

이처럼 피의 보복이 개인 곧 죽임을 당한 자의 가족으로부터 정부로 이관된 이유는 하나님의 정의를 확립하면서도 살인자의 가족을 보호하기 위한 것입니다.

첫째로, 죽임을 당한 자의 가족은 대체로 살인자 진영 보다 약자의 상황에 있을 개연성이 큽니다. 죽임을 당한 자의 가족이 보복살인에 나섰다가 오히려 상대방에게 다시 제압당할 우려가 있습니다. 그러나 국가기관은 살인자를 제압하기에 충분한 권력을 가지고 있기 때문에 실효적인 보복을 시행할 수 있습니다.

둘째로, 죽임을 당한 자의 가족이 피의 보복에 나서면 보복살인의 순환 고리 안에 얽혀 들어갑니다. 최초의 희생자 가족이 보복을 가하면 처벌받은 자의 가족이 보복자의 가족의 일원을 죽임으로 되갚을 것입니다. 이런 방식으로 보복살인의 순환 고리 속에 얽혀 들어가게 되고 마침내는 가족 전체가 죽임을 당하는 운명을 맞이합니다. 그러나 제 3자인 국가기관이 보복의 주체가 되면 보복을 효율적으로 시행하면서도 보복의 순환 고리를 끊어 버리는 효과가 있습니다. 피의 보복을 당하는 자의 원망이 국가기관을 향하게 되고, 국가기관을 향한 원망은 국가기관의 막강한 힘 앞에서 결국 소멸될 수 있기 때문입니다.

(2) 사형제도 폐지론에 대한 비판

유럽에서 중세 후기와 영국 초기에 사형제도가 정착된 이후에 이 제도가 남용되기 시작했습니다. 영국에서는 헨리 8세가 36년의 통치 기간 중에 72,000명을 사형시켰고, 엘리자베스 1세는 매년 8백 명을 사형시켰습니다. 1769년 영국에서는 사형범죄의 숫자가 160개까지 늘어났습니다. 1814년에 9살짜리 아이가 런던의 상점에서 그림을 훔친 죄 때문에 사형당하기도 했습니다. 미국에서는 1622년에 버지니아 식민지에서 사형제도가 성문화되었고, 송아지를 훔친 다니엘 프랑크Daniel Frank 가 사형당했습니다.

사형제도의 광범위한 남용은 사형제도 폐지 운동을 촉발시켰습니다. 케사레 베카리아Cesare Beccaria 가 펴낸 사형제도 비판서로부터 시작된 사형제 폐지 운동은 투스카니1786와 오스트리아1787에서의 사형제도 폐지로 귀결되었고, 영국에도 일부 영향을 끼쳤습니다. 18,

19세기에는 볼테르, 루소, 칼 마르크스, 데이비드 흄, 제레미 벤담, 벤자민 프랭클린, 토마스 페인이 사형제도 폐지를 주장했습니다.

미국에서는 1845년에 미국 사형제도 폐지협회가 설립되었습니다. 1846년에 미시간주에서 반역을 제외한 모든 죄에 대한 사형제도가 폐지되었고, 로드아일랜드1852, 위스콘신1853이 뒤를 따랐습니다. 23개 주가 사형제도를 폐지했고, 12개 주는 다시 도입했습니다. 네덜란드에서는 1870년대, 프랑스에서는 1981년에 사형제도가 폐지되었습니다.

바르트는 보복적 정의는 세상 죄를 지고 십자가 위에서 죽으신 예수 그리스도 안에서 이미 성취되었으므로 십자가 이후에 더 이상 보복의 정의는 적용되지 않으며, 따라서 보복의 정의의 핵심적인 구현인 사형제도를 십자가의 화해 위에 세울 수 없다고 보았습니다.

그러나 그리스도의 십자가의 복음이 사형제도를 폐기했다는 주장은 문제가 있습니다. 십자가의 복음은 반대로 보복의 정의가 항구적인 신적 원리임을 확립합니다. 항구적인 보복의 원리가 필연적으로 십자가를 요구합니다. 십자가의 복음은 하나님 정의의 표준을 폐기시키지 않고 하나님의 아들이 우리를 대신하여 그 표준을 충족시키고 우리가 받아야 할 형벌을 아들을 통하여 대신 받으신다는 것을 의미하기 때문입니다.

사형제도 폐지론은 고의적 살인에 대하여 사형을 시행하는 것이

고대의 원시적인 형벌방식으로서, 법이 정교하게 발달한 현대 사회에서는 새로운 방식의 형벌로 대체되어야 한다고 주장합니다. 그러나 사형제도가 고대의 원시적인 형벌방식으로서 현대사회에서는 더이상 시행되지 않게 된다면, 그리스도의 죽음을 필연적으로 요구했던 "죄의 삯은 사망이라"라는 항구적인 신학적 원리를 현대인들에게 설명할 길이 없어집니다. 현대인들이 죄에 대하여 사형으로 벌하는 것이 원시시대의 낡은 법 개념이라는 생각을 가지는 한, "죄의 삯은 사망이라"라는 원리도 원시적이고 낡은 원리가 될 수밖에 없습니다. 이 원리가 낡은 원리라면 이 원리 위에 세워진 십자가의 죽음도 낡은 구원의 방식으로 전락해 버리고 맙니다.

베카리아는 사형은 본질적으로 야만적인 형벌이며, 종신형이 더 큰 억지력을 가진다고 주장했습니다. 그러나 사형제도가 억지력을 가지느냐, 가지지 않느냐의 여부를 통계수치 상으로는 확인하기 어렵습니다. 예컨대, 미국의 경우에 미시간, 로드아일랜드, 위스콘신, 메인주와 같은 사형제도를 폐지한 주는 조지아, 앨라배마와 같은 사형제도를 존치하는 주보다 살인의 비율이 저하되었다는 기록이 있으나 1933년에서 1969년 사이의 통계를 조사해 보면 미국에서 매년 사형이 집행될 때마다 평균 7-8건의 살인이 줄어들었다는 기록도 있습니다.

하나님이 신명기 17장 12절과 13절에서 직접 사형제도가 억제 효과가 있다고 단언하셨다는 점을 주목해야 합니다. 하나님이 직접 억제 효과가 있다고 하신 말씀을 인간이 거부해서는 안 됩니다. 사형제도가 지닌 범죄예방 기능은 모든 인류의 심리적 기저에 내재해 있는 양심의 차원에 있는 것으로서 통계로 잡힐 수 있는 것이 아닙니다. '사람을 죽이면 내가 죽어야 한다'라는 원칙은 모든 인류의 도덕적 양심을 지탱시켜 주는 강력한 심리적 억제기능을 가집니다.

사형제도가 교정의 기능을 제대로 발휘하지 못한다는 주장은 사형제도의 정당성 여부를 판단하는 주된 이유가 되지 않을 뿐만 아니라 경험적으로도 사실과 다릅니다. 사람은 죽음을 직면할 때 가장 진실해지고 자기 자신을 솔직하게 볼 수 있는 안목이 생깁니다. 교도소에서 사형을 앞에 둔 대부분 범죄인이 자기 행동의 잘못을 진심으로 회개하고 복음을 받아들이고 평안한 마음으로 죽음을 맞이하는 것으로 전해지고 있습니다. 6명을 도끼로 살해하고 체포되어 사형선고를 받았던 고재봉이 진심으로 회개하고 수많은 죄수에게 복음을 전한 후에 평안하고 행복한 마음으로 죽음을 맞이했던 사건이 좋은 예입니다.

오히려 무기수들이 마음을 고치지 않고 완악한 마음을 그대로 지닌 채 생애를 보낼 때가 많습니다. 1973년 헨리 브리스본Henry Brisbon이 일리노이의 고속도로에서 여성 운전자를 하차하게 한 후에 엽총을 자궁에 밀어 넣고 발사한 일이 있습니다. 그는 여성이 고통받는 모습을 보고 몇 분 뒤에 엽총을 여성의 목구멍에 대고 발사하여 죽였습니다. 그는 사형제도가 폐지된 주인 일리노이주에서 100-300년을 선고받고 복역 중 수감자들을 연쇄적으로 죽였습니다. 일리노이 주가 그의 연쇄 살인 행각을 막을 수 없었던 이유는 사형제도가 없었기 때문입니다.

사형제도는 죄수에게 그리스도를 구주로 영접하는 것을 방해한다는 주장이 있으나 실상은 그렇지 않습니다. 죽음의 형벌을 실제로 받는다는 사실은 범죄자에게 죽음 뒤에 있을 하나님의 심판에 대하여 생각하도록 하고 자신이 범한 죄가 하나님의 심판의 대상이 된다는 충격적인 사실 앞에 서게 하며, 이런 충격은 그를 회개로 이끌 수 있습니다.

사형제도 존립의 일차적인 목적은 교정이나 예방이 아닙니다. 교정과 예방은 이차적이고 부수적인 목적입니다. 사형제도 존립의 목적은 모든 인간의 마음속에 선천적으로 주어져 있는 '정의의 감각'the sense of justice을 충족시켜 줌으로써 사회의 정의로운 법 구조에 대한 시민들의 신뢰를 확보하고 사회의 도덕적이고 법적인 안정을 확립하는 데 목적이 있습니다. 예컨대 스무 명이 넘는 무고한 여성들을 살해한 살인범을 향하여 "저런 놈은 마땅히 사형의 형벌을 받아야 해"라고 부르짖는 시민들의 분노의 부르짖음을 잔혹한 심성의 표현이요, 사랑을 추구하는 기독교인들이 멀리해야 하는 마음이라고 단정하는 것은 이 부르짖음의 의미를 잘못 해석했기 때문에 나온 생각입니다. 6백만 명의 무고한 유대인을 학살한 히틀러나, 공허한 이념과 정권 유지를 위하여 2천만 명이 넘는 사람들을 잔혹하게 살해한 스탈린을 보면서 "저런 놈은 마땅히 사형당해야 해"라고 부르짖는 분노의 부르짖음도 마찬가지입니다. 이 분노의 부르짖음 안에는 억울하게 죽임을 당한 무고한 시민들에 대한 깊은 애정이 배어 있으며, 정의실현을 향한 본능적이고 선천적이며 보편적인 요청이 자리 잡고 있습니다. 이 요청을 충족시켜 주지 못하는 사법권은 끊임없이 그 신뢰성을 의심받을 수밖에 없습니다. 사형의 대상이 되는 범죄자의 인권은 이 정의의 요청을 충족시키고 난 이후에 부차적으로 고려될 수 있는 문제입니다. 희생당한 당사자와 그의 가족들의 애환과 한을 먼저 고려하지 않고 가해자의 인권만을 일방적으로 고려해서는 안 됩니다.

사형제도 폐지론은 사형제도가 오판의 위험성이 있고 사형에 있어서 오판이 발생하면 되돌이킬 수 없다는 점을 사형제도 폐지의 논거로 제시합니다. 그러나 오판과 남용을 우려한다면 거의 모든 문화적인 장치나 사회제도를 다 폐기 처분해야 할지도 모릅니다. 예컨대 비행기나 자동차를 타고 가다가 무고하게 죽는 사람들의 숫자는 사형을 선고받고 무고히 죽어가는 사람들의 숫자보다 몇만 배 이상 많습니다. 이렇게 많은 숫자가 죽어야 한다면 차라리 비행기를 아예 없애 버리거나 자동차를 아예 없애 버리는 것이 낫지 않을까요? 그런데 그렇게 주장하는 사람은 아무도 없습니다. 심지어 자동차 사고로 가족을 잃은 사람도 자동차를 이용하여 장례식을 치르고 여전히 자동차를 타고 다닙니다. 비행기 사고로 가족을 잃은 사람도 여전히 비행기를 타고 다닙니다. 사형제도가 남용된 특수한 예외적인 사례를 지나치게 과장해서는 안 됩니다. 현행 사법제도는 '경찰의 검거 -> 검사의 구형 -> 법관의 사형선고 -> 항고 -> 상고 -> 법무부 장관의 사형 집행 명령 -> 검사의 입회하에 교도관에 의한 처형'과 같은 중층적 검증 장치를 가지고 있습니다. 이런 장치들만 잘 작동되면 남용의 우려는 하지 않아도 됩니다.

정치범이나 양심범 등의 경우에는 사형제도가 정적을 제거하기 위한 도구로 남용될 수 있으므로 사형을 부과하지 않는 것이 바람직합니다. 그러나 고의적 살인에 대해서는 사형을 부과할 수 있는 가능성을 열어놓는 것이 성경적이며 형벌의 공정성의 기반을 확립한다는 점에서 반드시 필요합니다.

고의적 살인에 대하여 사형을 부과하지 않고 있는 성경 상의 사건들에 근거하여 사형제도의 폐지를 주장하는 것은 관련 본문들에 대한 오해에 기인합니다.

하나님이 아벨을 고의적으로 살해한 가인에 대하여 사형을 부과하지 않은 것은 당시 아담 가족의 사정을 배려한 것입니다. 정부 기관이 없었던 당시 상황에서 가족 안에서 일어난 살인사건에 대하여 사형을 시행한다면 가인의 부모인 아담과 하와가 자식인 가인을 죽여야 합니다. 하나님은 이와 같은 일종의 친족살해가 가족 안에서 시행되는 것을 원하지 않으셨습니다. 인간의 생명의 주인은 하나님이시므로신 32:39; 욥 1:21 하나님은 고의적 살인죄에 대해서도 사형의 시행을 유보할 권한을 가지고 계십니다. 이와 같은 예외적인 사형보류에도 불구하고 "네 아우의 핏 소리가 땅에서부터 내게 호소하느니라"창 4:10라는 말씀은 가인의 죄가 피의 보복을 요청하는 죄임을 뜻하며, 가인을 죽이는 자는 벌을 칠 배나 받는다창 4:15는 말씀은 살인자는 사형이라는 형벌보다 훨씬 더 무거운 형벌을 받아 마땅한 죄임을 시사하고 있으며, 가인이 유리遊離하게 될 때 "무릇 나를 만나는 자마다 나를 죽이겠나이다"창 4:14라고 우려한 것은 당시 이미 고의적 살인자에 대해서는 죽음이라는 형벌을 받아야 한다는 원리가 보편화되어 있었음을 보여줍니다.

다윗이 밧세바를 빼앗기 위하여 우리아를 전쟁터에 내어 보내 죽인 사건의 경우에 사형이 시행되려면 두 증인이 있어야 했는데 두 증인이 없었습니다. 또한 사형 집행은 국가기관의 장이 시행해야 했는데, 다윗 자신이 국가기관의 수장이므로 다윗 자신이 자신을 향하여 사형을 집행해야만 합니다. 이것은 정말로 기괴한 일입니다. 따라서 하나님은 특별한 방법으로 나단을 통하여 개입하셔서 다윗 자신이 사형을 당하고 종결되는 것보다 월등히 무거운 벌을 다윗 왕가에 내리셨습니다. 다윗이 "네 배나 갚겠다"삼하 12:6라고 말한 것을 염두에 두기나 하신 것처럼, 밧세바와의 사이에서 낳은 아들이 죽었고, 아들 압살롬이 죽었고, 딸이 겁탈당했고, 궁극적으로는 왕국을 잃었습니다.

창세기 9장 6절에 있는 보편적 약정인 노아 언약의 맥락 안에 있는 고의적 살인에 대한 사형부과의 경우를 제외한 다른 죄목들에 대해서는 대체형벌을 부과하는 것이 가능합니다.

6. 전쟁

전도서 기자는 "범사에 기한이 있고 천하만사가 다 때가 있나니"전 3:1라고 말한 다음, '천하만사'의 사례를 열거하면서 전쟁과 평화를 그 사례에 포함시켰습니다. "전쟁할 때가 있고 평화할 때가 있느니라"전 3:8.

전쟁할 때가 있다는 말은 아무리 비참한 살생이 수반된다고 하더라도 전쟁이 정당할 때가 있다정당전쟁론는 뜻입니다. 평화할 때가 있다는 말은 평화 그 자체가 아무리 좋은 것이라 하더라도 평화를 추구하는 것평화주의이 부당할 때가 있음을 전제하는 말입니다. 죄에 깊이 장악된 세계 안에서 일방적으로 평화를 추구하는 것은 세계를 더 큰 비극 속에 빠뜨릴 수 있습니다. 전쟁을 통하지 않으면 해결되지 않는 악이 있습니다. 따라서 기독교인들은 평화를 추구해야 할 때는 언제이며 전쟁을 해야 할 때는 언제인가를 분별하는 지혜를 갖추어야 합니다.

기독교계 안에는 전쟁에 대하여 세 가지 관점이 등장했습니다. 하나는 기독교 평화주의이며, 다른 하나는 정당전쟁론이며, 또 다른 하나는 정당전쟁론을 확장시킨 대의전쟁론입니다.

(1) 기독교 평화주의

기독교 평화주의의 논증은 초대교회의 교부들, 종교개혁 시대의 재세례파, 현대 자유주의신학 진영 등에 나타난 관점으로서, 전쟁 그 자체를 거부합니다. 기독교 평화주의는 두 가지 성경적 근거에서 출발합니다. 하나는 미가서 4장 3절에 있는 하나님 나라의 묘사입니다. "그 칼을 쳐서 보습을 만들고 창을 쳐서 낫을 만들 것이며 이 나라와 저 나라가 다시는 칼을 들고 서로 치지 아니하며 다시는 전쟁을 연습하지 아니하고." 이 본문에 나타난 하나님의 나라는 전쟁이 종식된 나라입니다.

기독교 평화주의는 기독교인들은 전쟁이 완전히 종식된 나라를 현실 속에서 추구해야 한다고 말합니다. 다른 하나는 악을 악으로 갚지 말고 원수를 사랑하라는 가르침입니다레 19:18; 마 5:38-48; 롬 12:14-21. 기독교 평화주의는 기독교인들은 이 명령에 순종하는 삶을 살아야 하므로 전쟁에 참여해서는 안 된다고 말합니다.

그러나 위의 두 본문에 대한 기독교 평화주의의 해석과 적용에는 문제가 있습니다. 기독교 평화주의는 미가서의 본문이 전쟁이 멈춘 평화의 지상왕국을 말하는 것으로 해석했으나, 본문이 말하는 하나님의 나라는 종말의 때가 이르기 전까지는 신자들의 마음 안에 영적으로 실현될 뿐이며, 이 영적인 나라의 가시적 구현은 종말의 때 이후로 유보되어 있습니다. 이 나라는 인간의 힘으로 평화를 구현해야 하는 나라가 아니라 하나님이 주권적인 은혜를 통하여 이미 평화를 구현한 나라입니다. 또한 기독교 평화주의는 이 영적인 나라가 종말의 날까지 사탄의 나라와 치열한 영적 전쟁상태에 있음을 간과했습니다. 이 나라에서 평화와 전쟁은 함께 가며, 이 나라의 평화는 전

216

쟁을 통해서만 지켜집니다.

기독교 평화주의는 원수를 사랑하라는 계명을 잘못 적용했습니다. 모세의 율법에는 "원수를 사랑하라"라는 계명과 "눈에는 눈으로, 이에는 이로 갚으라"레 24:20; 신 19:21라는 동해보복법이 나란히 나옵니다. 이 두 계명이 나란히 나온다는 것은 이 두 계명이 함께 필요하다는 뜻입니다. "원수를 사랑하라"라는 계명은 하나님의 백성들의 개인적인 생활원리를 말한 것이고, "눈에는 눈으로, 이에는 이로"는 정의의 원칙으로서 국가기관의 운영원리를 말한 것입니다.

국가는 "눈에는 눈으로, 이에는 이로"의 원리에 따라서 필요할 때는 권력으로 정의를 시행하라는 소명을 받았습니다. 국가는 "원수를 사랑하라"라는 원리에 따라서 행동하면 안 됩니다. 국가가 정의의 원리를 충실하게 구현할 때 국가의 구성원들이 원수까지도 사랑할 수 있습니다. 국가가 타국으로부터 부당하게 무력으로 공격을 받을 때 무력으로 국가를 방어하여 만들어진 구조적 환경 안에서 국민이 원수까지도 사랑할 수 있습니다. 전쟁은 개인이 수행하는 일이 아니라 국가에 위임된 일입니다.

초대교회 교부들은 대부분 기독교 평화주의를 지지했는데 그 이유는 이들이 국가의 소명을 생각했던 것이 아니라 기독교인 개인과 교회의 소명을 생각했기 때문입니다. 초대교회 시대의 신학자들의 관심은 개인윤리와 교회윤리의 차원에 머물렀고 국가윤리의 문제까지 생각할 겨를이 없었습니다.

기독교 평화주의는 좋은 의도에도 불구하고 역사 안에서 실질적인 열매를 거두지 못했습니다. 초대교부들의 기독교 평화주의는 기독교인들과 교회에 대한 잔인한 박해를 멈추는 일에 아무런 힘도 발휘하지 못했습니다. 기독교인들과 교회의 박해를 중단시킨 것은 콘스탄틴 대제의 정치적 결정이었습니다. 칸트 이후에 등장한 계몽주의의 평화로운 세계건설의 시도, 그리고 19세기에서 20세기를 아우르는 신학적 자유주의는 너무나 무력하여 1차 및 2차 세계 대전을 막는 일에 아무런 손도 쓸 수 없었습니다. 2차 대전을 실질적으로 종식시키고 세계평화를 가져온 것은 패튼의 전차군단이었습니다. 전쟁이 요구될 때 적극적으로 응하고자 하는 의지가 없는 공상적이고 이념적인 평화는 열매는 없고 잎만 무성한 나무입니다.

(2) 정당전쟁론

어거스틴, 아퀴나스, 루터와 칼빈, 그리고 개혁주의 전통에 속한 신학자 대부분은 죄에 장악된 현 세계 안에서는 전쟁이 아니면 해결될 수 없는 현실이 있다는 사실에 의견을 같이 했습니다. 정당전쟁론은 몇 가지 조건 안에서 전쟁을 정당화합니다.

정당전쟁론은 개인으로서의 기독교인을 포함한 교회의 소명과 국가의 소명이 다르다는 전제로부터 출발합니다. 우리가 유념해야 할 점은 교회와 국가 모두 죄가 편만해 있는 현재의 세상 안에서 죄의 세력에 대항하여 싸우는 전쟁에서 벗어날 수 없다는 것입니다. 기독교인 개인과 교회가 평화를 추구한다는 말은 전쟁으로부터 해방되었다는 뜻이 아닙니다. 현실 속에 있는 교회는 전쟁에서 벗어날 수 없기 때문에 지상의 교회는 전투적 교회라고 명명됩니다. 소명에 있어서 교회와 국가의 차이는 전쟁의 양상과 전쟁에서 사용되는 무기에 있습니다. 교회가 수행하는 전쟁은 공중의 권세 잡은 자인 사탄의 세력에 대항하여 전개되는 영적인 전쟁이며, 이 전쟁에 동원되는 무기는 기도를 통하여 행사되는 성령의 권능과 설교를 통하여 행사되는 말씀의 권능입니다엡 6:17,18. 반면에 국가가 수행하는 전쟁은 내부적으로는 시민들의 범법행위에 대항하여 싸우며, 외부적으로는 영토를 침탈하고 국민의 생명을 위협하는 타 국가의 군사적 공격에 대항하여 싸웁니다. 이 전쟁에서 국내적으로는 경찰권이 포함된 법적 강제력이 사용되며, 국외적으로는 군사력이 사용됩니다.

국민의 생명을 타 국가의 부당한 침략으로부터 보호하는 것은 국가에 주어진 소명입니다. 이와 동시에 부당한 방법으로 국경선을 침범하고 변경시키고자 하는 타국의 시도에 대항하여 국경선을 수호함으로써 영토를 보전하기 위하여 방어전을 수행하는 것도 국가에 주어진 고유한 과제입니다. 사도행전 17장 26절은 하나님이 "거주의 경계"를 정하셨다고 말하고 있는데, 이 말의 의미는 한 국가의 국경선은 하나님이 정하신 것이라는 뜻입니다. 국경선을 하나님이 정하셨다는 말은 하나님이 인정하실만한 정당한 이유 없이 국경선을 침범하는 행위는 하나님이 세우신 질서를 파괴하는 행위이며, 따라서 이에 대응하여 방어 전쟁을 수행하는 것은 성경적으로 볼 때 정당하다는 뜻입니다.

방어 전쟁이라 할지라도 전쟁은 끔찍한 대량살상과 파괴를 수반하는 극히 위험한 일이기 때문에 기독교윤리는 몇 가지 전제조건이 충족되는 것을 조건으로 방어 전쟁의 정당성을 인정했습니다. 기독교윤리학자들이 제시한 전제조건들은 다음과 같습니다.

첫째로, 전쟁의 이유가 정당해야 합니다. 이 말은 방어 전쟁이 정당한 전쟁이라는 뜻입니다. 둘째로, 전쟁의 목표가 전쟁 그 자체에 있어서는 안 되고 궁극적으로 평화를 확보하고자 하는 데 있어야 합니다.

셋째로, 전쟁은 최후의 수단이라야 합니다. 전쟁을 시작하기 전에 모든 가능한 협상과 타협이 시도되어야 합니다.

넷째로, 국가의 최고 책임자의 공식적인 선전포고가 선행되어야 합니다.

다섯째로, 군사력의 사용대상에 일정한 제한이 있어야 합니다. 민간인 살상과 민간시설에 대한 파괴는 가능한 한 억제되어야 합니다.

(3) 대의전쟁론

정통주의 기독교 전통은 대의가 명확한 경우에 소극적인 방어 전쟁뿐만 아니라 예방적인 공격 전쟁이라 할지라도 허용될 수 있다는 견해를 취해 왔습니다.

성전聖戰은 고전적인 대의전쟁의 한 유형입니다. 성전은 하나님의 명령에 따르거나 아니면 하나님이 동의하실만한 대의가 있는 경우에 하나님의 이름으로 수행하는 전쟁을 가리킵니다. 하나님이 직접 명령하신 전쟁은 정당한 대의에 근거한 전쟁입니다. 그러나 유의할 점은 하나님은 전쟁을 명령하시면서 대의를 명확히 밝히셨다는 것입니다. 예컨대 하나님은 이스라엘 자손들에게 천하에서 아말렉에 대한 기억을 지워버릴 정도로 철저하게 진멸해 버릴 것을 명령하셨습니다신 25:19. 그 이유는 아말렉 족속이 출애굽 여정 중 장기간 행군에 지친 이스라엘 자손의 행렬의 맨 뒷부분에 처져 있는 약한 자들을 치는신 25:18 비겁한 방법으로 전쟁을 수행했기 때문입니다. 하나님이 이스라엘 자손에게 가나안의 여섯 부족 중에 호흡이 있는 자를 하나도 남김이 없이 진멸할 것을 명령하실 때도 그 이유를 분명히 밝히셨습니다. 그 이유는 이 족속들이 자신의 신들을 섬기기 위하여 가증한 일을 행했기 때문입니다신 20:16-18. 하나님이 불의를 바로잡는 방편으로 전쟁을 명령하신 것입니다.

십자군 전쟁은 예루살렘을 성지로 해석하고 성지를 탈환한다는 명목으로 하나님의 이름으로 진행되었습니다. 구약시대에는 예루살렘이 장차 오실 예수님과 예수님이 이룩하실 구속사건에 대한 예표로서의 존재 의미를 지니고 있었으나 예수님이 구속사건을 성취하신 이후에는 상징으로서의 의미가 중단되었고 또한 주후 70년에 예루살렘이 멸망당하여 성지로서의 의미를 상실했습니다. 따라서 성지 탈환이라는 대의는 정당한 대의가 될 수 없으며 십자군 전쟁은 성전으로 정당화될 수 없습니다.

대의가 정당한 전쟁으로는 2차 대전에 미군이 참여한 것이나 한국전쟁에 유엔군이 참전한 사례를 들 수 있습니다. 미국의 자유주의 신학자들과 교회들은 독일군이 미국의 영토를 침범하지 않았음에도 불구하고 미국이 전쟁에 참여하는 것은 공격 전쟁이라고 말하면서 2차 대전 참전을 비판했습니다. 그러나 같은 자유주의 전통에 속한 신학자인 라인홀드 니버Reinhold Niebuhr는 두 척의 여객선이 항해하는 도중에 한 척이 파선하여 승객들이 모두 익사할 위험에 처한다면, 다른 한 배는 항해를 멈추고 바다에 빠진 승객들을 구조하여 같이 가야 한다는 비유를 들면서 적극적으로 참전을 독려했습니다. 북한 정권이 정당한 이유 없이 국경선을 넘어 남한의 영토를 침탈한 것은 명백히 부당한 공격 전쟁입니다. UN 회원국들이 자기 나라의 국경이 침탈당하지 않았음에도 불구하고 한국전쟁에 참전한 것은 정당한 대의전쟁에 참여한 것입니다.

예방 전쟁이 정당한 경우로는 1917년에 연합군에 대한 물자지원 때문에 야기된 긴장 이외에는 실질적인 전쟁의 원인이 없었음에도 독일에 대하여 전쟁을 선언했던 미국이나, 1967년 아랍권이 단결하여 이스라엘을 침공하려고 준비하고 있을 때 위험을 감지한 이스라엘이 선제공격을 가한 경우를 들 수 있습니다.

(4) 핵전쟁

핵 평화주의자들은 냉전 시대에 핵무기감축 협상이 실패한 원인은 협상에 임한 두 당사국이 모두 상대국을 의심하면서 먼저 핵무기감축을 시도하지 않았기 때문이라고 보고, 상대국에 핵무기감축을 요구하기에 앞서서 먼저 핵무기를 감축하거나 폐기하여 진정성을 보이면 상대방도 의심을 풀고 핵무기를 감축 혹은 폐기할 것이라는 논증을 폈습니다. 그러나 어느 한쪽의 일방적인 핵무기 폐기는 오늘날의 국제사회 현실에서는 매우 위험한 발상입니다. 힘의 지배를 특징으로 하는 국제정치의 속성상 한쪽의 일방적인 핵무기감축이나 폐기는 결코 상대국의 핵의 감축이나 폐기를 가져올 수 없으며, 오히려 핵무기를 가진 상대국에 의한 독재적 세계지배를 초래하거나 국제 테러 집단에 핵무기를 안겨주는 심각한 결과를 초래하게 될 것입니다.

또한 핵 평화주의는 한쪽 진영이 상대방 진영의 핵무기공격을 받아 전멸의 위기에 처했다 하더라도 핵 보복공격을 해서는 안 된다고 주장합니다. 그렇게 주장하는 이유는 핵 보복공격을 한 진영이라도 살아남아 인류의 종족을 보존해야 하기 때문이라는 것입니다. 그러나 이런 발상은 국가와 국가 간 관계의 규범적 지침이 되는 공정성의 원칙에 어긋나며 핵 보복공격을 한 진영이 살아남는다는 것은 사악한 세력이 살아남는다는 뜻이며, 이는 인류사회를 더 큰 비극 속으로 몰아넣게 될 것입니다. 따라서 핵 공격이 이루어지는 경우 보복공격은 불가피합니다.

유감스럽게도 죄로 점철된 현실 속에서 핵이 없는 세상은 실현 불가능한 유토피아이며, 실현 불가능한 유토피아를 추구할 때 인류사회는 더 큰 비극 속으로 떨어질 수 있습니다. 이미 핵무기를 가지고 있는 타락한 세상 안에서는 "테러의 균형"the balance of terror에 의존하지 않으면 평화를 유지할 수 없다는 엄중한 현실을 직시해야만 합니다.

7. 이웃을 미워하는 것도 살인

제6계명은 예수님에 이르러서 더욱더 철저하게 적용됩니다. 예수님은 직접으로든지 간접으로든지 사람을 죽이는 행동만이 제6계명을 범한 것이 아니고 형제를 미워하는 마음을 품으면 그것이 이미 마음으로 살인죄를 범하는 것임을 강조하심으로써 이 계명을 내적인 차원까지 확대하여 적용하셨습니다. "옛사람에게 말한 바 살인하지 말라 누구든지 살인하면 심판을 받게 되리라 하였다는 것을 너희가 들었으나 나는 너희에게 이르노니 형제에게 노하는 자마다 심판을 받게 되고 형제를 대하여 라가라 하는 자는 공회에 잡혀가게 되고 미련한 놈이라 하는 자는 지옥 불에 들어가게 되리라"마 5:21-22. "옛사람에게 말한 바... 너희가 들었으나"라는 구절은 신구약 중간기 시대의 유대교 랍비들이 유대인들에게 제공한 율법교육을 뜻합니다. 랍비들은 "살인하지 말라"는 율법의 명령을 사람을 죽이는 행동을 금지하는 명령으로 이해하여 외적인 행동에 적용했고, 사람을 죽이는 외적인 행동만 하지 않으면 이 명령을 준수한 것으로 해석했습니다.

그러나 예수님은 이 같은 율법 적용이 잘못된 것임을 밝히셨습니다. 예수님은 마음으로 형제를 미워하는 마음을 품는 것 – 노하거나, 라가라고 하거나, 미련한 놈이라고 하는 것 등 – 이 이미 제6계명을 범하는 죄가 된다고 말씀하셨습니다. 어떤 사람을 미워하는 마음을 품는다는 것은 그 사람을 보기 원하지 않는다는 것을 뜻하며, 그 사람을 보지 않을 수 있는 가장 효과적이고 확실한 방법은 그 사람을 죽여서 제거하는 것입니다. 마음으로 어떤 사람을 미워하는 것과 그 사람을 죽이는 행동 사이의 거리는 생각보다 매우 가깝습니다. 어떤 사람이 자기를 바라보는 눈빛이 기분이 나빴다든가, 함께 술을 마시다가 상대방이 무심코 한 말 한마디가 기분을 상하게 하는 시발점이 되어 살인까지 연결되는 경우가 많습니다. 따라서 요한일서 3장 15절은 "그 형제를 미워하는 자마다 살인하는 자"라고 말합니다.

8. 이웃사랑은 제6계명의 적극적인 실천

우리는 사람을 죽이지 말라는 계명이 이웃을 사랑하라는 더 큰 계명을 실천하기 위한 아주 소극적인 방법에 불과하다는 사실을 깨달을 때 비로소 이 계명의 자리를 바르게 알게 됩니다. 사람을 죽이는 행동은 이웃을 향한 마음이 가장 냉랭하게 식었을 때, 또한 인간의 마음이 가장 완악해졌을 때 나타나는 현상이며, 제6계명은 이때를 위한 규정입니다. 따라서 제6계명을 범했느냐의 여부를 따지는 상황에 빠져들기 이전에, 그리고 마음속으로 형제를 미워하고 있는가를 따지기에 앞서서, 아예 이웃을 사랑하는 마음으로 가득 차 그 사랑을 실천하기 위하여 힘쓰는 것이 중요합니다. 그렇게 되면 구태여 제6계명이 필요 없게 됩니다.

제**7**계명

간음하지 말라

1. 간음, 결혼 질서 밖에서 행해지는 성관계

십계명에서 사용된 "간음"'나아프'의 좁은 의미 곧, 문자적인 기본 뜻은 남자가 배우자가 아닌 약혼 또는 결혼한 여자와 성관계를 가지는 행위를 가리킵니다. 신명기 22장 22절은 남자가 유부녀와 동침하는 행위에 대하여 사형을 선고하는 동시에 23-24절은 약혼한 여자와 동침한 남자에 대해서도 동일하게 사형을 선고하고 있습니다.

이 단어는 넓은 의미에서 하나님이 허락하신 합법적인 질서 밖에서 행해지는 모든 성행위를 가리키는 용어로 해석할 수 있습니다. 레위기 18장과 20장은 남자가 결혼한 여인과 성관계를 갖는 행위를 금지하는 것과 같은 비중으로 어미와 성관계를 갖는 것, 이복자매를 포함하여 자매와 성관계를 갖는 것, 손녀와 성관계를 갖는 것, 기타 다른 가까운 친척과 성관계를 갖는다거나, 동성과 성관계를 갖는 것,

동물과 성관계를 갖는 것 등을 모두 포괄적으로 금지하고 있습니다.

그뿐만 아니라 모세의 율법은 남자가 거리의 여자 곧 창녀에게 가서 성관계를 갖는 행위도 역시 간음으로 간주하여 금지하고 있습니다. 이 점과 관련하여 우리는 야곱의 넷째 아들인 유다가 창녀에게 간 일이라든지 창 38:15, 삼손이 창녀에게 간 일이라든지 삿 16:1, 위대한 신앙의 여인 라합이 기생이었다 수 2장는 등의 사례를 들어서 구약이 매춘행위를 허용하고 있는 것이 아니냐는 의문을 가질 수 있습니다. 그러나 이런 매춘행위들은 우리가 본받아야 할 모범으로 기록된 것이 아니라 하나님의 백성들이 이방관습을 극복하지 못한 채 미혹되어 범죄에 빠져 든 사례들을 보여주기 위하여 기록된 것입니다. 매춘행위를 보도하는 본문들은 매춘행위에 뒤따르는 비극적인 결과도 함께 보도하고 있습니다. 예컨대 유다는 창녀에게 들어갔다가 며느리와 성관계를 가지는 패륜에 빠져들었습니다. 삼손은 창녀에게 간 일 때문에 결국은 비참한 종말을 맞이했습니다. 성경이 라합을 신앙의 위인으로 칭찬하는 것 히 11:31은 라합이 행한 창녀 행위 그 자체를 정당한 행위로 인정한 것이 아니라 라합의 창녀 생활을 용서해 주시고 창녀 생활이라는 과거가 있었음에도 라합이 보여 준 믿음의 행위를 가상히 여겨 은혜로 받아 주셨음을 뜻합니다.

구약성경에는 매춘을 명백하게 금지하는 본문이 있습니다. "네 딸을 더럽혀 창녀가 되게 하지 말라 음행이 전국에 퍼져 죄악이 가득할까 하노라" 레 19:29. "이스라엘 여자 중에 창기가 있지 못할 것이요 이스라엘 남자 중에 남창이 있지 못할지니 창기가 번 돈과 개 같은 자의 소득은 어떤 서원하는 일로든지 네 하나님 여호와의 전에 가져오지 말라 이 둘은 다 네 하나님 여호와께 가증한 것임이니라"신 23:17-18. 모세 당시 가나안의 이방종교에서는 성전에 전문적인 창녀를 두고 예배자들이 이들과 더불어 매춘행위를 하도록 했습니다. 성전에서의 매춘행위는 예배의식 가운데 하나였습니다. 가나안 종교에서는 매춘행위를 하면 풍부한 수확이 뒤따른다고 믿었습니다. 모세의 율법은 이스라엘 백성들이 가나안 종교에 미혹되어 성전의 창녀나 미동이 되는 것을 금하는 동시에 일반적인 매춘행위도 금지하고 있습니다. 특히 신명기 22장 13-21절에 보면 신부로 데리고 온 처녀가 성행위를 했다는 의심이 있으면 정밀하게 조사해서 그 증거가 발견되면 간음행위를 한 경우와 같은 형벌을 부과하도록 규정하고 있는데, 이 사건은 일반적인 의미의 매춘을 성경이 금지하고 있음을 보여주는 것입니다.

신약성경에서는 아주 분명하게 넓은 의미의 간음행위가 금지되고 있습니다. 예루살렘 총회가 끝난 후에 예루살렘 교회는 교회 신자로 편입된 이방인 신자들을 향해서 "음행을 멀리할 것"을 명령하고 있습니다행 15:20,29. 사도 바울은 다른 죄를 범하는 것은 몸 밖에 범하는 것이지만 음행은 자기 몸에 죄를 범하는 것일 뿐만 아니라 하나님으로부터 받은 몸을 더럽히고 성령이 거하시는 거룩한 전을 더럽히는 죄임을 분명하게 못 박고 있습니다. "너희 몸이 그리스도의 지체인 줄을 알지 못하느냐 내가 그리스도의 지체를 가지고 창녀의 지체를 만들겠느냐 결코 그럴 수 없느니라 창녀와 합하는 자는 그와

한 몸인 줄을 알지 못하느냐 일렀으되 둘이 한 육체가 된다 하셨나니 주와 합하는 자는 한 영이니라 음행을 피하라 사람이 범하는 죄마다 몸 밖에 있거니와 음행하는 자는 자기 몸에 죄를 범하느니라 너희 몸은 너희가 하나님께로부터 받은 바 너희 가운데 계신 성령의 전인 줄을 알지 못하느냐 너희는 너희 자신의 것이 아니라 값으로 산 것이 되었으니 그런즉 너희 몸으로 하나님께 영광을 돌리라"고전 6:15-20.

2. 결혼, 합법적인 성관계의 틀

하나님은 태초부터 인간을 남자와 여자로 창조하셨습니다. "하나님이 자기 형상 곧 하나님의 형상대로 사람을 창조하시되 남자와 여자를 창조하시고"창 1:27. 인간을 남자와 여자로 만드신 후 하나님은 이 모습을 보시고 "심히 좋았다"라고 평가하셨습니다. "하나님이 지으신 그 모든 것을 보시니 보시기에 심히 좋았더라"창 1:31. 인간은 이 세상에서 남자와 여자라는 구별된 성으로 존재하며, 이것은 하나님이 정하신 아름답고 완전한 인간존재의 질서입니다.

이와 같은 성경의 인간관은 희랍철학에서 보여준 인간관과는 뚜렷하게 대조됩니다. 플라톤은 인간은 원래 남성성과 여성성이 한 몸에 모두 포함된 존재였다고 주장했습니다. 이것이 이상적인 인간의 모습이라는 것입니다. 그런데 신들이 이 둘을 갈라놓음으로써 인간은 남자와 여자로 분리되었으며, 그 이후 남자와 여자 사이에는 잃어버린 짝을 찾기 위한 끝없는 사랑의 추구가 시작되었다고 합니다. 이와 같은 플라톤의 인간관을 받아들인 일부 학자들은 남성이 여성화되고 여성이 남성화되는 동성애와 양성애적인 경향이 증가하고 있는 것은 불완전한 인간이 완전한 인간으로 향하는 바람직한 과정이라고 주장하기도 했습니다. 그러나 성경은 남자가 남자로서 존재하고 여자가 여자로서 존재하는 것 그 자체가 완전하고 바른 질서라고 분명히 말합니다.

하나님은 남자와 여자로 구성된 창조의 질서를 세우신 후에, 이 질서를 토대로 결혼제도를 수립하셨습니다. "이러므로 남자가 부모를 떠나 그의 아내와 합하여 둘이 한 몸을 이룰지로다"창 2:24. 여기서 합한다는 말은 몸과 영혼 전체를 포함하는 전인적인 삶의 하나됨을 의미합니다. 하나됨의 핵심은 성관계입니다. 성관계를 갖는다는 것은 단지 몸과 몸이 결합하는 것만을 의미하는 것이 아니라 마음까지도 하나로 연합되는 것을 뜻합니다. 에베소서 5장 22-33절의 문맥을 보면 육체적인 성적 연합은 정신적인 연합 안에서 이루어지는데, 정신적인 연합은 남편은 아내를 자기 몸의 지체처럼 사랑하고 아내는 자기 몸의 머리처럼 남편을 경외하는 태도로 나타난다고 되어 있습니다엡 5:32-33.

하나 됨의 의미에 비추어 볼 때 일부다처제는 자연스럽게 거부될 수밖에 없습니다. 성경이 말하는 하나 됨은 한 남자와 한 여자 사이에서 이루어지는 것이지, 결코 한 남자와 두 명 이상의 여자와의 사이에서 이루어질 수 있는 것이 아닙니다. 아브라함이나 야곱이나 엘가나 같은 경우에 여러 아내를 거느리고 생활했지만, 이들이 여러 여자를 거느리고 산 행동에 대하여 성경은 뚜렷하게 평가하지 않습니다. 그러나 우리는 이들이 여러 여자와 살림을 차리고 살았을 때 가정에 어떤 일들이 찾아왔는가를 주목해서 보아야 합니다. 세 사람 모두 여러 여자를 아내로 맞아들여 생활한 것 때문에 얼마나 뼈아픈 대가를 치렀는가를 성경 기록을 통해 알 수 있습니다. 아브라함이 하갈을 첩으로 받아들인 후에 사라와 하갈 사이의 싸움으로 가정이 싸움터가 되었고, 아브라함은 처음 얻은 아들 이스마엘을 집에서 내쫓는 고통을 겪어야 했습니다. 야곱은 여러 명의 아내를 얻고 이 아내들을 통하여 낳은 자녀들 간의 갈등으로 가장 사랑하는 아들 요셉을 잃는 고통을 겪어야 했습니다. 엘가나는 두 아내 한나와 브닌나 사이의 갈등으로 고통을 겪어야 했습니다. 신앙의 선조들 사이에 나타난 일부다처제 기사는 위대한 신앙의 선조들조차도 하나님의 법을 일관성 있게 준수하지 못하고 이방관습의 미혹에 넘어가 죄를 범하고 그 죄 때문에 받아야 했던 벌이 얼마나 뼈아픈 것이었는가를 사실 그대로 보도해 줌으로써 오늘날의 하나님 백성에게 경고하고 있습니다.

아담과 하와는 동등한 입장에서 하나님으로부터 생육하고 번성하여 땅에 충만하고, 땅을 정복하고, 모든 생물을 다스리라는 문화명령을 받았습니다^{창 1:28}. 그러나 이 문화명령을 수행하는 과정에서 남자와 여자가 모두 똑같은 역할을 부여받은 것은 아니며, 남자와 여자가 모두 하나님의 형상으로 창조되었다고 해서 남자와 여자 사이에 아무런 계층적 질서가 없다고 보아서는 안 됩니다.

남자와 여자 사이에는 신체와 정신기능의 차이에 따른 역할의 차이가 분명히 존재합니다. 아담에게는 일하여 생계를 유지할 책임이 주어졌지만, 여성에게는 아이를 잉태하고 출산하며 양육하는 역할이 주어졌습니다. 이것이 하나님의 질서입니다.

또한 남자와 여자 사이에는 계층적 질서가 있습니다. 성경은 그리스도와 교회의 비유를 예로 들면서 남편에게는 머리의 지위를 분명하게 부여하고 아내에게는 몸의 지위를 부여함으로써 남편과 아내 사이의 계층적 질서를 분명히 하고 있습니다. 교회 안에서 여자에게 남자를 주관하는 것과 회중을 가르치는 것을 허용하지 않았던 바울의 권고도 이런 맥락에서 이해할 수 있습니다딤전 2:11이하; 고전 14:34이하.

3. 결혼과 성욕의 해소

결혼이 성욕을 제어하기 어려울 때 차선책으로 선택할 수 있는 방법이라는 교훈이 고린도전서 7장 1-2절에 주어져 있습니다. "너희의 쓴 문제에 대하여 말하면 남자가 여자를 가까이 아니함이 좋으나 음행을 피하기 위하여 남자마다 자기 아내를 두고 여자마다 자기 남편을 두라." 이 본문이 가르치는 바는, 가능한 한 결혼을 하지 않고 혼자 지내는 것이 좋지만, 어떤 특별한 은사도 받지 않은 상황에서 혼자 지내면서 정욕을 이기지 못해 매춘행위를 비롯한 합당하지 않은 성관계에 휘말려 들어가는 것보다는 차라리 결혼해서 그런 유혹을 피하는 길을 택하라는 것입니다. 이 권고는 바울 당시의 고린도교회의 상황과 관련이 있습니다.

당시 고린도교회에는 경건한 신자는 성생활을 아예 멀리해야 한다고 주장하는 교인들과 자유 분망하게 성생활을 해도 된다고 주장하는 교인들이 서로 대립하고 있었습니다. 고린도교회는 특히 성생활에 관련된 어려움과 시련과 악행이 많았던 교회였습니다. 고린도교회 교인들은 고린도 시에 살면서 고린도 시의 문란한 성생활을 당연하게 여기면서 지내오다가 개종한 사람들이었습니다. 이들 중에는 옛날의 습관과 도시의 유혹을 쉽게 떨쳐 버리지 못하는 자들이 많았습니다. 바울은 이들에게 자유 분망한 성생활을 정리하고 결혼생활 안에서 건전하게 성욕을 해소하는 길을 선택하라고 권고합니다. 결혼한 부부를 향해서는 기도하기 위한 목적 이외에는 아내나 남편이 분방하지 말고 서로에 대한 의무를 다하라고 권고함으로써 결혼관계 안에서 이루어지는 성생활을 적극적으로 강조합니다고전 7:3-7. 처녀들과 과부들에게는 독신을 권하면서도 정욕을 절제하기 힘들 때는 결혼을 하라고 권고합니다고전 7:8-9.

고린도전서의 가르침은 독신생활이 결혼생활보다 영적으로 더 우월하다고 말하는 것은 아닙니다. 중세시대는 이 본문이 정욕을 이기지 못하는 열등한 신자들을 위한 궁여지책으로 결혼을 소개하는 것으로 해석하여 성직자들은 결혼해서는 안 되며, 결혼하지 않은 성직자들은 그렇지 않은 평신도들보다 영적으로 더 높은 수준에 있다고 주장했습니다. 그러나 우리는 이 본문을 읽을 때 두 가지 점을 염두에 두어야 합니다. 첫째로, 이 본문은 인간이 타락한 이후에 주어진 교훈이며, 둘째로, 고린도 교회라는 특수한 상황을 염두에 두고 주어진 교훈이라는 것입니다.

이 본문보다 더 중요한 상위의 가르침이 있는데 그것은 창세기 1, 2장에 있는 결혼에 관한 가르침입니다. 결혼의 질서는 인류가 타락하기 이전에 하나님이 세우신 질서이기 때문에, 인류가 타락한 이후에 제정된 교회의 질서보다 우선하며, 신자와 불신자 모두에게 보편적으로 적용되는 질서입니다. 이 질서가 인류 타락 이전에 제정되었다는 말은 이 질서와 관련된 요소들이 모두 선하고 깨끗한 것이라는 뜻입니다. 다시 말해서 남자와 여자가 결혼관계 안에서 가지는 성관계와 이 성관계에 뒤따르는 쾌락과 즐거움은 모두 하나님이 주신 선한 선물입니다. 잠언 5장 18-19절은 이렇게 말합니다. "네가 젊어서 취한 아내를 즐거워하라 그는 사랑스러운 암사슴 같고 아름다운 암노루 같으니 너는 그의 품을 항상 족하게 여기며 그의 사랑을 항상 연모하라." 성관계와 이에 뒤따르는 즐거움이 이렇게 선한 것이기 때문에 아가서가 그리스도와 교회 사이에 맺어진 사랑의 관계를 보여주는 비유의 책이 될 수 있는 것입니다. 성관계와 이에 뒤따르는 쾌락은 결혼을 통해서 통제되어야 할 대상이 아니라 결혼생활에 자연스럽게 뒤따르는 하나님의 축복입니다.

바울이 성욕을 억제하기 힘들면 결혼을 하라고 말하면서 독신을 권장하고 있는 것은 성생활에 대한 심각한 왜곡이 있었던 고린도 교회의 상황이 전제된 것입니다. 독신을 권장하는 바울이 다른 곳에서는 사도의 결혼권까지 인정하고 있으며고전 9:5, 구약시대의 레위인들과 제사장들은 결혼생활을 했습니다. 결혼의 목적 가운데는 성욕의 해소가 포함되어 있지만, 성욕의 해소는 하나님이 제정하신 축복되고 선한 질서인 결혼의 결과로 뒤따르는 것입니다.

4. 결혼과 자녀출산

자녀출산은 하나님께서 결혼 안에서의 성생활을 허락하신 가장 중요한 목적 가운데 하나입니다. 결혼하여 자녀를 낳는 일은 하나님이 아담과 하와를 만드신 후에 그들에게 주신 문화명령을 이루기 위하여 반드시 필요한 것입니다. "하나님이 자기 형상 곧 하나님의 형상대로 사람을 창조하시되 남자와 여자를 창조하시고 하나님이 그들에게 복을 주시며 하나님이 그들에게 이르시되 생육하고 번성하여 땅에 충만하라, 땅을 정복하라, 바다의 물고기와 하늘의 새와 땅에 움직이는 모든 생물을 다스리라 하시니라"창 1:27-28. 이 명령을 따라서 생육하고 번성하여 땅에 충만하기 위해서는 자녀를 출산하는 것이 필수적인 일입니다. 땅을 정복하고 생물을 다스리려면 아담과 하와의 힘만으로는 안 되고 헤아릴 수 없이 많은 사람이 필요합니다. 많은 사람은 자녀출산을 통하여 얻을 수 있습니다.

그렇다면 자녀가 없는 결혼생활은 실패한 결혼인가요? 그렇지는 않습니다. 남자와 여자가 결혼하여 부부관계를 이루면 그것으로 이미 두 사람은 한 몸으로 결합한 것이며, 그 자체만으로도 완전한 결혼입니다. 자녀를 낳으라는 명령은 인류 전체를 대상으로 하여 주시는 일반적인 명령으로서 대다수의 인류에게 적용되어야 하는 명령이지만 그렇다고 해서 예외가 없는 명령은 아닙니다. 대체로 결혼하여 정상적인 부부관계가 이루어지는 경우에는 자연스럽게 자녀를 낳습니다. 그러나 결혼한 당사자들도 어쩔 수 없는 여러 가지 이유로 자녀를 얻지 못할 경우가 있습니다. 이런 경우에 자녀가 있느냐 없느냐 하는 것은 결혼의 완전성 여부에 아무런 영향을 주지 못합니다. 궁극적으로 자녀를 주시는 것은 하나님의 섭리에 따라 이루어지는 것이므로 자녀를 주시면 감사하고 안 주셔도 하나님의 다른 뜻이 있나 보다 생각하고 감사해야 합니다.

그러나 당사자들의 편의 등 기타 이유로 자녀 낳는 것을 의도적으로 회피하는 것은 잘못된 일입니다. 예를 들어서 여자가 자녀를 키우는 수고스럽고 고달픈 일이 싫어서 자녀를 의도적으로 갖지 않는 것은 기독교인 부부로서는 바른 생활 태도가 아닙니다. 학업 또는 직장생활상의 이유로 자녀를 갖는 것을 미룰 때도 할 수만 있으면 빨리 자녀를 가져야 한다는 생각을 늘 하고 있어야 합니다. 다만 노산老産에 따르는 건강상의 위험 때문에 자녀를 갖지 않기로 한다든지, 자녀를 이미 여러 명 낳은 후에 가정의 경제적인 상황과 아내의 건강 등을 고려하여 자녀를 갖지 않기로 하고 피임을 하거나 피임을 위한 수술을 하는 등의 행동은 정당한 것입니다.

5. 결혼의 시기, 미성년자의 결혼

하나님이 아담과 하와를 부부로 맺어주실 때의 상황은 우리에게 결혼의 시기에 관하여 중요한 정보를 제공합니다. 성인의 몸으로 창조된 아담과 하와는 짝으로 맺어질 때 이미 다 자란 성인 상태에 있었습니다. 아담이 동물들의 이름을 짓는 과정에서 자신에게만 짝이 없음을 발견하고 돕는 배필의 필요성을 느낀 것으로 간주되는 상황에서창 2:20 아담에게 짝이 주어졌습니다. 이것은 무엇을 암시합니까? 적어도 신체적으로 남자와 여자가 다 자란 상황에서, 그리고 홀로 지내는 것이 좋지 않다는 인식을 하기 시작할 때가 결혼에 관한 적절한 시기임을 보여주는 것입니다. 아직 신체의 발달이 완성기에 접어들지 않은 미성년 시기는 결혼에 적합하지 않다는 것입니다. 여자의 몸이 채 자라기도 전에 임신하게 되면 여자의 성장 과정 자체가 영향을 받을 수 있습니다. 따라서 어린아이 시절에 아이들을 결혼시키는 조혼의 풍습은 피해야 합니다.

6. 이혼과 재혼

결혼은 사람과 사람 사이에서만 맺어진 계약contract이 아니라 하나님을 증인으로 삼고 체결된 언약covenant입니다. 계약은 인간들의 합의로 체결된 것이기 때문에 인간들의 합의로 바꿀 수 있습니다. 그러나 하나님 앞에서 체결된 언약은 인간들의 뜻만으로 마음대로 변경시킬 수 없습니다.

결혼 질서는 언약의 질서이기 때문에 한 번 맺어진 결혼은 인간이 마음대로 파기할 수 없습니다. 그러나 인간의 마음이 완악해져서 결혼이 불가피하게 파기되는 수가 있습니다. 마태복음 5장 32절, 19장 9절, 마가복음 10장 11-12절, 누가복음 16장 18절은 이혼을 철저하게 금지하면서도 단 한 가지 예외조항을 두고 있는데 그것은 부부 가운데 한사람이 "음행" 곧 간음을 행한 경우입니다. 예수님은 음행의 경우 이외에는 이혼을 하는 것을 허용하지 않으셨습니다. 음행의 경우에는 이혼을 할 수 있습니다. 그러나 바람이 나서 몇 번이고 집을 뛰쳐나간 아내를 끝까지 찾아 나서는 이야기를 줄거리로 하는 호세아서에 잘 나타나 있는 것처럼 하나님께서 영적으로 바람난 하나님의 백성을 끝까지 버리지 않고 포용하신 사실은 비록 부부 가운데 한사람이 간음을 범했다 할지라도 할 수만 있으면 결혼관계를 깨뜨리지 않고 유지하는 것이 바람직하다는 교훈을 우리에게 주고 있습니다. 예수님도 간음한 여인을 용서하셨다면 간음을 범한 상대방을 용서하고 결혼관계를 유지하기 위하여 노력하는 것이 바람직합니다.

음행 이외에 이혼이 허용되는 또 한 가지 사례는 고린도전서 7장 12-15절에 기록되어 있습니다. 종교가 서로 달라서 갈등 때문에 도저히 같이 살기가 불가능한 경우입니다. 이 경우는 부부가 모두 믿지 않는 상태에 있다가 한쪽이 믿음을 가지게 되고, 다른 한쪽이 믿기를 거부하는 경우입니다. 이럴 때는 이혼이 허용됩니다고전 7:15. 만일 기독교가 아닌 다른 종교를 신봉하는 배우자가 이혼을 원한다면 이혼에 응할 수 있습니다. 그러나 배우자가 종교는 달라도 사랑에는 변함이 없고 함께 살기를 원한다면 같이 살아야 합니다. 같이 살면서 상대방을 위하여 기도도 하고 전도도 하다 보면 상대방을 구원할 수도 있기 때문입니다. 그러나 신자가 종교의 다름을 이유로 먼저 이혼을 제안해서는 안 됩니다. 비록 상대방이 개종하는 데 동의하지 않은 채로 죽음을 맞이하여 사후의 가는 길이 영원히 갈라진다고 하더라도, 죽는 날까지 결혼관계를 유지하면서 함께 사는 것은 바른 결정입니다.

음행이나 종교적 갈등은 아니지만, 여기에 준하는 중대한 문제가 있을 때도 역시 앞에서 소개한 예수님의 가르침이나 바울의 가르침을 유비로 하여 판단해야 할 경우가 있을 수 있습니다. 예컨대 상대방이 동성애를 한다든지, 아내를 상습적으로 구타하고 폭력을 행사하여 정상적인 삶 자체가 불가능하게 된다든지, 정상적인 결혼생활을 불가능하게 만들 만큼 의처증이나 의부증이 심하다든지 하는 등등의 경우에 부부 가운데 한 사람의 생명에 중대한 위협이 찾아올 수 있습니다. 하나님의 주권적인 뜻이 있는 경우가 아닌 한 생명의 존엄성이라는 가치는 모든 다른 가치들보다 우선하며, 두 가치가 충돌을 일으킬 때는 다른 가치를 잠정적으로 유보하고 생명의 존엄성이라는 가치를 선택해야 합니다. 이런 윤리적 추론에 근거하여 이혼이 허용될 수 있습니다. 다만 이 경우는 성경에 명시적인 언명이 없으므로 신중하게 판단할 필요가 있습니다.

7. 자위행위

창세기에 보면 오난이라는 사람이 형의 아내와 성교하면서 정액을 일부러 몸 밖에다 배설하는 장면이 기록되어 있습니다^{창 38:9}. 오난은 이 행동 때문에 하나님의 분노를 사서 죽임을 당했는데, 어떤 사람들은 오난이 한 행동이 바로 자위행위요, 하나님이 자위행위를 한 오난을 벌하신 것이라고 주장하기도 합니다. 그러나 이것은 잘못된 해석입니다. 오난이 하나님의 분노를 산 것은 자위행위 때문이 아니라 계대결혼levirate 관습에 따라서 형의 대를 이어주는 일을 의도적으로 피하는 행동을 했기 때문입니다. 계대결혼이란 형이 자식이 없이 죽는 경우에 대를 잇기 위하여 시동생이 형수와 결혼하여 자녀를 잇도록 하는 풍습을 말합니다. 특히 구약시대는 이방인 전도 방식이 아니라 자녀의 신앙교육을 통하여 교회 혹은 하나님 나라의 맥을 이어가던 때였습니다. 이 시대에 자손을 낳는다는 것은 혈통을 잇는다는 의미를 넘어서서 교회 혹은 하나님의 나라의 맥을 잇는다는 영적인 의미도 있었습니다. 이런 특성 때문에 하나님이 오난의 행위를 특별히 악하게 판단하신 것입니다.

레위기 15장 16절 이하나 신명기 23장 10절 이하는 밤에 자다가 몽정하는 것을 말하고 있을 뿐 자위행위에 대해서 말하는 본문은 아닙니다.

그러나 성경이 자위행위에 대하여 아무런 말도 하지 않는다고 해서 자위행위 그 자체가 하나님 앞에서 전혀 잘못이 없는 행위가 되는 것은 아닙니다. 자위행위는 자기 몸을 믿음 안에서 적절히 통제하지 못한 행위이며롬 7:19이하 참고, 또한 인간의 몸을 하나님이 기뻐하시는 거룩한 산 제물로 드리라는 명령롬 12:1에도 어긋나는 행위라는 점을 고려할 때 기독교인으로서 가능한 한 피해야 할 행위임이 분명합니다.

8. 동성애

(1) 동성 간의 성애와 소돔의 멸망

동성 간의 성애를 옹호하는 친 동성애 진영에게 가장 큰 걸림돌로 작용하는 본문은 소돔과 고모라 멸망 사건창 19:1-29입니다. 이 본문에 대한 표준적인 해석은 소돔과 고모라가 동성애 때문에 멸망했다는 것입니다. 따라서 친 동성애 진영은 이 본문에 대한 표준적인 해석을 뒤틀어서 이 본문을 동성애와 무관한 사건으로 해석하기 위하여 안간힘을 써 왔습니다.

친 동성애 진영은 아브라함이 여호와와 두 천사를 맞이한 창세기 18장의 사건과 소돔 사람들이 두 천사를 맞이한 창세기 19장의 사건을 동일한 패턴이 반복되는 사건으로 해석합니다. 다시 말해서 아브라함은 두 천사를 정성스럽게 맞이하여 축복을 받았지만, 소돔 사람들은 두 천사를 환대하지 않았기 때문에 멸망했다는 것입니다. 그러나 이 해석은 문제가 많은 해석입니다.

첫째로, 역사 안에는 자연에서 봄, 여름, 가을, 겨울이라는 패턴이 반복되는 것처럼 똑같은 패턴이 반복되는 일은 거의 없습니다. 역사적 사건의 경우에 비슷한 패턴이 나타나는 경우라 해도 모든 사건은 그 사건 나름의 독특한 측면을 가지기 마련입니다.

둘째로, 소돔 성 사람들은 롯의 집에 들어온 두 천사를 자신들이 상관하겠다고 말하면서 내어놓으라고 협박했습니다. '상관하다'로 번역된 히브리어 '야다'는 "일반적으로 안다"라는 뜻과 "성관계를 갖다"

라는 뜻을 지닙니다. 친 동성애 진영은 이 단어가 구약성경에서 942
회 사용되었는데, 그 가운데 성관계라는 뜻으로 사용된 것은 12회
에 불과하다는 점을 지적했습니다. 그러나 창세기에서는 10번 사용
되었는데, 모두 성관계를 뜻하는 용어로 사용되었습니다.

셋째로, 소돔성의 무리의 요구에 응하여 롯이 두 딸을 내어주면서
무리가 자기 두 딸을 단지 일반적으로 알아보는 것만을 기대했다는
것은 문맥상 말이 되지 않습니다. 롯은 명확히 무리가 두 딸과 성관
계를 가지는 것을 생각하고 두 딸을 내어주고자 했습니다.

넷째로, 롯은 남성과 여성 사이에서 이루어지는 불법적인 성관계
보다 남성과 남성 간에 이루어지는 성관계를 훨씬 악한 행위로 생각
했습니다. 따라서 롯은 두 딸에 대한 강간을 감수하면서라도 어떻게
해서든지 동성 간의 성관계만은 막아 보려고 안간힘을 쓴 것입니다.

다섯째로, 친 동성애 진영에서는 소돔의 멸망 원인을 말하는 에스
겔 16장 49-50절에서 49절만을 자의적으로 뽑아 인용하거나 49절
과 50절을 동격으로 처리합니다. 49절은 "가난하고 궁핍한 자를 도
와주지 않은 것"을 소돔의 죄악으로 지적하고, 50절은 "가증한 일"
을 죄악으로 지적합니다. 친 동성애 진영에서는 49절만을 인용하거
나, 49절이 말하는 "가난하고 궁핍한 자를 도와주지 않은 것"과 50
절의 "가증한 일"을 동격으로 처리하여 소돔의 멸망 원인은 가난하
고 궁핍한 자를 도와주지 않은 죄 하나뿐이라고 주장합니다. 그러나
이 해석은 49절과 50절이 '웨'라는 병렬 접속사로 연결되어 있다는
사실을 간과한 실수입니다. 소돔의 멸망 원인은 두 가지입니다. 하나

는 가난하고 궁핍한 자를 멸시한 것이고, 다른 하나는 가증한 일을 행한 것입니다. 가증한 일로 번역된 히브리어 '토에바'는 성적인 일탈 행위를 뜻하는 단어입니다.

여섯째, 유다서 7절은 소돔과 고모라가 "음란하며 다른 육체"를 따라갔기 때문에 멸망했음을 분명히 하고 있고, 베드로후서 2장 7절도 소돔과 고모라가 "무법한 자들의 음란한 행실" 때문에 멸망했음을 명확히 하고 있습니다.

이상의 분석을 통하여 볼 때 소돔과 고모라가 동성 간의 성관계를 하고자 하는 시도 때문에 멸망했다는 사실은 의심의 여지가 없습니다.

두 천사는 소돔의 무리가 동성 간의 성관계를 하고자 한다는 사실이 확인되자 바로 소돔과 고모라 성 파멸 작업에 들어가 롯의 가족들을 강제로 피신시킨 후에 유황과 불을 소돔과 고모라에 비같이 내리게 하여 두 성을 멸망시켜 버렸습니다.

소돔과 고모라 사건에서 우리는 두 가지 점에 주목해야 합니다.

첫째로, 원래 불의 심판은 하나님께서 예수님이 재림하실 때 행하시기로 유보해 두신 심판입니다. 동성애는 예수님이 재림 때에 행하시기로 유보해 두셨던 불의 심판을 하나님께서 예외적으로 앞당겨 시행하실 만큼 심각한 죄입니다.

둘째로, 소돔과 고모라는 세속도시국가였습니다. 세속도시국가였으나 동성애가 편만해졌을 때 하나님의 심판의 대상이 되었습니다. 이것이 대한민국이 세속국가라 하더라도 국가적 차원에서 동성애를 합법화시킨 국가가 되는 것을 철저하게 막아야 하는 이유입니다. 소돔과 고모라의 운명이 대한민국의 운명이 될 수도 있기 때문입니다.

(2) 동성 간의 성애와 교회의 순결

소돔과 고모라 사건이 하나님을 믿지 않는 세속도시에서 일어난 사건이라면 사사기 19장과 20장에 기록되어 있는 레위 사람의 첩 사건은 하나님을 믿는 신자들의 공동체에서 일어난 섬뜩하고 기괴한 사건입니다.

에브라임 산지에 살고 있던 어떤 레위 사람이 유다 베들레헴으로부터 첩을 맞아들였습니다. 첩으로 들어 온 여자는 바람을 피웠고 바람을 피운 뒤에 친정으로 돌아가 넉 달을 지냈습니다. 레위 사람은 첩을 잊지 못하고 첩을 다시 데려오기 위해 베들레헴에 있는 첩의 친정집으로 갔습니다. 그는 첩을 설득하여 데리고 바로 돌아오고자 했으나 장인의 간청으로 두 차례 머문 후, 세 번째 머물다 가라는 간청을 뿌리치고 집으로 돌아오는 길을 나섰습니다. 귀환 여행 중 베냐민 지파 땅인 기브아에 도착했을 때 맞아들이는 사람이 없어서 거리에 유숙하고자 했습니다. 그러나 한 노인의 배려로 그의 집에 유숙하게 되었습니다.

레위 사람 일행이 노인의 집에 유숙하기 위하여 들어 온 것을 알게 된 기브아 성읍의 불량배들이 노인의 집에 몰려들어 자신들이 레위 사람과 관계할 테니 내어놓으라고 위협했습니다. 19장 22절에 사용된 동사 '야다'는 사사기의 문맥에서 명백히 "성관계를 갖다"라는 뜻으로 사용되었습니다. 불량배들은 레위 사람과 동성 간의 성관계를 갖고자 했습니다.

동성 간의 성관계를 이성 간의 불법적인 성관계보다 훨씬 더 악한 행위로 생각했던 노인은 자기의 처녀 딸과 레위인의 첩을 내어주어 성관계를 갖게 함으로써 "이런 망령된 일" 곧, 동성 간의 성관계만은 막아 보려고 발버둥쳤습니다. 레위 사람은 애꿎은 노인의 처녀 딸까지 망가뜨리는 것은 도리가 아니라고 판단하고 자기의 첩만을 불량배들에게 내주었고, 불량배들은 밤새도록 그녀를 윤간하여 아침결에 죽음에 이르게 했습니다. 레위 사람은 첩의 시신을 열두 덩이로 잘라서 열두 지파에게 보냈습니다.

시신 덩이를 받은 이스라엘의 열한 지파는 "애굽 땅에서 올라온 날부터 오늘까지 이런 일은 일어나지도 아니하였고 보지도 못하였다"삿 19:30라는 말로 사태의 심각함을 인식한 다음, 40만 대군을 동원하여 베냐민 지파와 담판에 들어갔습니다. 열한 지파 연합군은 문제를 일으킨 기브아의 불량배들을 넘겨 달라고 요구했으나 베냐민 지파가 거절하자 바로 전쟁을 시작했습니다. 전쟁은 "여호와 하나님의 허락하에" 세 차례 진행되었는데, 처음 두 번은 베냐민이 승리하여 첫 번째 전투에서 이만 이천 명, 두 번째 전투에서 만 팔천 명, 합하여 열한 지파 연합군 사만 명이 전사했습니다. 세 번째 전투에서는 이스라엘의 열한 지파가 하나님의 허락하에 매복과 유인작전을 전개하여 베냐민 지파 이만 오천 명을 죽였고, 베냐민 지파는 겨우 육백 명이 살아남았습니다.

레위 사람의 첩 사건은 신자들의 모임인 교회에 두 가지 중요한 지침을 제시합니다.

첫째로, 교회는 교회 안에서 동성 간의 성교가 확인되는 때 엄중한 출교와 치리의 대상이 된다는 것을 분명히 해야 합니다. 하나님은 육만 오천 명의 이스라엘 백성들의 희생을 감수하시면서까지 동성 간의 성행위에 대한 징계와 제거를 허락하심으로써 이스라엘 백성 공동체가 영적이고 도덕적인 순결을 유지하도록 하셨습니다.

동성 간의 성관계는 왜곡되고 부패한 인간의 성적 탐욕의 마지막 정점이며, 모든 포르노 산업의 가장 깊은 핵이자, 타락한 인류문화의 마지막 몸부림입니다. 교회가 동성 간의 성관계를 아름다운 사랑의 한 유형으로 용납한다는 것은 예쁘게 포장된 독버섯을 먹는 것과 같고, 적은 누룩이 반죽 전체에 퍼지는 것고전 5:6과도 같아서, 조만간에 교회 전체를 영적이고 도덕적으로 마비시킬 것입니다. 그러므로 교회의 담임목사는 교회 안에서는 동성 간의 성관계가 차지할 자리가 없다는 것을 단호하게 천명해야 합니다. 그래야 동성애의 유혹에 직면해 있거나 동성애 중에 있는 성도들을 상담과 교육과 돌봄을 통하여 탈동성애로 이끌 수 있는 안전한 터전이 마련될 수 있습니다.

둘째로, 만일 특정한 교단이나 교회가 동성 간의 성관계를 도덕적으로 문제가 없는 것으로 인정하고 동성애자들에게 직분과 교회봉사를 하도록 허용한다면 그 교단이나 교회로부터 탈퇴하거나 관계를 중단함으로써 교회와 교인 개인의 영적이고 도덕적인 순결을 지켜야 합니다. 영미의 성공회 교단들이 동성애와 동성혼을 허용하자

남반부의 성공회 교단들은 일제히 영미의 성공회 교단들과 관계를 단절했으며, 미국의 최대장로교단인 PCUSA가 동성애와 동성혼을 허용하자 동성애와 동성혼을 반대하는 교회들이 교단을 이탈하여 별도의 교단을 만들었으며, 미국연합감리교회UMC에서도 동성애를 반대하는 교회들이 UMC를 탈퇴하여 별도의 교단을 만들었습니다. 동성애 문제로 인한 교단의 분열은 정당하며 불가피합니다.

(3) 동성 간의 성애는 창조질서에 정면으로 저항하는 죄

동성 간의 성애가 세속도시인 소돔과 고모라에 불의 심판이 내리게 하고 하나님의 백성 공동체인 이스라엘 공동체를 참혹한 내전에 휩싸이게 한 이유는 두 가지입니다.

첫째로, 동성 간의 성애는 하나님이 정해주신 삶의 질서에 정면으로 저항하는 행위이기 때문이며,

둘째로, 하나님이 주신 보편적이고 절대적인 도덕적 규범을 고의적으로 범하는 행위이기 때문입니다.

하나님은 인류를 남자와 여자로 창조하셨습니다창 1:27. 남자와 여자 이외에 제3, 제4 등등의 성은 존재하지 않습니다. 하나님은 남자와 여자가 각기 부모를 떠나 합하여 한 몸을 이룰 것을 명령하셨습니다창 2:24. '한 몸이 되라'는 말씀은 두 신체가 붙어서 자웅동체가 되라는 말이 아니라 몸과 마음과 힘을 다하여 인격적으로 서로 사랑하고, 사랑 안에서 사랑의 가장 중요한 표현 가운데 하나인 성관계를 하라는 뜻입니다. 성관계는 첫째로, 전인적인 인격적 사랑의 지

평 안에서, 둘째로, 남자와 여자 사이에서 이루어져야 합니다. 이 관계를 공간적으로, 그리고 시간적으로 가능하게 한 제도적 장치가 결혼입니다. 이 질서는 아담과 하와 시대부터 재림 시까지 모든 인류가 준수해야 할 보편적이고 절대적인 질서입니다.

바울은 로마서 1장 26-27절에서 이와 같은 창세기의 질서를 순리라고 말하고 이 질서에 반하여 동성 간에 성관계를 가지는 것을 역리라고 말합니다. 어떤 주석가들은 이 본문이 말하는 동성 간의 성관계는 당시 이방신전에서 종교의례의 일부로서 행하던 신전 미동과의 성관계를 가리키는 것일 뿐, 일반적인 의미의 동성 간의 성관계를 가리키는 것은 아니라고 해석합니다. 그러나 이 해석은 로마서 1장의 문맥에서는 불가능한 해석입니다. 바울은 1장 16-17절에서 '모든 인류'는 오직 믿음을 통해서만 구원을 얻는다는 보편적인 복음의 원리를 천명합니다. 왜 모든 인류는 믿음을 통해서만 구원을 얻을 수 있나요? 모든 인류가 다 하나님 앞에서 죄인이기 때문입니다. 바울은 계속되는 1장 18절에서 32절까지는 이방인 전체의 보편적인 죄의 상태를 말하고 2장 1절로 3장 18절에서는 유대인 전체의 보편적인 죄의 상태를 말합니다. 바울은 모든 이방인에게 일반적으로 나타나는 죄 가운데 대표적인 종교적인 죄 하나와 윤리적인 죄 하나를 제시합니다. 종교적인 죄는 우상숭배롬 1:21-23,25이고. 윤리적인 죄는 동성애롬 1:24,26-27입니다. 본문이 말하는 역리는 이방사회에 보편적으로 나타나는 동성 간의 성관계를 가리킵니다.

동성 간의 성관계는 하나님이 정해주신 보편적인 질서에 저항하는 독신적인blasphemous 행위입니다.

첫째로, 인간의 성별은 하나님이 정해주시는 것이며 인간이 바꿀수 있는 것이 아닙니다. 이 말은 인간의 성별은 생물학적으로 결정되는 것이며, 한번 결정된 성별은 인간이 자의적으로 변경할 수 없다는 뜻입니다. 성별의 자기결정권은 없으며, 성전환도 불가능합니다. 성전환수술은 실제로는 성불구화수술입니다. 남성이 성전환수술을받으면 남성성기가 여성성기로 대체되는 것이 아니라 남성성기가 제거되는 것으로 끝납니다. 여성이 성전환수술을 받을 때도 마찬가지입니다.

둘째로, 하나님은 동성을 향하여 성적인 욕구를 갖도록 창조하지않으셨습니다. 동성을 향한 성적인 욕구는 선천적으로 주어진 것이아닙니다. 한때 동성애가 유전자, 뇌구조, 호르몬 등에 의하여 유발된다는 연구결과가 발표되었으나 모든 연구결과가 표본조사의 편향성, 수치조작, 왜곡된 판독 등으로 잘못된 것임이 밝혀졌고, 2019년 47만 명을 대상으로 한 연구는 동성을 향한 성적 욕구를 유발하는유전자는 없다고 결론을 내렸습니다. 동성을 향한 성적인 욕구는 후천적으로, 습관을 통하여 형성됩니다. 습관을 통하여 형성된다는 말은 충분히 교정 가능하다는 뜻입니다.

바울은 동성 간의 성관계를 가지는 자들을 향하여 "하나님께서그들을 부끄러운 욕심에 내버려 두셨"다고 말하고롬 1:26, "부끄러운일을 행하여 그들의 그릇됨에 상당한 보응을 그들 자신이 받았느니라"롬 1:27라고 말합니다. 이 말은 동성 간의 성관계 자체가 이미 하나님의 심판을 받은 증거라는 뜻입니다. 하나님이 정해주신 질서를 벗어난 삶은 영적, 도덕적, 보건 의료적으로 건강하고 바른 삶이 될 수 없습니다. 영적인 황폐화와 정신적인 불안, 도덕적 감각과 의식의 마비, 따뜻한 사랑의 원천인 가족들로부터의 소외, 에이즈 감염, 배설기관과 생식기관이 만나는 항문성교에 뒤따르는 각종 성병과 장 관련 질환들과 장기감염, 성전환수술에 뒤따르는 성불구화 등은 동성 간의 성관계를 하나님이 외면하셨음을 보여주는 증거들입니다.

(4) 동성 간의 성애는 성경의 도덕규범을 범하는 죄

동성 간의 성애는 하나님이 정해주신 창조질서를 정면으로 범하는 독신적인 죄일 뿐만 아니라 성경이 명확하게 금지하고 있는 보편적이고 절대적인 도덕규범을 정면으로 거스르는 죄이기도 합니다.

동성애를 명확하게 금지하는 성경 본문은 레위기 18장 22절과 20장 13절입니다. "너는 여자와 동침함 같이 남자와 동침하지 말라 이는 가증한 일이니라"레 18:22. "누구든지 여인과 동침하듯 남자와 동침하면 둘 다 가증한 일을 행함인즉 반드시 죽일지니 자기의 피가 자기에게로 돌아가리라"레 20:13. 이 레위기의 명령에 대하여 두 가지 잘못된 해석이 있습니다.

하나는 이 명령이 의식법이 집중된 레위기 안에 들어 있으므로 의식법으로 보아야 한다는 것입니다. 모세의 율법은 도덕법, 의식법, 시민법으로 구성되어 있습니다. 도덕법은 십계명출 20:1-17: 신 5:6-21, 사랑의 대강령레 19:18: 신 6:5, 황금률출 23:9: 신 10:19등을 가리키는 법체계로서 시대와 장소를 초월하여 보편적으로 적용되는 절대 규범입니다. 의식법은 제사, 절기, 정결 음식, 질병, 성막, 제사장 복장 등을 규정한 제사 규례들로서, 예수 그리스도를 예표하는 상징체계입니다. 의식법은 실체이신 예수님이 오신 이후에는 자구적으로는 적용되지 않습니다. 시민법은 이스라엘이라는 특수한 신정국가 운영을 위하여 필요한 실정법 체계로서 이스라엘을 벗어난 다른 시대와 장소에는 자구적으로 적용되지 않습니다. 동성 간의 성관계를 금지하고 있는 레위기의 명령이 의식법이라는 주장은 이 규정이 신약시대에는 지키지 않아도 된다는 뜻입니다.

그러나 레위기의 동성애 금지명령은 의식법이 아니라 도덕법입니다. 첫째로, 의식법이 많이 포함된 레위기에 있다는 것이 이 명령을 의식법으로 볼 수 있는 충분한 근거가 될 수 없습니다. 사랑의 대강령 가운데 두 번째 강령인 이웃사랑의 강령은 레위기에 있음에도 불구하고 명백하게 도덕법입니다. 둘째로, 레위기의 동성애 금지규정이 보편적인 도덕법이라는 결정적인 증거는 이 규정을 어겼을 때 부과되는 형벌에 있습니다. 의식법을 범한 자들에 대해서는 며칠간의 격리조치 정도만 부과되었으나, 도덕법을 범한 자들에 대하여는 형사처벌을 부과했는데, 레위기 20장 13절에 의하면 동성애 금지규정을 범한 자들에 대해서는 형사처벌 가운데서도 가장 무거운 사형의 벌을 부과했습니다. 따라서 동성애 금지규정은 도덕법입니다.

다른 오해는 레위기의 동성애 금지규정은 이스라엘 백성들 사이에서 일반적으로 행해지는 동성 간의 성애를 금지하는 본문이 아니라 이방 신전 안에서 진행되는 종교의식으로서의 동성 간의 성관계만 금지한다는 해석입니다. 그러나 구약시대 때 이방 신전에서 동성 간의 성교를 하는 자는 남창 혹은 남색 하는 자로 번역되는 '카데쉬'로 특정되었으며, 문맥상 명확하게 이방 신전의 종교의식임을 알 수 있게 되어 있습니다_{신 23:17-18 등}. 레위기의 동성애 금지규정이 이방 신전에서 행해지는 관행만을 가리킨다는 문맥상의 어떤 근거도 없습니다.

레위기의 동성애 금지규정은 이스라엘 백성들 사이에서 일반적으로 행하는 동성애를 금지하는 것인데, 이 금지규정에는 그 일부로서 이방 신전에서 행하는 동성애 관행도 당연히 포함됩니다. 이방 신전에서 종교의례로 행하든, 이스라엘 백성들 사이에서 일반적으로 행하든 동성 간의 성관계라는 본질이 달라지는 것은 아니므로 이 두 동성애 관행을 구분할 필요는 없습니다.

동성 간의 성교가 성경의 절대적이고 보편적인 규범을 범하는 행위라면 당연히 하나님 나라에서 동성 간의 성교가 차지할 자리는 없습니다. 이 점은 고린도전서 6장 9절이 명쾌하게 제시했습니다. "불의한 자가 하나님의 나라를 유업으로 받지 못할 줄을 알지 못하느냐 미혹을 받지 말라 음행하는 자나 우상 숭배하는 자나 간음하는 자나 탐색하는 자나 남색하는 자나." "탐색하는 자"_{'말라코이'}는 동성애에서 여성 역할을 하는 자이고 "남색하는 자"_{'아르젠코이타이'}는 남성 역할을 하는 자를 가리킵니다. 동성 간의 성애에 진입하는 순간 하나님 나라의 유업을 받지 못하며, 회개하고 탈동성애를 할 때 이 유업에 참여하는 길이 회복됩니다.

성경의 도덕법은 그리스도인들에게 절제를 요구합니다. 수영선수나 스피드 스케이팅 선수가 자기에게 지정된 레인을 벗어나지 않고 그 안에서 경기해야 인정을 받고, 레인을 벗어나면 실격 판정을 받는 것처럼, 그리스도인들은 하나님이 정해주신 레인 안에서 살아야 합니다. 레인을 벗어나면 그리스도인의 삶에서 실패하는 것입니다. 그리스도인은 하나님이 지정해 주신 레인 안에서 성적 욕구를 누려야 합니다. 남자와 여자 사이, 인격적인 깊은 사랑, 결혼 등이 성적 욕구가 놀 수 있는 지정된 레인입니다. 동성 간의 성관계는 이 레인을 벗어나 성욕을 병적으로 남용하는 동시에 마음과 몸을 황폐화하는 심각한 반칙행위입니다.

(5) 동성애자는 국가의 보호가 필요한 사회적 약자인가

동성애자는 국가의 보호가 필요한 사회적 약자인가요? 우리는 이 질문에 대하여 "그렇다"라는 답변을 성경과 사회적 상식으로부터 얻을 수 있을까요?

성경이 사회적 약자로 제시하고 있는 자들의 목록을 일별해 봅시다. "가난한 사람과 거류민"레 19:10, "고아, 과부, 나그네"신 10:18, "억눌린 사람, 주린 자, 갇힌 자, 맹인, 비굴한 자"시 146:7-9, "학대받는 자"사 1:17, "주린 자, 빈민, 헐벗은 자"사 58:7, "이방인"렘 7:6, "탈취당한 자"렘 22:3, "궁핍한 자"렘 22:16, "빚진 자, 벗은 자"겔 18:7, "힘없는 자,

연약한 자, 의인"^{암 2:7,11,12; 8:4}. 참고로 대한민국 현행 헌법은 "여자, 노인, 청소년, 신체장애자, 질병과 노령으로 생활능력이 없는 자"를 사회적 약자로 규정합니다. 이 목록에서 우리는 세 가지 특징에 주목해야 합니다.

첫째로, 이 목록에는 성경에 기록되었거나 인간의 마음속에 각인된 인류 보편의 도덕법을 범하여 윤리적으로 비판을 받는 자들로 구성된 집단은 없습니다. 부모에게 불효한 자들, 살인한 자들, 도둑질한 자들, 이웃에게 해악을 가하려는 목적으로 거짓말을 한 자들, 탐욕스러운 행동을 한 자들로 구성된 집단은 이 목록에 없습니다. 특별히 정상적인 바른 성 관습에서 이탈한 자들, 예컨대, "간음한 자," "동성 간 성관계를 행하는 자," "소아 성애자," "근친 상간자," "수간을 하는 자"들로 구성된 집단은 더더욱 없습니다. 사회적 약자의 범주는 도덕적이어야 합니다.

둘째로, 이 목록에 들어간 자들은 생존이 힘겨운 상황에 처해 있는 자들입니다. 그런데 이들은 자신들이 의지적인 선택을 잘못해서 이런 상황에 들어가게 된 것이 아니라 어떤 선천적인 요인들이나 사회구조적인 힘 때문에 이런 상황에 있게 된 자들입니다. 여자로 태어나는 것이나 사람이 늙어가는 것은 선택의 문제가 아니며, 의지적 선택으로 빠져나올 수도 없습니다. 질병이 환자의 잘못된 생활습관 때문에 올 수는 있으나 한 번 찾아온 질병을 환자의 의지로 내보낼 수 없습니다. 시각장애인이 되는 것이 인간의 선택에 책임이 있는 것이 아니며, 시각장애 상태에서 벗어나는 것 또한 인간이 선택할 수 있는 일이 아닙니다. 부모를 잃고 고아가 되는 것이나 남편을 잃고 과부가 되는 것이 당사자가 선택할 수 있는 일이 아닙니다. 이스라엘 사회 안에 있는 거류민이나 나그네는 이스라엘 혈통이 아닌 이방 혈통에서 태어났거나 전쟁에서 패전한 자들인데, 전쟁에서 패전한 것이 한 개인의 선택 문제가 아니며, 이 상태에서 벗어나는 것 또한 개인의 선택으로 결정되는 것이 아닙니다.

인간이 아닌 동물들의 성적인 욕구는 100% 선천적으로 결정됩니다. 이 사실은 동물들에게 발정기가 있다는 사실을 보면 알 수 있습니다. 동물들은 발정기가 되면 본능적으로 교미를 하고 발정기가 끝나면 아무리 매력적인 암컷이나 수컷이 등장해도 교미하지 않습니다. 인간에게도 성적인 욕구가 본능으로 주어져 있으나 성적인 욕구를 발동시키고 통제하는 기능은 대부분 인격적인 의지적 결단으로 이루어집니다. 인간은 성적인 욕구를 느끼지 않는 상황에서도 인격적인 의지적 결단으로 성적인 욕구를 발동시킬 수도 있고, 성적인 욕구가 충만한 상황에서도 인격적인 의지적 결단을 통하여 성적인 욕구를 통제할 수 있습니다.

동성 간에 느끼는 성욕도 예외는 아닙니다. 특히 이성 간에 성욕을 느끼는 것은 선천적으로 주어져 있지만, 동성 간에 성욕을 느끼는 것은 선천적인 것이 아니라 잘못된 습관이나 외부환경의 영향 등과 같은 후천적인 요인에 의하여 추가된 것입니다. 따라서 인간은 동성 간에 성욕을 느끼더라도 동성 간의 성관계가 바른 성 관습이 아니라는 명확한 인식이 있으면 얼마든지 통제할 수 있으며, 통제하지 않은 데 대한 도덕적 책임은 전적으로 당사자가 져야 합니다. 동성 간의 성적인 욕구를 참지 못하여 커밍아웃하는 삶이 바른 삶이 아니라 인격적인 의지적 결단을 통하여 통제하는 삶이 바른 삶입니다.

셋째로, 이 목록을 잘 살펴보면 사회적 약자의 기준이 소수인가, 다수인가의 여부에 따라서 결정되는 것이 아님을 알 수 있습니다. 사회적 약자는 소수일 때도 있으나 다수일 때도 있습니다. 고아, 과부, 시각장애인, 신체장애자, 나그네 등은 대체로 소수일 때가 많으나 그 숫자는 사회적 상황에 따라 가변적입니다. 여자는 인류의 절반을 점유하고 있으며, 노인과 청소년은 결코 소수가 아니며, 경제적으로 가난한 자들은 항상 절대다수입니다. 따라서 소수라는 이유만으로 사회적 약자로 대우해 달라는 논리는 성립할 수 없습니다. 더욱이 동성애자들은 사회의 최상계층으로부터 최하계층까지 골고루 퍼져있습니다. 더욱이 오늘날의 동성애자들은 국가권력 기관들과 대기업들의 정치·경제적인 힘의 강력한 지원을 받기 때문에 더더욱 사회적 약자로 분류되기가 어렵습니다.

9. 퀴어 신학

(1) 목적과 방법론

기독교계의 동성애주의자들은 기독교의 핵심적인 구원의 교리들과 삶의 원리들을 외설적으로 재해석하여 동성애를 정당화하는 것들로 둔갑시키려는 무모하고 독신적瀆神的인 시도를 하고 있습니다.

이 신학을 퀴어 신학Queer Theology이라고 합니다. 기독교의 핵심교리들과 삶의 원리들에 대한 퀴어 신학의 포르노그래피적인 해석은 어떤 이단 종파도 시도하지 않았던 기괴한 해석으로서, 퀴어 신학이 이단성을 넘어서서 악마성惡魔性에 장악되어 있음을 보여줍니다.

퀴어 신학은 현대 자유주의 신학의 한 분파로서 목적과 방법론을 공유합니다. '현대 자유주의 신학'은 19세기말 이후에 등장한 신학들 가운데 슐라이에르마허가 선택한 신학방법론을 따르는 신학을 가리킵니다. 슐라이에르마허는 현대인들을 놓치지 않으려는 의도로 현대인들이 받아들이기를 싫어하거나 부담스러워하는 성경의 내용이나 기독교교리를 자유롭게 폐기하거나 변경시켰습니다.

성경과 기독교교리는 동정녀 탄생, 부활, 출애굽 사건, 해가 중천에 머무른 사건, 물고기 두 마리와 떡 다섯 개로 오천 명을 먹이신 사건, 예수님이 물 위를 걸으신 사건 등, 초자연적인 사건들로 가득 차 있습니다. 현대인들은 초자연적인 사건들이 실제로 일어난다는 말을 받아들이는 것을 가장 싫어합니다. 현대 자유주의 신학은 현대인들의 비위에 맞추기 위해 초자연적인 사건들을 신화나 상징으로 처리하거나 사람들이 이해하기 쉬운 것들로 모두 조작하여 변경시켜 버렸습니다. 그 결과 신학은 초자연적인 요소들이라는 알맹이는 빠지고 인간들의 해석이라는 껍데기만 앙상하게 남게 되었습니다.

그러면 퀴어 신학은 현대인의 어떤 성향에 아부하면서 이 성향에 맞추어서 성경과 기독교교리를 재해석하려고 할까요? 이 질문에 대한 답변이 바로 "퀴어"queer라는 형용사에 있습니다. "퀴어"라는 영어 단어는 "낯선, 이상한"이라는 뜻입니다.

퀴어 신학은 정통 기독교 신학이 예수님의 동정녀 탄생, 예수님이 인간이신 동시에 하나님이신 것, 썩어 해체된 몸이 다시 살아난다는 것 등과 같이 사람들의 눈에 낯설고 이상하게 보이는 교리들을 정상적인 진리로 정당화하면서 서술해 왔다고 말합니다.

그러면 오늘날 주목해야 할 "낯설고 이상한" 것은 무엇일까요? 퀴어 신학은 현대 사회에 새롭게 등장한 성性인식에 주목합니다. 인간은 남성과 여성으로 존재하며, 생물학적으로 결정된 성별은 인간이 바꿀 수 없으며, 성적인 욕구는 이성을 향하여 느끼도록 선천적으로 주어지기 때문에 성관계는 이성 간에 이루어지며, 결혼도 이성 간에 이루어지는 것을 정상적이고 바른 성생활이라고 하는 것은 인류가 그동안 보편적인 진리로 받아들여 온 성질서입니다. 이성애와 이성혼을 정상적이고 바른 성 관습으로 받아 들여 온 사람들에게, 인간의 성별은 생물학적으로 결정되는 것이 아니라 인간의 주관적인 생각과 사회적 상황에 따라서 자유롭게 결정할 수 있는 것이며, 어떤 사람에게는 동성을 향한 성적인 욕구가 선천적으로 주어져 있으며, 따라서 동성 간의 결혼생활도 얼마든지 가능하다는 주장은 "낯설고 이상한" 것입니다.

퀴어 신학은 정통신학이 동정녀 탄생, 하나님이신 동시에 인간이신 예수님, 부활 등과 같은 낯설고 이상한 주제들을 정상적인 진리로 서술해 온 것처럼, 이제는 동성애와 동성혼과 같은 낯설고 이상한 주제들을 정상적인 진리로 서술해야 한다고 주장합니다. 퀴어 신학은 동정녀 탄생, 예수님의 십자가상의 죽음, 부활, 세례, 성찬, 독신 생활, 결혼 등과 같은 기독교의 핵심적이고 교리적이고 윤리적인 주제들을 포르노그래피적이고 악마적으로 왜곡하고 재해석하여 이 교리들이 동성애와 동성혼이 정상적인 성 관습임을 정당화시켜 주고 있다고 주장하면서 이 해석이 새로운 시대의 새로운 신학이라고 강변합니다.

그러나 정통신학이 기독교교리들을 "낯설고 이상하다"고 말할 때와 동성애와 동성혼을 "낯설고 이상하다"고 말할 때는 의미가 판연하게 다르다는 점을 퀴어 신학은 의도적으로 외면합니다. 정통신학이 기독교교리와 삶의 원리가 "낯설고 이상하다"고 말할 때는 이것들이 너무나 장엄하고 깊고 높고 거룩하여 도저히 인간의 이성이나 이해력으로는 다 파악할 수 없다는 긍정적인 의미를 담고 있는 반면에, 동성애와 동성혼을 "낯설고 이상하다"고 말할 때는 이것들이 생식기관을 배설기관에 접촉시켜 성관계를 갖는 등 생물학적이고 의학적으로 볼 때 너무나 기괴하고 병적이고 비상식적이며 또한 성경과 인류 보편의 도덕적 규범에도 어긋난 것이라는 극히 부정적인 의미를 담고 있습니다. 따라서 기독교교리와 삶의 원리를 이용하여 동성애와 동성혼을 정당화시켜야 한다는 퀴어 신학의 주장은 궤변에 불과합니다.

(2) 철학적 배경
퀴어 신학은 성별, 성관계의 대상, 결혼의 대상은 인간의 주관적인 기호에 따라서 자유롭게 선택할 수 있다는 성性인식을 신학적으로 정당화하고자 하는 무모한 신학체계입니다. 윤리적인 관점에서 볼 때 이 성性인식의 핵심은 보편적인 성윤리 규범은 없다는 것입니다. 퀴어 신학의 이와 같은 성인식의 배경에는 포스트모더니즘, 젠더주의 그리고 신마르크스주의가 복합적으로 깔려 있습니다.

포스트모더니즘은 멀리 희랍철학자 헤라클리토스의 생성의 철학에 그 뿌리를 둡니다. 파르메니데스가 존재는 생성도 소멸도 하지 않는 상태로 영원히 있는 것이라고 보는 정적인 철학을 주장한 데 반하여, 헤라클리토스는 만물은 끊임없는 운동과 변화 안에 있다고 보는 생성의 철학을 주장했습니다. 계몽주의에서 시작된 모더니즘이 보편적 진리와 구조와 규범의 실재를 주장했다면, 포스트모더니즘은 상대적인 진리, 구조, 규범이 존재할 뿐이라고 주장했습니다. 윤리학에서 규범의 상대성은 19세기 말 직각론과 정서론에서 나타났습니다. 직각론은 사람이 직관적으로 느끼는 것이 선이라고 주장했는데, 정서론은 직관적으로 느끼는 것이 선이라면 결국 사람이 감성적으로 느끼는 것이 선일 수밖에 없다는 논증으로 직각론을 엄호했습니다. 직관이나 감성은 순간마다 변하고, 사람마다 다르고, 상황에 따라서도 달라지는 것이므로 직각론이나 정서론을 받아들이면 보편적이고 절대적인 선이나 규범은 존재하지 않게 됩니다.

규범의 유동성을 주장하는 포스트모더니즘의 토양에서 자라난 성인식이 젠더주의genderism입니다. 젠더gender는 원래 서양언어에서 문법적 성을 가리키는 용어였습니다. 서양언어권에서는 사물에 대

262

한 이해를 돕기 위하여 모든 사물에 남성, 여성, 중성 등의 성을 부여하는데, 이 성은 사물에 고유하게 내재해 있는 것이 아니라 인간의 주관적인 판단에 따라서 자유롭게 부여하는 것입니다. 존 머니John Money는 최초의 성전환수술을 하면서 자신이 실패한 수술을 정당화하려는 숨은 의도를 가지고 문법적인 성인 젠더를 인간의 성에 적용하여 인간의 성은 주관적인 인식에 따라서 자유롭게 바꿀 수 있는 것이라는 주장을 폅니다. 젠더주의는 레즈비언이었던 주디스 버틀러Judith Butler가 성 정체성은 남자와 여자 사이를 자유롭게 오갈 수 있는 것이라고 주장할 때도 나타났고, 자유 분망한 성생활을 즐겼던 급진적인 페미니스트인 시몬 드 보봐르Simone de Beauvoir가 사회적 성인 젠더는 생물학적인 성과 무관하다고 주장한 데서도 나타났습니다.

성의 유동성 개념은 프로이드Sigmund Freud와 마르크시즘을 결합한 빌헬름 라이히Wilhelm Reich에 의하여 성해방사회를 지향하는 신마르크스주의적인 정치적 실천 전략으로 탈바꿈했습니다. 마르크스주의는 상부구조에 자본가를 두고, 하부구조에 노동자를 둔 다음, 사회의 근본 문제는 자본가에 의한 노동자의 탄압과 착취에서 시작된다고 보았습니다. 이들은 프로레타리아의 자의식적 혁명에 의하여 부르조아 계급을 축출하고 프로레타리아가 지배하는, 경제적으로 평등한 이상사회를 건설하고자 했습니다. 그러나 이 시도는 지나치게 낙관적인 인간관, 현실성이 없는 유토피아적 이상사회의 무모한 추구 등으로 처절한 실패로 끝났습니다.

그러나 서구의 마르크스주의자들은 프로이드와 융Karl Jung의 성심리학에서 도피구를 찾았습니다. 서구의 마르크스주의자들은 세계의 문제는 본능적 성적 욕구를 억압하는 데서 시작되며, 성적인 욕구를 억압으로부터 해방할 때 사회의 문제가 근본적으로 해결된다고 주장했습니다. 이 주장은 기독교적인 이성애적 규범으로부터 성이 해방되어야 한다는 뜻입니다.

마르크스주의자들은 상부구조에 이성애자들을 위치시키고, 하부구조에 동성애자들을 위치시킨 다음, 이성애자들에 의하여 동성애자들이 억압을 당해 왔으므로, 이제 동성애자들의 혁명을 통하여 이성애자들을 축출하고 동성애를 자유롭게 행할 수 있는, 기독교적인 이성애적 규범으로부터 해방된 사회를 이루어야 한다고 주장했습니다. 이들을 신마르크주의자들이라고 부르는데, 이들은 마르크스주의적 혁명 전략을 그대로 가져와 실천 전략으로 적용합니다. 이 전략은 상당한 성공을 거두어 자유민주주의 사회라고 자부해 오던 서구사회 대부분이 동성애 전체주의에 장악되었고, 지금 한국사회를 장악하기 위하여 전 방위적으로 집요한 시도를 하는 중입니다.

집요한 젠더주의적인 성혁명 전략에 대응할 수 있는 세력은 기독교밖에 없습니다. 기독교는 창세로부터 종말의 날까지 적용되는 보편적이고 절대적인 도덕법 규범을 철저하게 견지해 왔으며, 이성애와 이성혼 규범을 굳건하게 지켜 왔을 뿐만 아니라 하나님이 은혜로 값없이 주시는 초자연적인 나라에서 현실성 있는 이상사회를 찾는 한편, 인간의 힘으로 이루는 모든 지상왕국의 유토피아적인 비현실성을 분명히 밝힘으로써 이데올로기적 허구에 빠져들지 않도록 지켜줍니다.

(3) 성육신, 십자가, 부활에 대한 외설적인 해석

퀴어 신학의 이단성, 나아가서는 그 악마성은 핵심적인 기독교교리들과 삶의 원리들 - 성육신, 예수님의 십자가상의 죽음, 부활, 세례, 성찬, 독신생활, 결혼 - 을 재해석하여 동성애와 젠더적인 성의 유동성을 정당화하려는 시도에서 분명히 드러납니다.

엘리자베스 스튜어트Elizabeth Stuart는 아기 예수님의 몸은 남성성과 여성성을 한 몸에 지닌 몸이었다고 해석합니다. 스튜어트는 마리아는 남성과 성관계를 가진 일이 없어서 남성의 몸의 요소를 받을 기회가 없었고, 따라서 예수님은 외형상 남성으로 탄생하셨으나 순전히 여성의 몸의 요소들로만 구성되었다고 말합니다. 아기 예수는 통상적인 생물학적 출생방식에 비교해 볼 때 "낯설고 이상한" 곧, 퀴어적인queer 방법으로 출생했다는 것입니다. 다시 말해서 예수님은 기존의 인간존재 방식과는 달리 불안정하지만 남성성과 여성성을 동시에 지닌 몸으로 태어나셨다는 말입니다.

자웅동체를 이상적인 몸으로 보는 관점은 성경에는 전혀 나타나지 않고, 오히려 플라톤Platon과 탄드라교의 주장과 흡사한 것입니다. 플라톤은 〈향연〉에서 인류는 원래 남녀 양성자였다고 주장했습니다. 남녀 양성자로 존재했던 인간이 신을 공격하자 신이 인간을 두 쪽으로 갈라놓았다는 것입니다. 플라톤에 따르면 인간은 남성성과 여성성을 동시에 가질 때 이상적인 인간이 될 수 있습니다. 7세기경 힌두교와 불교계 안에 등장하여 티베트 고원지대까지 퍼진 탄드라교도 신을 본질상 양성적인 존재로 이해했습니다. 남성성쉬바은 적극적이고 활발하며 전기적electric이고, 여성성샤크티은 소극적이고 부정적이며 자기적magnetic입니다. 성교를 통하여 양성이 하나로 완전히 융합되면 신의 영역에 이르게 된다고 주장합니다.

그러나 하나님은 남성과 여성을 그 자체로 완전하고 "보기에 심히 좋은"창 1:31 존재로 창조하셨습니다. 마리아가 남성과 성관계를 하지 않았기 때문에 예수님이 외형상의 남성적 요소와 실질적인 여성적 요소로 구성된 자웅동체적인 몸을 가지셨다는 해석은 전능하신 하나님에 대한 믿음이 없는 유물론적인 해석입니다. 마리아가 비록 남성과 성관계를 하지는 않았지만, 성령으로 아기 예수를 잉태했고, 성령의 기적적인 능력에 의하여 남성과 성관계를 가질 때와 다름없는 방식으로 남자아이의 잉태가 이루어졌다는 것이 바른 해석입니다. 특히 이사야 7장 14절은 "보라 처녀가 아들을 낳을 것이요 그의 이름을 임마누엘이라 하리라"고 예언함으로써 아기 예수의 탄생은 하나님의 기적에 의한 탄생이요, 아들의 탄생임을 명확히 합니다.

퀴어 신학은 성육신 때에 자웅동체로 태어나신 예수님이 십자가 위에서 죽으실 때 여성적인 몸으로 바뀌신다고 주장합니다. 퀴어 신학은 그 증거로서 예수님의 옆구리가 창에 찔려서 상처가 나고 피와 물이 나온 것을 지적합니다요 19:34. 이 상처는 곧 여성의 자궁이고,

이 상처에서 흘러나온 액체는 여성의 성기에서 흘러나오는 액체이며 젖이라는 것입니다.

그러나 십자가에 달리신 예수님의 창에 찔린 상처는 예수님이 우리의 죄를 대속하시기 위하여 실제로 십자가 위에서 죽으셨음을 보여주는 생체적 흔적으로서의 의미는 있지만, 그 이상의 의미, 더욱이 성적인 몸의 변환이라는 의미는 전혀 없습니다.

퀴어 신학은 예수님의 몸은 부활을 통하여 진정한 다성적인 몸 multigendered body이 된다고 말합니다. 제라르드 와드Gerard Ward는 예수님의 몸이 어떤 대상을 만나는가에 따라서 이성애를 드러내기도 하고 동성애를 드러내기도 한다고 말합니다. 예컨대, 요한복음 20장 17절에서 막달라 마리아를 만났을 때는 남성의 입장에서 이성애적인 사랑을 나누었다가, 요한복음 20장 27절에서 도마를 만났을 때는 여성의 입장에서 옆구리에 난 상처 곧, 자신의 성기에 도마의 손을 넣게 하는 동성 성행위를 하셨다고 해석합니다.

그러나 성경은 부활하신 예수님의 몸에 대하여 전혀 다른 정보를 제공합니다. 예수님의 몸은 부활하신 이후에 썩지 않는 새 몸을 입으셨지만, 이 몸은 외형적인 남성성이 그대로 보존된 몸이었습니다.

교회는 예수님의 몸의 본질을 어떻게 이해했는가에 따라서 이단인가 아닌가를 판단합니다. 예수님의 신성과 인성을 동시에 인정하면 정통으로 판단하고, 신성을 인정하지만 인성을 인정하지 않으면 양태론이라는 이단으로 판정하고, 인성은 인정하지만 신성을 인정하지 않으면 양자론이라는 이단으로 판단합니다. 하물며 우리 구주이신 예수님을 자웅동체와 동성애자로 규정하고, 이성애와 동성애를 난잡하게 오가는 분으로 외설적으로 묘사하는 것은 양태론이나 양자론보다 훨씬 더 심각한 예수님의 몸에 대한 왜곡된 해석이며, 예수님의 인격에 대한 모독일 뿐만 아니라 이단성을 넘어서는 악마적인 서술입니다.

(4) 세례와 성찬에 대한 외설적인 해석

성육신, 십자가상의 죽음, 그리고 부활이 예수 그리스도께서 이룩하신 구속사역이라면, 세례와 성찬은 말씀과 더불어 예수 그리스도께서 이룩하신 구속사역의 열매를 신자들에게 전달하는 은혜의 방편입니다.

퀴어 신학은 세례가 수세자의 "정체성"을 변화시키는 예식이라고 말합니다. 세례 시에 신자는 현재 자신이 속해 있는 범주가 아닌, 새로운 범주에 들어간다는 것입니다. 세례 시에 특정한 형태의 정체성이 궁극적이라는 생각이 해체되며, 인간 문화가 부여한 모든 정체성이 "종말론적인 지워버림"을 당하고 새로운 정체성을 입게 된다는 것입니다. "종말론적인 지워버림"이란 이성애, 동성애, 남성성, 여성성이 해체되는 것을 뜻합니다. 결국 세례를 받은 이성애자는 동성애자가 될 수 있습니다. 이성애자의 동성애자로의 전환은 세례에 의하여 정당화됩니다.

세례에 대한 이 같은 젠더주의적인 곧, 성전환적인 해석은 세례의 의미를 심각하게 왜곡시키는 것입니다. 교회에서 베푸는 물세례는 우리가 예수 그리스도를 구주로 영접하는 순간 우리의 속사람 속에 들어오셔서 죽어 있던 속사람을 거듭나게 하시는 성령의 세례를 인증하는 상징적 예식입니다. 성령께서 세례를 주실 때 일어나는 일은 단절되어 있던 하나님과의 관계가 회복되고 영혼이 죄와 사망의 권세로부터 해방되어 생명의 근원이신 하나님 안에서 새로운 영적 생명을 받아 새사람으로 거듭나는 것입니다. 속사람의 거듭남은 인간의 신체와 긴밀하게 연결된 성적 정체성의 변화와는 아무런 관련이 없습니다. 더욱이 이 변화는 하나님을 인정하지 않고 하나님의 계명에 불순종하던 자아가 하나님의 살아계심을 고백하고 하나님의 계명에 순종하는 자아로서 출발하는 발판이 됩니다. 이 새로운 자아는 하나님이 창조 시부터 종말의 날까지 모든 인류가 준수하도록 세우신 이성애적 창조질서와 동성애를 엄중하게 금지하시는 계명들레 18:22; 20:13에 순종하는 삶으로 나아갑니다. 따라서 이성애를 해체하고 동성애를 정당화하는 신학적 장치로 세례를 이용하는 것은 거룩한 교리를 아전인수로 악용하는 태도입니다.

또한 퀴어 신학은 성찬예식을 젠더주의적으로 해석하여 동성애를 옹호합니다. 퀴어 신학은 로마 가톨릭교의 화체설이 말하는 "물질의 실질적인 변화" 개념을 끌어들여 최대한 이용합니다. 성육신 때에 이미 자웅동체가 되셨고, 부활에 의하여 완전하게 남성성과 여성성을 자유롭게 오갈 수 있는 몸으로 변형되신 예수님의 몸이 성찬 시에 "성적으로 중립적인" 형태의 빵으로 변형되고 확장된다는 것입니다. 빵이 된 예수님의 몸은 이제 더 이상 생물학적으로 남성의 몸이 아닙니다. 성찬 시에 예수님의 몸과 피가 신자들의 몸 안에 들어오면 남성과 여성으로 고정되어 있던 신자들의 몸이 예수님의 몸과 같이 성적으로 중립적이고 자유롭게 남성성과 여성성을 오갈 수 있는 몸으로 변화된다는 것입니다. 퀴어 신학은 이것을 종말론적인 삶으로 규정합니다. 이들은 종말론적인 삶이란 이전의 삶의 모습이 종말을 고하고 이전과는 다른 새로운 삶의 형태가 시작된다고 말합니다. 종말론적인 삶에서 성별과 성적 정체성 위에서 전개되는 삶이 "궁극적이 아닌 것"으로 전환된다는 것이지요. 좀 더 구체적으로 말하자면 성찬 시에 교회의 구성원들인 신자들의 몸도 그리스도의 몸과 같이 성적으로 불안정성, 유동성, 전환 가능성을 가진 몸이 된다고 합니다.

로마 가톨릭교의 미신적인 화체설은 손쉽게 퀴어 신학의 먹잇감이 되었습니다. 화체설은 성찬이라는 예식 자체가 신비로운 기적적인 효능을 가지고 있기에 사효성, ex opere operato, 신자든 불신자든 성찬 시에 떡과 포도주를 받으면 이 떡과 포도주가 수찬자 안에서 예수님의 몸과 피가 된다는 미신적인 주장입니다. 루터는 성찬 시에 떡을 떼고 포도주잔을 마실 때 떡은 그대로 있고 포도주도 그대로 있지만, 믿음을 가진 자에게는 예수님이 실질적으로 수찬자 안에 몸과 피를 가진 육체로 들어오신다고 주장합니다공재설. 공재설은 화체설의 미신성을 완전히 벗어나지 못했습니다. 츠빙글리는 성찬은 2000년 전

270

에 예수님이 죄인들을 위하여 십자가 위에서 죽으셨음을 기념하는 것에 불과하다고 주장했습니다기념설. 기념설은 성찬을 내용이 없는 공허한 예식으로 전락시켰습니다. 바른 성찬론은 칼빈이 주장한 것으로서, 성찬 시에 떡과 포도주에는 아무런 변화가 일어나지 않지만, 믿음으로 성찬에 참여하면 예수님이 영으로 실제로 신자들 안에 들어와 임재하신다는 것입니다영적 임재설.

성찬 시에 성적 정체성을 포함하여 인간의 신체에 어떤 변화가 일어나는 것이 아닙니다. 성찬 시에 일어나는 변화는 영으로 임재하시는 예수님을 인격적으로 만나는 경험을 통하여 예수님이 우리의 구주이심을 확인하고 예수님의 뜻에 따라서 살겠다는 결의를 새롭게 하는 것뿐입니다. 따라서 성찬 시에 새로운 성적 정체성을 갖게 된다는 퀴어 신학의 주장은 동성애와 젠더주의를 정당화하기 위하여 성찬론을 아전인수격으로 남용하는 신학적 궤변입니다.

(5) 독신과 결혼에 대한 외설적인 해석

퀴어 신학은 로마 가톨릭교의 남성 수도승들의 독신 수도생활을 성애적 관점에서 재해석함으로써 동성애를 정당화하는 신학적인 근거를 마련하고자 합니다. 퀴어 신학은 남성 수도승들의 수도생활을 하나님과 남성 수도승이 성애적 사랑을 나누는 것으로 해석합니다. 퀴어 신학의 논증은 두 가지로 요약됩니다.

첫째로, 남성 수도승이 성애적 사랑을 한다면 이 사랑은 혼외정사婚外情事가 되므로, 하나님도 혼외정사를 자유롭게 하시는 "바람둥

이" 같은 존재로 제시되어야 합니다. 롤린Gerard Laughlin은 하나님의 영광을 묘사하고 있는 표현들 가운데 한 부분인 에스겔 1장 27절의 "그 허리 아래의 모양도 불 같아서 사방으로 광채가 나며"라는 표현을 하나님의 "남근男根"이 강하게 발기한 모습으로 해석했습니다. 또한 하나님이 하나님의 백성들의 죄를 용서해 주시는 모습을 묘사한 에스겔 16장 8절의 "내 옷으로 너를 덮어 벌거벗은 것을 가리고"라는 표현은 "하나님이 처녀를 강간하는 장면을 묘사하는 것"으로 해석합니다.

둘째로, 하나님이 남근을 가지신 분이라면 하나님은 남성이라는 뜻입니다. 그렇다면 하나님의 성애적 사랑의 상대역인 이스라엘의 남자들은 여성의 역할을 하는 동성애자들이 됩니다. 남성 수도승들은 여성으로 성별을 전환하여 남성이신 하나님과 동성 성관계에 들어갑니다. 남성 수도승들이 영적 수련을 통하여 "하나님과의 합일"의 신비스러운 경지에 이른다는 것은 곧 하나님과의 동성애적 성교에서 오르가즘에 도달하여 희열을 맛보는 것을 의미합니다.

로마 가톨릭교의 독신 수도생활은 금욕적 수련을 통하여 수도자 자신의 영혼을 깨끗하게 하고 자신의 영혼의 영적 능력을 끌어올려 하나님을 만나고 구원을 받고자 하는 시도입니다. 물론 개신교는 로마 가톨릭의 신비적이고 금욕적인 공로주의에 동의하지 않습니다. 그러나 남성 수도승들의 수련을 하나님과의 성애로 해석하는 것은 이들의 수도생활을 모독하는 것입니다. 여기서 하나님과 남성 수도승과의 관계가 사랑의 관계로 묘사되지만, 이 묘사는 하나님과 수도

272

승 간의 영적이고 인격적인 교제를 설명하는 유비일 뿐, 성애적 사랑을 말하는 것이 아닙니다.

퀴어 신학은 동성혼을 신학적으로 정당화하는 장치로 성경의 결혼관을 해석합니다. 그 근거는 두 가지입니다.

첫째로, 퀴어 신학은 성경이 결혼을 유비로 이용하여 그리스도와 성도의 관계를 설명하고 있다엡 5:22-33는 사실을 이용합니다. 그리스도는 모든 성도의 신랑인데, 성도 가운데는 남자들도 있지 않은가? 남성이신 그리스도께서 남자 성도들과 결혼관계에 들어가셨다면 그것이 바로 동성혼이 아니고 무엇이냐는 것입니다.

그러나 성경이 그리스도와 성도들과의 관계를 결혼에 비유한 것은 이성 간에 이루어지는 결혼이 아가페적 특성을 지니고 있고, 이 특성이 성도를 향한 그리스도의 사랑을 설명하는데 도움이 되기 때문입니다. 이 특성 이외에 다른 특성들은 이 유비에서 전혀 고려되지 않습니다.

둘째로, 퀴어 신학은 접붙임롬 11:23과 입양롬 8:23의 비유를 악용하여 동성혼을 신학적으로 정당화하고자 합니다. 성경은 구약시대의 이스라엘 백성과 신약시대의 교회 성도와의 관계를 참감람나무에 돌감람나무가 접붙임을 받은 관계로 설명합니다. 참감람나무인 이스라엘 백성의 입장에서 보면 돌감람나무인 이방인 신자들은 "너무나 낯선queer"자들인데 하나의 공동체 안으로 받아들여졌습니다. 또한 하나님은 자신과는 질이 다른 "낯선queer" 인간들을 자신의 자녀로 받아들이기를 주저하지 않으셨습니다. 이 원리에 따라서 이성혼자들은 자신들의 눈에 낯선 것으로 보이는 동성혼을 받아들여야 한다고 퀴어 신학은 강변합니다.

그러나 이 같은 퀴어 신학의 해석은 두 가지 문제가 있습니다. 첫째로, 이방인 신자들이 혈통 상으로 유대인이 아닌 것은 그들의 도덕적 잘못이 아니라 선천적으로 주어진 조건으로서, 이방인 신자들이 자의로 바꿀 수 있는 것이 아닙니다. 둘째로, 인간이 하나님과 질적으로 다르다는 것도 인간들의 도덕적 잘못이 아니라 선천적인 조건으로서 인간이 자의로 바꿀 수 있는 것이 아닙니다. 이런 구조적인 조건들은 하나님의 나라 안에 들어오는 데 문제가 되지 않습니다. 그러나 동성애는 선천적으로 주어진 성향에서 비롯된 것이 아니며, 하나님의 창조질서와 규범적 명령을 고의적으로 거스르는 죄이며, 인간이 의지로써 거부할 수 있는 것입니다. 따라서 동성애는 하나님의 나라 안에서 포용될 수 있는 "낯선 것"의 대상에 포함될 수 없습니다.

지금까지 말한 퀴어 신학의 신학적이고 윤리적인 주제들에 대한 해석은 명확하게 퀴어 신학이 기독교의 중추적인 구원과 삶의 원리들을 외설적이고 독신적瀆神的으로 해석하는 이단일 뿐만 아니라 악마적인 성령 훼방죄까지도 범하는 잘못된 신학임을 보여 줍니다.

제**8**계명

도둑질하지 말라

"도둑질하지 말라"는 계명을 들을 때 우리는 다른 사람이 가진 어떤 물건이나 재산을 그 사람의 허락을 받지 않고 가져오는 행동을 주로 머리에 떠올립니다. 그러나 이 명령이 적용되는 범위는 이보다 훨씬 더 넓습니다.

1. 인신매매

유대 사회에서 이 명령은 일차적으로 "사람을 훔치지 말라"는 뜻으로 적용되었습니다. "사람을 납치한 자가 그 사람을 팔았든지 자기 수하에 두었든지 그를 반드시 죽일지니라"출 21:16. "사람이 자기 형제 곧 이스라엘 자손 중 한 사람을 유인하여 종으로 삼거나 판 것이 발견되면 그 유인한 자를 죽일지니 이같이 하여 너희 중에서 악을 제할지니라"신 24:7. 모세 당시에 사람을 노예로 파는 것은 사회 전체의 관습으로 정착되어 있었을 뿐만 아니라 노예는 가장 비싼 재산으로 취급되었습니다. 사람을 납치하여 노예로 팔거나 노예로 부리는 행위는 이스라엘에서 사형판결을 받을 정도로 무거운 벌을 받았습니다.

사람을 납치하여 노예로 팔지 말라는 명령 안에는 노예제도를 비판하는 내용이 함축되어 있습니다. 어떤 사람을 노예로 삼는다는 것은 그 사람이 가지고 있는 가장 중요한 자산인 '자유'를 박탈하는 일종의 도둑질입니다. 모세 당시 그리고 그 이후 상당히 오랜 기간 제8계명을 읽으면서도 이 계명에 함축된 이 의미를 충분히 깨닫거나 적용하지 못했습니다. 그 결과 이방 사회에서와 마찬가지로 이스라엘 사회 안에도 노예제도가 있었습니다. 이처럼 성경시대의 이스라엘 사람들은 제8계명이 노예제도 폐기를 함축하고 있다는 해석과 적용을 받아들일 수 있는 수준에 이르지 못했기 때문에 하나님은 이스라엘의 정치·경제공동체에 적용되는 실정법을 통하여 노예제도의 전면적인 폐기를 명령하시기보다는 노예제도의 폐해를 최대한 줄이는 조치들을 지시하셨습니다. 그런데 노예제도의 폐해를 줄이고 노예 개인에게는 실질적으로 노예제도로부터 해방될 기회를 제공하는 이와 같은 모세의 율법 조치들은 당시의 어느 이방 법에서도 볼 수 없는 혁명적인 조치들이라는 점을 유념해야 합니다.

이스라엘에는 두 유형의 노예가 있었는데, 하나는 동족들 가운데 노예가 된 사람들이었고, 다른 하나는 이방인들 가운데 노예가 된 자들이었습니다.

첫째로, 이스라엘 동족들 가운데서 가난하여 돈을 꾸었다가 갚지 못하게 되거나 도둑질한 것을 변상하지 못했을 때 몸으로 때우는 방편으로 노예가 되는 경우가 있었습니다. 이때 노예주인은 안식년이 돌아오거나 희년이 되면 이 노예를 자유인으로 집으로 돌아가게 했으며, 돌아갈 때 빈손으로 보내지 못하게 했고, 풍성하게 음식물을 주어서 보낼 뿐만 아니라 노예로 일할 때도 엄하게 부리지 않도록 규정했습니다신 15:12-15; 레 25:39-43. 하나님은 이스라엘 백성들에게 애굽에서 종살이하던 시절을 기억할 것을 요구했습니다.

둘째로, 모세의 율법은 이방인들에 대해서는 동족에 대해서보다는 노예로 삼을 수 있는 여지를 넓혀 주었습니다. 이방인들이 노예가 되는 경우는 전쟁 중에 포로로 붙잡힌 자들이거나 아니면 나그네들이었습니다. 그러나 이들에게도 안식년이 되면 자유를 주게 되어 있었습니다. 혼자 노예로 들어왔으면 혼자 나가고 장가들었으면 아내도 같이 나갈 수 있었습니다. 만일 아내가 주인이 맺어준 경우라면 아내와 자녀는 남겨두고 본인만 나가게 되어 있었고, 주인과 처자를 사랑하여 남아 있기로 하면 평생 노예로 살도록 규정했습니다출 21:2-6; 신 15:16-17. 또한 어떤 노예가 다른 주인을 피해 도망 나왔으면 그 노예를 다시 주인에게 돌려보내지 못하도록 규정했습니다신 23:15-16. 노예를 주인에게 돌려보낼 때 그 노예에게 찾아올 불이익을 고려했기 때문입니다.

이처럼 모세의 율법은 이스라엘 백성들의 연약함과 이해 부족 때문에 노예제도를 존속시키는 것을 막지는 않았지만 종신토록 노예로 부리는 일이 없도록 그 기간을 제한하고 노예에 대하여 할 수 있는 한 인간적인 대우를 하도록 규정함으로써 노예제도의 폐해를 최대한 완화하고 노예 개인에게는 노예제도로부터 해방될 기회를 주었습니다.

2. 부정직이나 조작을 통해서 다른 사람들의 마음을 빼앗기

눈에 보이는 물건을 훔쳐 달아나는 것만이 도적질이 아니라 사람의 마음을 부당한 방법으로 빼앗아 가는 것도 도둑질입니다. 정당하고 정직한 방법으로 사람의 마음을 얻는 것은 아무런 잘못이 없습니다. 그러나 자기 자신 혹은 특정한 집단의 이익을 위하여 부당하고 부정직한 방법으로 다른 사람들의 마음을 얻는 것은 도둑질입니다. 다윗이 이스라엘의 왕으로 있을 때 그의 아들인 압살롬이 백성들의 마음을 빼앗은 후에 결국은 아버지 다윗을 내쫓고 자기가 그 자리를 빼앗은 사건이 있었습니다. 왕위를 빼앗는다는 은밀하게 숨겨진 목적을 위하여 백성들의 마음을 빼앗은 것입니다.

오늘날 정치 권력자가 대중에게 강력한 영향을 미치는 여론을 부당하게 조작하여 대중의 마음을 얻어 권력을 장악하는 경우가 있습니다. 이런 기술을 정치공학political engineering이라고 하는데, 정치공학은 명백하게 도둑질입니다. 2차 대전시 히틀러가 탁월하고 교활한 웅변술로서 독일국민의 마음을 사로잡은 후에 세계대전을 일으키며 국민을 동원했던 사건도 마음을 도적질한 대표적인 예입니다.

3. 속임수로 이익을 취하는 상거래

모세의 율법은 이스라엘 사회 안에서 상거래를 할 때 상대방에게 알려진 것보다 더 무겁거나 더 가벼운 저울추를 사용한다든지, 더 크거나 작은 됫박을 사용한다든지, 포도주에 물을 섞어서 판매하는 것과 같은 거짓 상거래를 엄격하게 금지하고 있습니다 레 19:35이하; 신 25:13-15; 잠 11:1. 이런 경우도 물론 도둑질에 해당합니다.

4. 돈을 빌려주고 높은 이자를 취하는 것

모세의 율법은 이스라엘 백성이 동족에게 돈을 빌려주었을 때는 이자를 받을 수 없도록 규정했습니다 출 22:25; 레 25:36; 신 23:19. 모세의 율법이 이자 받는 것을 금지하는 경우는 가난해서 생활비를 빌리는 경우 입니다. 생계가 어려워서 생활비를 빌리는 경우는 빌린 생활비를 그대로 다 소비해 버리고 이윤을 창출하지 않기 때문에 빌려 온 돈이 모두 갚아야 할 빚으로 남습니다. 여기에 이자가 붙기 시작하면 부담이 가중됩니다. 이처럼 생계가 어려워서 돈을 빌려 간 사람에게 이자를 취하는 것은 도둑질에 해당합니다.

그러나 이방인들에게 돈을 빌려줄 때는 이자를 받도록 했는데 신 23:20, 이 경우는 이방인과 무역을 할 때 오고 가는 상업적 투자로서 상업 활동을 통하여 일정한 이윤을 창출하는 것이 통례였기 때문입니다. 빌려 간 돈으로 이윤을 얻었다면 이윤을 나누어 갖는 것이 정당하다고 모세의 율법은 생각한 것입니다.

5. 제8계명의 일차적 청중

칼빈은 제8계명을 주석하면서 이 계명은 작은 도둑을 대상으로 한 계명이 아니라 대 방백이나 군주들을 대상으로 한 것이라고 말했습니다. 평범한 사람들은 작은 규모로 도둑질을 합니다. 그러나 정치 및 경제적 힘을 가진 자들은 큰 규모로 도둑질을 합니다. 불링거 Heinlich Bullinger는 이렇게 말합니다. "개인 물건을 훔친 사람은 감옥에 갇히고 공적인 재화를 훔친 자들은 연락宴樂을 누린다." 성경은 정치 권력자들과 경제 권력자들에 대해서 엄중하게 경고합니다. 이사야서 5장 8절은 이렇게 말합니다. "가옥에 가옥을 이으며 전토에 전토를 더하여 빈 틈이 없도록 하고 이 땅 가운데서 홀로 거주하려 하는 자들은 화 있을진저." 가옥에 가옥을 잇는다는 말은 열을 지어 있는 집들을 몽땅 사들여서 자기 소유로 만든다는 뜻입니다. 전토에 전토를 더하여 빈틈이 없도록 한다는 말도 밭을 몽땅 사들여 자기 밭으로 만들어 버리는 행위를 뜻합니다. 이 사람은 그 집과 전토에 "홀로 거하려고" 합니다. 이런 일을 할 수 있는 사람은 이스라엘의 상류층입니다. 이들이 가옥과 토지를 독점해 버린 것입니다.

6. 청지기 정신과 사유재산

모세의 율법은 생계에 어려움을 겪는 개인이 다른 사람의 재산을 훔친 행위에 대하여 다른 이방 법과 비교해 볼 때 비교적 관대한 처벌을 부과합니다. 어떤 사람이 다른 사람의 소나 양을 훔쳐다가 잡아먹거나 팔았으면 훔친 액수의 다섯 배 혹은 네 배를 갚게 되어 있었습니다출 22:1. 만일 훔친 소나 양이 아직 훔친 사람의 수중에 있으면 두 배를 배상해 주도록 했습니다출 22:4. 그 이외에 다른 물건을 훔쳤으면 훔친 물건에다가 그 물건의 1/5에 상당하는 보상을 첨가하여 되돌려 주도록 했습니다레 6:1-5. 이와 같은 처벌규정은 제6계명과 제7계명을 범했을 때 사형을 부과한 형벌조항과 비교해 보면 상당히 관대한 것입니다.

더욱이 배가 고파서 다른 사람의 음식물을 훔쳤을 때는 묵인하기도 했습니다. 배가 고파 훔쳤다면 그를 멸시하지는 않았으며, 만일 들키면 일곱 배를 갚도록 했습니다잠 6:30-31. 한 걸음 더 나아가서 모세의 율법은 허기가 져 허기를 면하기 위해 남의 집 식물을 취하여 먹는 행위를 정당한 행위로 허용하고 있습니다. 배가 고플 때 이웃의 밭에 들어가서 곡식이나 포도를 따 먹을 수 있게 한 것입니다신 23:24-25. 그러나 도구를 가지고 들어가서 싹쓸이하는 것은 도적질로 간주하여 금지되었습니다.

모세의 율법이 제8계명을 범한 죄에 대하여 살인하지 말라는 계명이나 간음하지 말라는 계명을 범했을 경우보다 관대하게 처벌하는 이유는 사람을 죽이면 어떤 방법으로도 그 사람의 생명을 되살릴 수 있는 길이 없고, 간음을 범하여 여성의 정조를 빼앗고 나면 잃어버린 정조를 되찾게 할 방법이 없다는 점에서 그 죄의 정도가 무겁지만, 물건을 훔쳐 갔을 때는 얼마든지 보상하고 원상 복귀시킬 수 있다는 점에서 그 죄의 정도가 비교적 가벼운 것이었기 때문입니다.

그런데 제8계명을 어긴 행위에 대한 처벌규정이 다른 계명들보다 관대한 데는 이보다 더 중요한 이유가 있습니다. 그 이유는 성경 전체에 걸쳐서 나타나 있는 청지기 정신에서 찾을 수 있습니다. 청지기 정신의 본질은 이 세상 모든 만물의 절대적이고 참된 소유주는 오직 하나님뿐이며, 인간은 다만 하나님이 위탁한 재화를 관리하는 관리자에 불과하다는 것입니다. 하늘과 땅과 그 가운데 있는 모든 것은 하나님이 창조하신 것이며창 1장, 따라서 이 세상의 모든 만물은 다 하나님의 것입니다출 19:5상; 시 24:1; 시 50:10-12. 인간이 가지고 있는 모든 소유물도 인간 자신의 것이 아니라 하나님의 것을 하나님이 인간에게 위탁하신 것에 불과합니다시 115:16; 욥 1:21; 삼상 2:7.

인간은 하나님으로부터 위탁받은 것을 관리하는 청지기입니다. 이 사실이 마태복음 25장 14절 이하에 등장하는 달란트 비유에 잘 나타나 있습니다. 이 비유에서 주인이 자신의 달란트를 종들에게 맡기면서 잘 관리해달라고 부탁하는 것처럼 인간은 자기에게 주어진 재물을 하나님으로부터 위탁받은 달란트로 생각해야 합니다. 우리가 가진 재물이 우리의 소유가 아니라 하나님의 소유이기 때문에 우리는 이 재물을 가지고 우리 자신의 뜻과 목적에 따라서 쓰려고 해서는 안 되고 하나님이 설정해 주신 뜻과 목적에 맞게, 하나님을 위하여 써야 합니다.

그러면 하나님은 우리의 법적인 사유재산권을 전혀 인정하지 않으시나요? 그렇지 않습니다. 인간은 이 세상에 있는 재화를 영구적으로 소유할 수 없습니다. 알몸으로 온 인간은 갈 때도 알몸으로 갈 수밖에 없습니다욥 1:21. 그러나 이 세상에 거주하는 동안 하나님은 인간이 일정한 재화를 한시적으로 소유하는 것을 허용하셨습니다. 하나님과의 관계에 있어서는 하나님으로부터 위탁을 받은 것이지만, 인간관계에 있어서는 소유물로 인정될 수 있습니다. 하나님의 백성들이 인간관계에서 소유권을 가졌던 사례들을 성경에서 만날 수 있습니다. 아브라함은 자기 소유의 매장지를 얻기 위하여 노력했으며창 23:3이하, 이스라엘 지파는 자기 영토를 얻었습니다수 13장이하. 나봇은 아합왕이 제시한 좋은 조건을 마다하면서 자기 땅의 소유권을 지키려고 애쓰다가 죽기까지 했습니다왕상 21장. 욥과 다윗과 솔로몬은 상당한 정도의 부를 축적하기도 했습니다욥 1:3: 대상 27:31: 대하 1:12. 요한의 어머니 마리아, 자주 장사 루디아, 복음전도자 빌립은 자기 거처를 가지고 있었습니다행 12:12: 16:14이하, 21:8.

청지기 정신은 동료 인간과의 법적 관계에서 우리가 소유한 재물에 대한 소유권을 박탈하는 것이 아니며, 우리가 소유한 재물을 공동체가 공동으로 관리해야 한다는 것을 의미하지 않습니다. 사도행전 2장 44절과 4장 32절 이하는 성도들이 교회에 자발적으로 헌납하여 교회의 소유가 된 재물을 교회가 관리했음을 의미하는 것이지 사유재산제도를 폐지하기 위한 어떤 법적 구조를 만든 것은 아닙니다. 당시 매우 가난하고 끼니를 잇기가 어려운 성도들이 많았던 예루살렘 교회에서는 이들의 식생활을 돕기 위하여 성도들이 자기가 소유한 재물의 상당한 부분을 교회에 헌납하여 교회가 공동으로 이 헌납된 재물을 관리하면서 교회 내의 가난한 성도들을 도왔습니다. 사도행전 2장은 개인의 소유권을 강제로 박탈하고 공동소유로 만들었던 공산주의 재산처분방식을 지지하는 본문이 아닙니다.

성도들은 정당한 노동의 대가로, 또는 정당한 상속 등의 방법으로 획득한 재화에 대하여 인간관계에서 그리고 법적으로 소유권을 가질 수 있습니다. 그리고 그 재화를 하나님이 주신 축복으로 생각할 수 있습니다. 그러나 성도들은 자기가 소유하고 있는 재산 그 자체에 집착하지 않고 하나님이 요구하시면 언제든지 그것을 희생할 수 있는 마음의 준비를 하고 있어야 합니다.

성도들이 재물과 관련하여 드려야 할 기도제목은 "나로 가난하게도 마옵시고 부하게도 마옵시고"잠 30:8가 되어야 하며, 그 태도에 있어서는 "먹을 것과 입을 것이 있은즉 족한 줄로 알 것이니라"딤전 6:8는 바울의 권고를 기억해야 합니다. 부는 하나님의 축복이요잠 10:4,22, 향유할 수 있지만딤전 6:17 부를 좋아하거나 탐닉하는 사람은 악하고 해로운 욕구에 이르게 된다딤전 6:9는 바울의 권고를 기억해야 하며, 그리스도의 나라를 위하여 언제든지 우리의 재물을 포기할 수 있어야 합니다.

7. 하나님께 헌물을 드리지 않는 행위

구약성경에서 하나님께 드리는 헌금은 주로 십일조라는 형태로 제시되었습니다. 십일조를 드리지 않는 백성들은 하나님의 것을 도둑질하는 것이라고 말라기서가 말합니다. "사람이 어찌 하나님의 것을 도둑질하겠느냐 그러나 너희는 나의 것을 도둑질하고도 말하기를 우리가 어떻게 주의 것을 도둑질하였나이까 하는도다 이는 곧 십일조와 봉헌물이라 너희 곧 온 나라가 나의 것을 도둑질하였으므로 너희가 저주를 받았느니라"말 3:8-9.

십일조는 아브라함 시대부터 시작되었으며창 14:20, 야곱이 계승했고창 28:22, 모세의 율법으로 법제화되었습니다. 하나님은 십의 일은 여호와의 것임을 분명히 선포하셨습니다레 27:30-33. 모세시대 이후 십일조는 두 가지 목적으로 사용되었는데,

첫째는, 레위인의 생활비로,

둘째는, 이스라엘 사회 안에 있는 객과 고아와 과부의 생활을 지원하는 데 사용되었습니다민 18:21,28; 신 26:12.

레위인이 십일조를 받아서 생활하도록 한 이유는 다른 지파들에는 토지가 기업으로 주어져 있었던 반면에 레위 지파에는 성전 일에 전념하게 할 목적으로 기업이 주어지지 않았기 때문입니다. 레위인도 이스라엘의 다른 지파들이 바친 십일조로부터 생활비를 받으면 그 가운데서도 또한 십일조를 내게 되어 있었습니다.

신약시대에 들어와서 예수님은 십일조제도를 거부하지 않으셨습니다. 구약의 십일조의 용도는 신약시대의 헌금의 용도에 대한 중요한 정보를 줍니다. 교회 헌금은 첫째로, 교역자들의 생활비와 선교전도비, 교회유지비 등을 충당하는 데 사용되고, 둘째로, 가난한 이웃을 돕는 구제금으로 사용되어야 합니다.

예수님이 십자가 위에서 죽으시고 죽음을 이기시고 부활 승천하심으로 구약의 의미가 완성된 이후에 헌금의 기본정신은 원칙적으로 "자원하는 마음으로 드리는 것"이며, 신약성경은 구약과는 달리

어떤 정해진 액수를 드리라고 명기하지는 않습니다. 그러나 구약시대에 기본적인 헌금방식으로 이용되어 온 십일조제도도 신약시대에도 좋은 헌금의 표준으로 고려될 수 있습니다.

구약시대에는 국가에 내는 세금과 성전에 드리는 헌금이 구분되지 않았습니다. 이 두 헌금이 모두 십일조 안에 통합되어 있었습니다. 이 말의 의미는 성도들의 경우에 교회에 헌금을 드려야 할 의무와 국가에 세금을 낼 의무를 동시에 이행하는 것이 구약의 십일조 헌금을 살리는 방식이라는 뜻입니다.

8. 기독교인과 여가

하나님 앞에서 바르게 살고자 하는 성도들이라면 다음과 같은 질문을 한 번쯤은 마음속에 갖기 마련입니다. "우리 사회 안에, 그리고 이 세계에 밥을 굶는 사람들이 너무나 많고, 특히 북한 동포들의 비참한 삶의 모습을 생각할 때, 우리가 즐거운 마음으로 우리에게 주어진 재물을 가지고 휴가를 간다든지, 여가선용을 하는 것이 하나님 앞에서 바른 일인가?" 성도들이 이와 같은 질문을 마음속에 가지는 것은 훌륭한 일입니다. 그런데 이 질문에 관해서는 성경의 사례들에 근거하여 다음과 같이 답변할 수 있을 것 같습니다. "우리의 소유 가운데 일부를 항상 가난한 자들을 돕는 일에 쓰라. 그리고 그들을 위하여 기도하고 돕는 방법을 찾으라. 그러나 동시에 하나님이 정당하게 주신 재물을 감사한 마음으로 휴식과 즐거움을 위해서도 적절하게 사용하라."

가난한 자를 생각해야 할 때가 있고 하나님이 주신 축복을 즐거워해야 할 때가 있습니다. 그 근거들을 성경에서 확인해 보겠습니다. 첫째, 모세의 율법은 "너희 손으로 수고한 일에 복 주심을 인하여 즐거워할지니라"신 12:7-8라고 명령하고 있습니다. 여기서 얻은 재물은 부당하게 불로소득으로 얻은 재물이 아니고 정당한 노동의 대가로 얻은 재물이라는 점은 "너희 손으로 수고한 일"이라는 표현에서 알 수 있습니다. 둘째, 욥에게는 가난한 이웃을 구제하는 생활이 습관화되어 있었습니다욥 31:16-23. 그러면서도 욥은 때에 따라서는 가족잔치 베푸는 일도 즐겁게 했습니다욥 1:13. 셋째, 예수님은 가난한 자들과 과부들에 대하여 따뜻한 애정을 기울이는 일을 주저하지 않으셨으나, 결혼잔치에도 기꺼이 참석하셨고요 2장, 부자의 집에서 식사하기를 주저하지 않으셨습니다눅 7:36이하, 11:37; 14:1,12.

제9계명

네 이웃에
대하여
거짓 증거하지
말라

1. 법정에서 이웃을 해하려는 거짓증언 금지

제9계명의 의미를 이해할 때 유념해야 할 두 가지 전제가 있습니다. 하나는, 이 계명은 "이웃"과 관련이 있는 계명이라는 것입니다. 다른 하나는, 이 계명의 일차적인 적용영역은 법정이라는 것입니다. 곧, 이 계명은 이웃에게 해를 가하려는 목적으로 법정에서 거짓된 증언을 하지 말라는 기본 뜻을 가진 명령입니다. 이 점을 이해하기 위해서는 구약시대 이스라엘의 법정 상황을 살펴볼 필요가 있습니다.

이스라엘에서의 재판은 거주지 장로들이 담당했습니다. 재판은 보통 사람들이 많이 왕래하는 성문에서 실시되었습니다룻 4:1이하 참조. 사무엘은 각 도시를 돌면서 성문에 배설된 재판정에서 재판을 집행하기도 했고삼상 7:16이하, 왕정이 실시된 이후에는 왕이 재판장의 역할을 담당하기도 했습니다. 솔로몬 왕이 아기를 서로 차지하려고 다투는 두 여인의 문제를 지혜롭게 해결해 준 일은 왕이 재판장의 역할을 했던 이스라엘 사회의 풍습을 보여 줍니다^{왕상 3:16이하}.

이스라엘의 재판정에서 시행되는 재판에는 사건을 수사하는 수사관도 없었고, 피의자의 입장을 옹호해주는 변호사도 없었습니다. 피의자의 유죄 여부는 전적으로 증인들의 말에 좌우되었습니다. 예를 들어서 나봇은 두 증인의 증언만으로 유죄가 인정되어 사형당했고^{왕상 21:13}, 예수님도 증인들의 증언만으로 사형판결을 받아야 했으며^{마 26:60-68}, 스데반도 마찬가지였습니다^{행 6:13이하}. 이처럼 증인들이 법정에서 하는 증언은 피의자의 유죄 여부를 결정할 뿐만 아니라 증언을 어떻게 하느냐에 따라서 사람의 생명까지도 좌우할 수 있는 유일한 판결 근거였습니다. 그러므로 잠언 25장 18절은 "자기의 이웃을 쳐서 거짓 증거하는 사람은 방망이요 칼이요 뾰족한 화살이니라"라고까지 말하고 있는 것입니다.

이처럼 이스라엘의 법정에서 증인의 증언이 차지하는 비중은 현대 사회의 법정에서 증인의 증언이 차지하는 비중보다 월등히 더 중요했습니다. 증인의 역할이 중요했기 때문에 모세의 율법은 신중을 기하기 위하여 한 사람의 증언만으로는 유죄나 사형판결을 내리지 못하게 했고, 적어도 두 사람 이상의 증언을 요구했습니다^{신 17:6; 19:15}. 그뿐만 아니라 증인의 증언이 받아들여져서 피의자를 죽이는 경우에는 증언을 한 증인이 피의자를 죽이는 일에 먼저 손을 대도록 했습니다. "이런 자를 죽이기 위하여는 증인이 먼저 그에게 손을 댄 후에 뭇 백성이 손을 댈지니라 너는 이와 같이 하여 너희 중에서 악을 제할지니라"^{신 17:7}. 이런 규정을 둔 이유는 말로만 증언을 하는 것보다 실제로 그 사람을 죽이는 일에 제일 먼저 책임을 지고 손을 대는 것은 훨씬 더 어려운 양심의 결단을 요구하는 행동이기 때문입니다.

그뿐만 아니라 만일 증인의 증언이 위증이라는 사실이 드러나면 증인이 자기의 증언으로 피의자에게 덮어씌우려고 했던 처벌을 자기가 받게 되어 있었습니다. 예컨대 만일 증인의 거짓 증언이 피의자에게 사형을 선고할만한 사항이었는데, 그 증언이 거짓으로 드러나면 증인이 사형을 당하게 되어 있었던 것입니다신 19:16이하. 이렇게 해서 공정한 판결이 이루어지도록 배려했습니다. 이때 적용되어야 할 재판의 원리가 "생명은 생명으로, 눈은 눈으로, 이는 이로, 손은 손으로, 발은 발로"출 21:23-24라는 원칙입니다. 이 원칙은 재판의 공정성을 요약한 원리로서 개인 생활에서 보복을 가하는 행동을 규정한 원리가 아닙니다.

이스라엘 법정에서 거짓 증언의 행위는 대부분 권력을 가진 자가 반대세력을 제거하려는 도구로 이용될 때가 많았습니다. 나봇의 포도원 사건에서 아합 왕의 왕비인 이세벨이 거짓 증인을 동원하여 증언하게 한 다음, 진위를 가리지도 않고 일방적으로 나봇에게 사형판결을 내린 것이 좋은 예입니다. 예수님의 경우에도 대제사장들이 치밀한 사전계획을 따라 거짓 증언을 하게 했고, 그 증언에 근거하여 예수님을 사형에 처했습니다. 그러므로 제9계명에는 권력자들에게 권력을 이용하여 백성이나 힘이 약한 사람이나 무고한 사람에게 해악을 가하지 말라는 간접적인 경고의 의미가 있습니다.

이와 같은 구약적 배경을 고려할 때 제9계명의 뜻을 이렇게 요약

할 수 있습니다.

"제9계명은 이웃에게 상해를 가하려는 목적으로 진실이 아닌 것을 말하는 행동을 금하는 명령이다."

2. 거짓말의 네 가지 유형

거짓말은 대체로 네 가지 유형으로 분류됩니다. 첫째 유형은 이웃에게 상해를 끼치는 거짓말이고, 둘째는 유머의 거짓말이고, 셋째는 예의의 거짓말이고, 넷째는 불가피한 거짓말입니다.

(1) 이웃에게 상해를 끼치는 거짓말mendacium perniciosum

이 경우는 제9계명에 명확히 어긋나는 행위이기 때문에 이론의 여지없이 금지됩니다. 예를 들어서 중상中傷이 여기에 해당한다고 할 수 있습니다. 사람들은 노골적으로 없는 말을 만들어서 상대방에 대해 험담을 하는 때도 있지만 대부분은 어떤 사람이 한 말의 내용을 살짝 바꾸어 말함으로써 그 말을 듣는 사람이 그 말을 그 사람이 했다고 오해하여 그 사람의 의도했던 것과는 다른 의미로 이해하도록 하는 경우가 많습니다. 이때 중상을 하는 사람은 상대방에게 어떤 해를 가하려는 뚜렷한 의도를 가지고 그런 말을 합니다.

그 대표적인 예를 우리는 예수님을 고소한 증인들의 말에서 찾을 수 있습니다. 예수님을 고발한 증인들은 이렇게 말합니다. "이 사람의 말이 내가 하나님의 성전을 헐고 사흘 동안에 지을 수 있다 하더라"마 26:61. 우선 예수님의 말을 이렇게 옮긴 사람들은 예수님에게 상해를 가하려는 뚜렷한 의도를 지니고 있습니다. 동시에 이들의 말은 예수님이 하신 말씀과 비슷하긴 하지만 사실은 말의 내용을 살짝 바꾼 것임을 알 수 있습니다. 요한복음 2장 19절에 보면 예수님은 원래 이렇게 말씀하신 것으로 되어 있습니다. "너희가 이 성전을 헐라 내가 사흘 동안에 일으키리라." 예수님은 자신이 성전을 헌다는 말을 한 일이 없습니다. "너희가 성전을 헐면 사흘 동안에 일으키겠다"라는 말씀을 하셨을 뿐입니다. 예수님은 헐린 성전을 일으키겠다고 말씀하셨으나 고발자들은 예수님이 성전을 헐겠다고 말씀하신 것으로 정반대로 내용을 바꾸어 버린 것입니다. 한 걸음 더 나아가서 고발자들은 예수님이 어떤 의도를 가지고 이 말씀을 하셨는가는 아예 무시해 버립니다. 대체로 중상하는 자들은 상대방이 말한 의도가 무엇인가를 진지하게 고려하지 않는 경우가 대부분입니다.

(2) 유머의 거짓말 mendacium iocosum

유머의 거짓말이란 말하는 사람이나 듣는 사람이 모두 거짓말임을 알지만, 그 목적이 서로 즐거운 마음을 누리도록 하기 위한 것임이 분명할 때 하는 거짓말을 말합니다. 이런 경우는 제9계명에 해당하지 않는다고 볼 수 있습니다. 유머는 우리에게 웃음을 선사하며, 삶에 윤활유를 쳐주는 좋은 역할을 합니다.

그러나 유머의 구사에는 한계가 있습니다. 상대방이 유머를 받아들일 수 있는 마음의 준비나 여건이 갖추어져 있지 않을 경우가 있을 수 있습니다. 이럴 때 유머를 했다가 오히려 상대방에게 상처와 비통한 감정을 안겨주는 일이 있을 수 있습니다. 유머나 농담을 했다가 상대방이 오해해서 그것 때문에 문제가 될 수 있다는 것이지요. 특별히 우리 기독교인들은 표현의 품위를 잃지 않는 선에서 적절히 유머에 규제를 가할 줄 아는 지혜를 갖춤으로써 상대방을 즐겁게 해주려는 의도와는 반대로 상대방의 마음에 상처를 주는 일이 없도록 주의해야 합니다. 나쁜 의도로 한 유머의 거짓말이 아니라 하더라도 이웃에게 상해를 가하는 결과를 초래한다면 제9계명과 관련이 없다고 볼 수 없기 때문입니다.

(3) 예의의 거짓말mendacium humilitatis

상대방에게 편지를 쓸 때 마음속으로 정말로 그런 마음이 그리 많지 않은데도 "존경하는 00님"이라는 표현을 쓰는 경우가 여기 해당한다고 할 수 있습니다. 엄밀하게 따지고 보면, 존경하는 마음도 없으면서 존경한다고 하면 거짓말이 아니냐 하는 의문을 제기할 수 있습니다. 그러나 이 생각은 매우 미숙한 생각입니다. 예의의 거짓말은 우리가 사회생활을 해가는 데 매우 필요합니다. 사회생활은 자기 하고 싶은 대로 하는 생활이 아닙니다. 자기가 하고 싶은 일이 있어도 참고 양보하고 스스로 통제할 수 있어야 비로소 좋은 사회가 형성됩니다. 그러면 예의의 거짓말이 어떻게 우리의 사회관계를 원활하게 하는 것을 도울 수 있을까요? 앞에서 예를 든 편지쓰기의 경우에 편지의 앞, 뒤, 또는 편지를 쓰는 도중에 존경하는 마음이 없다고 할지라도 상대방에 대하여 "존경하는"이라는 표현을 쓰거나 사랑하는 마음이 없어도 "사랑하는"이라는 표현을 사용하면, 적어도 상대방을 "존경해야 한다, 사랑해야 한다"라는 의식이 마음 한쪽에 자리 잡게 됩니다. 따라서 조금 거친 표현을 쓰려고 하다가도 "존경한다고 말한 상대방에게 이런 표현을 쓰는 것은 지나치지 않은가?"라는 생각이 떠오르면서 자연스럽게 자제하는 효과를 거둘 수 있습니다. 특별히 상대방을 비판해야 할 때 이런 표현이 필요합니다. 상대방에 대하여 비평을 가하는 편지를 쓸 때 상대방에 대하여 "존경하는 00씨"라는 표현을 쓰게 되면, "나의 비평에도 한계가 있어야 하겠구나, 비평이 너무 지나쳐서는 안 되겠구나"하는 생각이 들면서 분노나 비평을 조금이라도 누그러뜨리는 결과를 얻을 수 있습니다.

선진국일수록 예의의 거짓말 문화가 잘 발달해 있습니다. 예의의 거짓말 문화가 잘 발달하였기 때문에 토론하는 문화도 잘 발달된 것입니다. 선진국의 국회, 학술세미나, 박사학위 논문방어식 등등 어떤 정책을 두고 논의를 하는 자리에 참석해 보면 날카롭고 예리한 비판과 논쟁이 오고 갑니다. 그런데도 그런 논쟁 때문에 서로 감정이 상하는 일이 여간해서는 일어나지 않고 논쟁이 끝난 후에는 언제 그랬느냐는 듯이 친밀하게 교제하고 이야기합니다. 그렇게 할 수 있는 이유 가운데 하나는 예의의 거짓말 문화가 잘 발달해 있고 이 문화를 모든 사람이 철저하게 지키기 때문입니다. 이들은 상대방에게 서신을 쓸 때나 반대의견을 제시할 때나 논쟁을 할 때 철저하게 그리고 번거로울 정도로 상대방에 대한 예의를 충분히 표시한 뒤에 자기 의견을 이야기합니다. 그리고 상대방의 마음을 직접 공격하는 표현은 피하고 우회적으로 알아들을 수 있는 표현을 사용합니다. 이런 표현들을 사용하면서 이들은 상대방에 대한 비판을 자기 자신도 모르게 심리적으로 스스로 견제하면서 말을 합니다. 물론 이런 표현이 너무 지나쳐서 위선적인 행동으로 굳어져도 안 되겠지만 적절한 예의의 거짓말은 사회생활을 원활하게 하고 내 마음대로 행동하고자 하는 나의 욕구를 적절하게 절제할 수 있도록 해준다는 점에서 매우 필요한 것입니다.

또 다른 실례를 들어봅시다. 어떤 사람이 어느 집에 식사 초대를 받아서 갔습니다. 식사가 끝난 후에 "배부르게 드셨습니까?" "맛있게 드셨습니까?"라는 질문을 받고서 "아니요, 음식이 조금 부족하군요"라고 대답하든지, "음식이 입에 잘 맞지 않는군요"라고 대답하게 되면, 비록 그 말이 사실이라고 할지라도 그 말이 상대방에게 정신적인 상처를 줄 수 있습니다. 정직한 말을 했다고 할 수 있을지는 몰라도 바른 어법이라고 할 수는 없습니다. 이때는 적절한 선에서 예의의 거짓말을 할 필요가 있습니다. 배가 좀 차지 않았어도 "예, 충분히 먹었습니다"라고 대답하거나, 음식이 입맛에 안 맞았어도 "맛있게 먹었습니다"라고 대답해 주는 것이 바른 어법입니다.

(4) 불가피한 거짓말 mendacium officiosum

불가피한 거짓말은 진실을 말하면 이웃의 생명이 위험에 빠지게 될 것이 분명한 상황에서 이웃의 생명을 살리기 위하여 거짓말을 하는 것을 말합니다. 예를 들어서 2차 대전 중 독일군에게 점령당한 점령지에서는 독일군의 수색을 피해서 민가에 은신해 있던 유태인들이 많았습니다. 독일군들이 집집마다 돌아다니며 가택수색을 하면서 유태인들을 잡아들일 때 많은 사람이 자기 집에 유태인 은신자들을 두고도 없다고 부인하여 돌려보내서 유태인의 생명을 건진 일이 많았습니다. 이런 경우가 불가피한 거짓말의 대표적인 사례입니다.

어거스틴은 이 경우에 거짓말하는 것을 제9계명에 어긋나는 행위라고 주장했고, 이후에 교회 안에는 이 거짓말을 거부하는 전통이 형성되어 왔습니다. 어거스틴은 "만일 어떤 사람이 생명을 구하기 위하여 은신을 요청하고, 이 사람의 생명을 구하기 위해서 거짓말하는 것이 불가피할 때는 어떻게 해야 하는가?"라는 질문에 대해서 죽음은 사람의 몸을 죽이지만 거짓말은 영혼을 죽인다는 이유를 들어서 거짓말을 하여 생명을 살리는 행동을 반대했습니다. "거짓말하는 자들을 멸망시키리이다"라는 시편 5편 6절과 "모든 거짓은 진리에서 나지 않기 때문이라"라는 요한일서 2장 21절의 말씀이 어거스틴이 의지했던 본문입니다. 어거스틴에 의하면 우리는 다른 사람들을 기꺼이 도와야 하지만 거짓말하여 자기 영혼을 희생시키면서까지 도울 필요는 없다는 것입니다. 거짓말을 해야 할 상황에서는 다만 침묵을 지키기만 하면 된다고 합니다.

그러나 우리는 성경으로부터 어거스틴의 이와 같은 입장으로서는 설명하기 어려운 사례를 발견할 수 있습니다. 그 대표적인 예로서 세 가지 경우를 들 수 있습니다.

첫 번째 경우는 출애굽기 1장 15절 이하에 기록되어 있습니다. 애굽의 바로왕은 이스라엘 백성들의 숫자가 급격히 불어나자 이들을 견제할 목적으로 히브리 여인인 십브라와 부아에게 남자아이들이 태어나면 다 죽이라는 명령을 내렸습니다. 그러나 하나님을 경외하던 히브리 산파들은 바로왕의 명령을 어기고 남자아이들을 살렸습니다. 이 사실을 알고 바로왕이 산파들을 불러 추궁했을 때 이들은 이렇게 대답했습니다. "히브리 여인은 애굽 여인과 같지 아니하고 건장하여 산파가 그들에게 이르기 전에 해산하였더이다"출 1:19. 이것은 거짓말임이 분명합니다. 그러나 하나님은 이들의 행위를 칭찬하셨습니다. "하나님이 그 산파들에게 은혜를 베푸시니"출 1:20.

두 번째 경우는 기생 라합이 여리고성을 정탐하러 들어온 두 명의 이스라엘 사람들을 숨겨준 사건입니다. 정탐꾼이 잠입했다는 첩보를 입수한 여리고 성의 왕은 사람을 보내 숨긴 정탐꾼을 내어놓으라고 말합니다. 이때 라합은 두 정탐꾼을 지붕 안에 숨겨놓고는 이렇게 대답합니다. "과연 그 사람들이 내게 왔었으나 그들이 어디에서 왔는지 나는 알지 못하였고 그 사람들이 어두워 성문을 닫을 때쯤 되어 나갔으니 어디로 갔는지 내가 알지 못하나 급히 따라가라 그리하면 그들을 따라잡으리라"수 2:4-5. 라합의 말은 의심할 여지가 없는 거짓말입니다. 이렇게 해서 라합은 두 정탐꾼의 목숨을 살렸습니다. 그런데 바로 이 행위 때문에 라합은 여리고 성이 점령당할 때 생명을 건질 수 있었으며, 예수님의 족보에 오르는 축복을 받았습니다. 그뿐만 아니라 신약성경은 이 여인의 행위를 믿음의 행위로 칭찬하고 있습니다. "믿음으로 기생 라합은 정탐꾼을 평안히 영접하였으므로 순종하지 아니한 자와 함께 멸망하지 아니하였도다"히 11:31. "또 이와 같이 기생 라합이 사자들을 접대하여 다른 길로 나가게 할 때에 행함으로 의롭다 하심을 받은 것이 아니냐"약 2:25.

세 번째 경우는 사무엘하 17장 19절 이하에 등장하는 바후림의 여인의 행동입니다. 다윗이 압살롬에게 왕위를 빼앗기고 쫓겨 다닐 때 다윗의 편에 섰던 요나단과 아히마아스라는 사람이 바후림이라는 곳에 머무르게 되었습니다. 이 소식을 듣고 압살롬의 부하들이 바후림에 도착한 후, 이들이 있는 집에 찾아와 수소문했습니다. 이때 이 집의 여인은 두 사람을 우물에 은닉시키고, 곡식 단을 가져다가 우물 위에 얹어서 알아보지 못하게 한 다음, 이들을 찾는 압살롬의 부하들에게 이들이 시내를 건너가는 장면을 목격했다고 거짓말을 함으로써 이 두 사람의 생명을 살립니다.

이 사건들을 어떻게 평가해야 할까요? 물론 하나님이 이들을 칭찬하신 것은 이들이 거짓말을 했다는 사실 때문이 아니라 이들이 믿음을 가지고 행동했다는 사실 때문이었습니다. 곧, 이들은 하나님을 믿는 믿음을 행동과 실천으로 옮긴 것입니다. 그런데 이들이 자신들이 처한 상황에서 거짓말을 하지 않고 하나님을 믿고 생명을 살리려는 마음을 과연 실천에 옮기는 것이 가능했겠습니까?

이웃의 생명을 구하기 위하여 불가피하게 거짓말을 한 이와 같은 사례들과 자신의 생명을 살리기 위하여 다른 사람을 희생시키는 거짓말을 한 성경의 다른 사례들을 비교해 보는 일은 매우 흥미 있는 일입니다. 아브라함은 가나안 땅에 찾아온 기근을 피하려고 애굽에 내려갔을 때 자기 아내 사라를 누이라고 거짓으로 소개했습니다. 아브라함은 애굽의 권력자들이 사라의 미모를 보고 반하여 자기를 죽이고 사라를 빼앗지 않을까 염려했던 것입니다. 만일 하나님이 도우시지 않았으면 사라를 고스란히 바로의 아내로 빼앗길 뻔했습니다. 아브라함은 똑같은 일을 그랄 땅에 내려가서도 반복했고, 아브라함의 독자 이삭도 그랄 땅에 내려갔을 때 같은 거짓말을 했습니다. 이들은 아내를 희생시키면서 자기의 생명을 부지하기 위하여 거짓말을 했습니다.

앞에서 말한 정탐꾼 사건 같은 경우에 거짓말하지 말고 차라리 침묵을 지키면 어떨까 하는 의견도 제시될 수가 있습니다. 그러나 이런 경우에 침묵을 지키는 것은 사실상 자기 집에 사람이 숨어 있음을 알려주는 것이나 다름없습니다. 왜냐하면 집을 수색하러 온 자들은 상대방이 거짓말을 하지 않으려고 침묵을 지키면 상대방이 사람을 집안에 숨기고 있다는 사실을 곧 알아차리게 될 것이기 때문입니다. 그렇다면 이 사람은 거짓말하는 양심의 괴로움으로부터는 벗어날 수 있겠지만 실질적으로는 은신한 사람들을 희생시키면서 자기 양심만을 지키는 행동을 하는 셈이 됩니다. 자기의 양심을 지키는 것이 더 중요한가요? 아니면 이웃의 생명을 보호하는 것이 더 중요한가요?

이상에서 살펴본 불가피한 거짓말의 경우에 우리는 다음과 같은 몇 가지 사실을 유념해야 할 것입니다.

첫째로, 우리가 무엇보다도 우리의 일상생활에서 항상 진실한 마음으로 말해야 한다는 것은 시대와 장소를 막론하고 일차적으로 그리고 항상 유념해야 할 보편적이고 일반적인 규범임을 기억해야 합니다. 그런데 진실해야 한다는 말과 사실을 사실 그대로 정확히 말한다는 것은 의미가 약간 다릅니다. 사실을 있는 그대로 정확하고 바르게 말하는 것은 매우 어렵습니다. 어떤 경우에는 우리의 지식이 부족해서, 어떤 경우에는 상대방의 말을 잘 이해하지 못하거나 잘 알아듣지 못해서, 어떤 경우에는 우리의 관찰력이 매우 부족해서, 또 어떤 경우에는 우리의 기억력이 부족해서 본의 아니게 사실을 사실대로 말할 수 없는 때가 많습니다. 같은 사건이라도 보는 사람의 시각과 주관적인 관점에 따라서 다른 묘사가 있을 수 있습니다. 그러나 적어도 우리는 사회 통념상 상대방을 의도적으로 속여서는 안 되는 일이 어떤 것인가를 알고 있고, 그런 의미의 진실한 말은 우리가 바른 마음만 가지면 얼마든지 실행에 옮길 수 있습니다.

둘째로, 그러나 예외 없는 규칙은 없는 것처럼 제9계명에도 하나님을 향한 믿음과 이웃의 안위와 생명을 위하여 불가피하게 거짓말을 하지 않을 수 없는 한계상황이 있다는 사실을 유념해야 합니다. 예를 들어서 성막 안에 안식일에 진열된 떡은 아론과 그 자손이 먹게 되어 있었습니다레 24:9. 다윗이 사울의 핍박을 피해 도망 다닐 때 허기가 진 몸으로 놉이라는 땅에 있는 성막에 들어간 일이 있었습니다. 이때 제사장 아히멜렉은 그 날이 안식일임에도 불구하고 아론의 후손이 아니면 먹을 수 없도록 율법에 규정된 성막 안에 있는 떡을 다윗에게 주어서 허기를 면하게 했습니다삼상 21:3이하. 예수님은 이 사건을 예로 들면서 허기가 진 이웃의 생명을 구하는 일이 비록 안식일을 범하는 일이었다 하더라도 정당한 행위로 평가받게 된다는 점을 분명히 지적하셨습니다마 12:3-5. 또 우리는 부모를 공경하라는 제5계명을 지켜야 하지만 부모의 말이 하나님의 뜻과 거스를 때는 불가피하게 불순종할 수도 있습니다. 거짓말하지 않는다는 말을 "사실을 사실대로 말해야 한다"라는 뜻으로 이해하는 것은 헬라철학적인 관점입니다. 히브리 사상에서는 이 말을 "하나님과 이웃에 대한 신실함"의 맥락 안에서 이해했습니다. 사실을 있는 그대로 말하는 것보다 하나님을 향한 믿음과 이웃에 대한 사랑과 신뢰의 태도가 더 중요한 것입니다.

셋째로, 그러나 이와 같은 한계상황에서 거짓말이 묵인될 수 있다는 사실을 일반화시키거나 보편화시켜서 이웃이나 믿음을 위해서는 언제든지 거짓말을 해도 된다는 보편적인 격률을 만들어서는 안 됩니다. 예외는 어디까지나 예외조항으로 머물러야 하며, 면제조항은 어디까지나 면제조항으로 머물러야만 합니다.

3. 그밖에 신중해야 할 경우들

첫째, 많은 직업인에게는 직업상 있었던 일들을 철저하게 비밀에 부쳐야 할 의무가 있습니다. 국가의 정보기관에 근무하는 사람들에게는 특별히 이 의무가 무겁게 부과됩니다. 의사인 경우에도 환자들의 병의 상태 등에 대하여 본인이 아닌 다른 사람에게 알려서는 안 될 의무가 있습니다. 목사나 상담자도 자신에게 개인적으로 찾아와서 상담을 한 사람들의 사례가 공개되지 않도록 유의할 필요가 있습니다. 그러나 여기에도 한계가 있습니다. 예컨대, 진찰을 받으러 온 어떤 환자가 전염성이 강한 질환에 걸려 있으면 의사는 공공의 안전과 건강을 위하여 이 병을 공개해야 합니다. 특별히 에이즈와 같이 사회 전체에 치명적인 영향을 끼칠 수 있는 질병의 경우에는 환자가 질병에 걸려 있다는 사실을 반드시 공개할 필요가 있습니다.

둘째, 특별히 어린아이들을 교육할 때 어린아이들이 친구들과 같이 놀면서 있었던 일들을 부모나 선생님에게 일러바치는 행동을 하면 적절히 가르쳐서 그런 일을 하지 못하도록 해야 합니다. 그러나 때에 따라서는 동료들이 싫어하는 경우라 하더라도 반드시 부모나 선생님에게 알려야 할 일도 있습니다.

예를 들어서 아이가 학교 일진들에게 은밀하게 시달리고 있는 경우에 많은 아이가 일진들의 보복이 두려워서 선생님이나 부모에게 알리지 않고 혼자 끙끙 앓다가 심각한 사태를 맞이하게 되는 경우가 있습니다. 이런 경우 부모나 선생님에게 알리면 의외로 쉽게 문제를 해결할 수 있는데 그렇게 하지 못합니다. 이때는 폭력을 당하는 학생 자신이나 아니면 주위 학생들이 일어나고 있는 사태를 공개적으로 알릴 수 있는 용기를 갖도록 가르쳐야 합니다. 이럴 때 이런 사태를 알리는 것이 바로 정의로운 행동이요, 이웃을 위하는 행동임을 가르처야 합니다. 이런 일이 학생들에게만 있는 것이 아니라 어른들의 세계에서도 있습니다. 조직폭력배의 보복이 두려워서 피해를 보면서도 경찰에 신고하지 않고 끝내 숨기다가 가정 자체가 파탄에 이르는 경우가 있습니다. 또한 어떤 공공기관에 불의한 일이 일어나고 있고, 이 일이 공공기관에 심각한 해악을 끼치고 있을 때 이 일을 선후배, 학교 동창, 지연, 혈연 등의 이유로 덮어두기만 하는 행동은 정의롭지 못한 행동이 될 수 있습니다. 이때는 공과 사를 구별하면서 불의를 드러내야 할 필요가 있습니다.

제가 고등학교 3학년 때, 아버님이 추진하시던 사업이 부도가 나서 학업을 중단해야 하는 위기를 만난 일이 있었습니다. 그때 저는 학교 다니는 것이 불가능하다고 판단하고 저의 절친에게 선생님에게 보내는 자퇴서 한 통을 써서 들려 보내면서 우리 집 이야기는 누구에게도 하지 말도록 당부했습니다. 그리고는 그 후부터 학교에 나가지 않고 취직하러 돌아다녔습니다. 자칫하면 고등학교를 중퇴할 수밖에 없는 상황이었습니다. 그런데 제 친구가 제 말을 듣지 않고 제가 처한 형편을 소상하게 저의 담임 선생님에게 알렸습니다. 제 친구가 써 보낸 장문의 편지를 읽으신 담임 선생님이 감동하여 학교 당국에 연락해서 장학금주선을 해주시면서 다시 학교에 나오도록 권유하여 저는 다시 학교에 다닐 수 있었고 무사히 고등학교를 졸업할 수 있었습니다. 이처럼 때에 따라서는 비밀을 지켜주는 것만이 좋은 것이 아니라 공개하는 것이 유익할 때가 있는 것입니다.

교회에서도 성도들이 사적으로 행한 많은 잘못은 물론 은밀히 처리되어야 하지만 교회공동체 전체에 심각한 해악을 끼칠 수 있는 죄악일 경우에는 공개적으로 알린 후에 공개적으로 처리하는 것이 좋습니다.

어떤 사람이 불치의 질병 곧, 암과 같은 질병에 걸려서 이제 살날이 얼마 남지 않아 그 사실을 본인이 알게 되면 받을 충격을 고려해서 숨기는 경우가 있습니다. 물론 그 사실을 숨기는 것이 필요할 때가 있는 것은 사실입니다. 그러나 환자에게 충격을 준다고 하더라도 그 사실을 본인에게 알려서 죽기 전에 이 세상에서의 일도 잘 정리하고 죽는데 필요한 마음의 준비도 하도록 배려하는 것이 더 유익할 수 있습니다.

셋째, 경우에 따라서는 상대방에게 사실을 이야기하지 않고 비밀로 간직하도록 여지를 마련해 주는 것도 필요할 때가 있습니다. 예컨대 술주정뱅이 아버지를 가진 아이는 될 수 있으면 자기 아버지 이야기를 다른 사람에게 말 하고 싶어 하지 않고, 비밀을 유지하려고 합니다. 이럴 경우에 이 아이에게 그런 이야기를 하지 않을 수 없도록 강요하는 것은 바람직하지 않습니다. 특별히 교회에서 그룹 성경공부 등을 인도할 때 상대방에게 자기만이 간직하고 싶어 하는 이야기를 털어놓도록 지나치게 강요하는 것은 매우 신중해야 합니다.

제**10**계명

네 이웃의 집을
탐내지 말라

십계명을 이해하고 적용할 때 반드시 고려해야 할 계명이 열 번째 계명입니다. 열 번째 계명은 "탐심"의 문제를 다룹니다. "네 이웃의 집을 탐내지 말라 네 이웃의 아내나 그의 남종이나 그의 여종이나 그의 소나 그의 나귀나 무릇 네 이웃의 소유를 탐내지 말라"출 20:17. 출애굽기의 명령과 신명기의 명령의 차이는 전자에서는 탐심의 대상으로서 "이웃의 집"이 먼저 거론되지만, 후자에서는 "이웃의 아내"가 먼저 나온다는 점입니다. 그러나 아내가 사실상 집의 모든 가정사를 실질적으로 관장하는 주체라는 점을 고려하면 이 차이는 계명의 의미를 바꿀 만큼 유의미한 것은 아닙니다.

열 번째 계명은 지금까지 등장한 계명들과는 다른 새로운 계명을 제시하는 것이 아니라 십계명 전체에 대한 해석과 적용의 법칙을 천명하는 항목입니다. 그 법칙이란 모든 계명이 외형적 행위의 차원만 아니라 내적인 차원의 순종까지도 요구한다는 것입니다. 외형적 행위에 대해서는 선행하는 아홉 개의 계명들이 이미 명료하게 명령 혹은 금지했습니다. 열 번째 계명에서는 외형적 행위의 이면에 있는, 요동치는 마음과 마음속에서 구상된 계획을 실행에 옮기기 위한 단계들을 향합니다.

열 번째 계명이 말하는 탐심의 동사형 "탐내다"는 첫째로, 어떤 대상에 대한 단순한 바램이나 동경을 뜻하는 것이 아니라 대상을 소유하고자 하는 결심을 뜻합니다. 예를 들어서 탐심은 새가 하늘을 날다가 좋은 나무를 발견하고 관심을 가지고 나뭇가지에 앉아서 쉬었다가 다시 날아가는 것이 아니라 이 나무에 둥지를 틀고 사는 것을 묘사하는 용어입니다. 둘째로, 그렇다면 어떤 대상을 소유하고자 하는 결심 그 자체가 나쁜 것인가요? 열 번째 계명은 탐내는 것 그 자체를 거부하는 것이 아니라 합법적으로 허용되지 않은 어떤 것을 탐하는 것 곧, 악한 탐욕mala concupiscentia을 금지합니다. 우리에게는 탐내야 할 대상들이 존재합니다. 우리에게 합법적으로 허용된 것은 탐내야 합니다. 우리에게 허용된 대상에 대해서는 사랑과 즐거움으로 탐내야 합니다. 그러나 우리에게 합법적으로 허용되지 않은 대상을 추구하고 부러워하고 그것을 획득하기 위하여 다른 사람의 삶을 궁지에 몰아넣는 것은 정당한 탐심이 아닙니다.

탐심은 행동의 어머니로서 필연적으로 행위로 나아갑니다. 이 점은 이미 구약성경에 잘 나타나 있습니다. "탐내다"는 단어에는 "취하다"신 7:25, "빼앗고"미 2:2, "차지하니"미 2:2 등의 동사가 뒤따릅니다. 이 같은 어법의 의미는 탐내는 마음은 필연적으로 외적 행동으로 나아가게 되고, 따라서 탐내는 마음 그 자체가 이미 행동을 한 것이나 다름없다는 것입니다.

예수님이 산상수훈에서 사람을 죽인 외형적인 행동만이 아니라 마음속으로 형제를 향하여 노하고 라가라 하고 미련한 놈이라고 판단하는 생각 자체가 이미 "살인하지 말라"는 계명을 범한 것이요마 5:21-22, 간음이라는 외형적인 행동만이 아니라 마음으로 합법적인 파트너가 아닌 대상을 향하여 음욕을 품는 것 자체가 이미 "간음하지 말라"는 계명을 범한 것이라마 5:27-28고 말씀하신 것도 열 번째 계명의 함의를 설명한 것입니다.

칼빈도 같은 맥락에서 마음속의 탐심은 마음속에만 머무르지 않고 밖으로 향하는 길에 접어든다고 말합니다. 다른 여자를 탐하는 남자는 그녀를 소유하기 위해 행동하며, 돈을 탐하는 자는 다양한 사기적인 수법까지라도 동원하여 돈을 향한 자기의 탐심을 실현하기 위한 계획을 고안합니다. 잘못된 욕심으로 마음이 흔들리기 시작할 때 마음을 통제하지 못하고 이 욕심을 지속적으로 품게 되면 마침내는 의지를 가지고 이 욕심을 밀어붙이게 되고, 욕심의 실현을 위하여 계획을 수립하게 되며, 마침내는 행동으로 옮기게 됩니다.

열 번째 계명이 하나님의 계명을 인간의 내면의 차원에까지 적용할 것을 강조하는 것은 삶의 현실과 직접적인 관련이 없는 추상적이고 플라톤적인 성향을 강조하는 것을 의미하지는 않습니다. 인간은 육체와 영혼에 있어서 하나이며, 육체를 가지고 하는 일은 마음으로 하는 일로부터 결코 분리할 수 없습니다. 순수하게 심성의 윤리만을 지향하는 것은 성경적이 아닙니다. 인간의 모든 외적인 행위는 그의 내면적인 것을 동시에 말하며 모든 내면적인 생각은 밖을 향합니다. 마음은 성향이라기보다는 추동推動시키는 힘입니다. 인간의 마음은 행동으로 나타나는 삶의 엔진입니다. 마음과 행위는 함께 갑니다.

열 번째 계명은 다른 아홉 개의 계명보다 더 깊이 영혼의 핵核에 도달합니다.

하나님은 십계명을 통하여 당신의 뜻을 인간에게 계시하실 때 인간실존의 외피에 나타나는 것만을 대상으로 하지 않으시고 우리 내면 깊이에까지 뚫고 들어가십니다. 하이델베르크 요리문답 113문이 말하는 것처럼 "십계명은 하나님의 계명 어느 하나에라도 어긋나는 것이면 아무리 작은 욕망이나 생각도 우리 마음에서 일어나지 않게 하고, 언제나 마음을 다하여 모든 죄를 미워하고 또한 모든 의를 즐거워할" 것을 요구합니다. 인간은 눈앞에 드러나는 것만을 보지만 하나님은 마음을 보십니다삼상 16:7. 겉모양만 보았을 때는 바리새인이 거룩한 자 같아 보이지만 내면을 들여다보면 가장 거룩한 자도 가증하다는 사실이 드러납니다. 인간의 죄는 마음 깊은 곳에 숨어 있습니다. 구약에서도 이미 인간의 죄는 가시적인 영역에 제한되지 않았습니다. "만물보다 거짓되고 심히 부패한 것은 마음"이며렘 17:9, "마음으로 생각하는 모든 계획이 항상 악한데"창 6:5, 이 마음의 죄는 하나님 앞에 설 때 드러납니다시 90:8. 유대교 전통의 어떤 대학자는 이렇게 말합니다. "나는 그리스도인들의 십계명을 가지는 것보다 차라리 7,777개의 유전의 명령과 금령을 가지는 편을 택하겠다. 왜냐하면 십계명은 마음 전체를 요구하는 반면에 7,777개의 선조의 명령과 금령 옆에는 아직도 어느 정도의 자유가 남아 있기 때문이다."

우리가 더 나은 지위를 추구하는 것이 잘못된 것은 아니나, 다른 사람이 나보다 더 높은 지위에 있는 것을 질시하는 눈으로 바라보면서 더 나은 지위를 추구하는 것은 기독교인다운 태도가 아닙니다. 비록 나의 집이 다른 사람의 집보다 더 작고, 나의 아내가 다른 여자들보다 덜 매력적이고, 나의 직업이 친구나 지인의 직업보다 가치의 저울에서 더 낮은 것이라 하더라도 나의 집이 나에게 가장 좋은 것이며, 나의 아내가 나에게 가장 예쁜 여인이며, 나의 직업이 가장 풍성한 열매를 거두는 직업입니다. 열 번째 계명은 자족하는 삶autarkie 딤전 6:6; 빌 4:11을 요청합니다.